Leitfaden

durch das

Bürgerliche Gesetzbuch

für

gerichtliche und Verwaltungs-Beamte

von

Friedrich Rapp,
kommiss. Rechnungs-Revisor und Obersekretair
des Königl. Landgerichts zu Hechingen.

Berlin 1899.
J. J. Heines Verlag.

Vorwort.

Zum Schlusse des Jahrhunderts kommt Deutschland in den Genuß des solange ersehnten einheitlichen Rechtes. Die berufenen Staatsorgane, die Juristenwelt, das ganze deutsche Vaterland rüstet sich, der neuen Rechtsordnung die Wege zu ebnen. Auch die gerichtlichen Bureaubeamten sind zu ihrem Theile mitberufen, den todten Buchstaben des Gesetzes im Rechtsverkehre zu einem lebendigen Wesen umzugestalten.

Es erfährt nun aber der Rechtsstoff, dessen Kenntniß zur Ausübung des Amtes eines Gerichtsschreibers unerläßlich ist, eine so durchgreifende Umgestaltung, daß es als eine ungewöhnlich schwierige Aufgabe dieser Beamten erscheint, sich mit dem bürgerlichen Gesetzbuche und dessen Nebengesetzen hinreichend vertraut zu machen, und zwar um so mehr, als die meisten literarischen Hülfsmittel auf die Bedürfnisse der Gerichts-Sekretaire pp. nicht entsprechende Rücksicht nehmen.

Diese Erwägung gab mir die Anregung, nach dem Vorbilde meines Leitfadens für die Civil-Prozeßordnung in dem vorliegenden Buche eine systematische Darstellung des bürgerlichen Gesetzbuches, frei von aller Kasuistik, zu dem Zwecke zu geben, dem Büreaubeamten seine schwere, neben den laufenden Berufsgeschäften zu lösende Aufgabe zu erleichtern.

Es war daher aller, dem Berufskreise der Gerichtsschreiber ferner liegende Stoff soweit auszuscheiden oder nur so gedrängt zu geben, als dies ohne Störung des Zusammenhanges und des Verständnisses möglich schien. Rechtssätze dagegen, deren Kenntniß zur Ausübung des Gerichtsschreiberamtes unerläßlich ist, sind dem gesetzten Ziele entsprechend erläutert.

Solchergestalt dürfte die Bearbeitung in gleicher Weise auch den Verwaltungsbeamten aller Zweige des Staats- und Communaldienstes, da auch auf deren Berufsaufgaben gebührende Rücksicht genommen ist, sowie überhaupt dem gebildeten Publikum als sicheres Hilfsmittel sich gleich nützlich erweisen.

Möge daher die schlichte Arbeit hinausgehen als Leitfaden im Studium und als Führer in der Anwendung des neuen Rechtes.

Der Verfasser.

Inhalts-Uebersicht.

Erstes Buch.

Allgemeiner Theil.

Zweites Buch.

Recht der Schuldverhältnisse.

Drittes Buch.

Sachenrecht.

Viertes Buch.

Familienrecht.

Fünftes Buch.

Erbrecht.

Berichtigungen.

1. Auf Seite 5 Zeile 2 von oben ist zu lesen: „und frommen Anstalten" anstatt „Frauen-Anstalten".

2. Da auf Seite 1—72 an zutreffender Stelle noch die §§ der alten Civil-Prozeßordnung angezogen sind, so wird gebeten, nunmehr die entsprechenden §§ der neuen Fassung dieses Gesetzes zu lesen und zwar:

Seite	Zeile						
26	4 und 5	von	oben:	§§ 726 Abs. 2. 756 und 765	statt	664 Abs. 2 676[a] und 684 Abs. 4.
31	15	„	„	„ 850 . .	statt	749.
41	23	„	„	„ 485—494	„	447—455.
48	6	„	„	„ 811	„	715.
50	16	„	„	„ 811 Nr. 4	„	715 Nr. 5.
63	18	„	unten	„ 794 Nr. 1 u. 2	„	702 Nr. 1 und 2.
71	4	„	oben	„ 935 u. f.	„	814 u. f.

Einleitung.

Das bürgerliche Gesetzbuch regelt im Allgemeinen die den Personen in ihrer Privateigenschaft zukommende rechtliche Stellung und die Verhältnisse, in welchen dieselben unter einander stehen, das Privatrecht; im Gegensatze zum öffentlichen Rechte, welches die Beziehungen des Einzelnen zum Staate und die Verhältnisse und Befugnisse der Staatsgewalt normirt.

Das bürgerliche Gesetzbuch ist in fünf Bücher eingetheilt.

Das erste Buch „Allgemeiner Theil" enthält solche Vorschriften, die allen folgenden Büchern oder mehreren von ihnen gemeinsam sind. Das zweite Buch „Recht der Schuldverhältnisse" regelt die Verhältnisse, welche dazu bestimmt sind, den Verkehr, namentlich auf dem Gebiete des Vermögensrechts zu vermitteln (früher Obligationen-Recht genannt). Das dritte Buch „Sachenrecht" betrifft das unmittelbare Verhältniß der Personen zu den beweglichen und den unbeweglichen Sachen. Das vierte Buch „Familienrecht" ordnet die Familienverhältnisse und deren Wirkungen auf das Vermögen, insbesondere das persönliche Eherecht, das eheliche Güterrecht, das Elternrecht und das Vormundschaftsrecht. Das fünfte Buch „Erbrecht" hat den Uebergang des Vermögens eines Verstorbenen zum Gegenstande.

Erstes Buch. Allgemeiner Theil.

Erster Abschnitt. Personen.

I. Titel. Natürliche Personen.

Jeder Mensch ist **rechtsfähig,** weil er fähig ist Träger von Rechten und **1**
Pflichten zu sein. Von der Rechtsfähigkeit ist zu unterscheiden die Geschäftsfähigkeit (Vergl. 104). Nicht nur rechtsfähig, sondern auch vollen Umfangs geschäftsfähig sind volljährige Personen. Die Volljährigkeit tritt mit der Vollendung des 21. Lebensjahres ein. Ein Minder- **2**
jähriger kann durch Beschluß des Vormundschaftsgerichts für volljährig erklärt werden:

a) nach Vollendung des 18. Lebensjahrs; **3**

NB. Die jedem Absatze vorgestellten sowie die in den Text selbst ohne jeden Zusatz eingestellten Zahlen bedeuten die betreffenden §§ des Bürgerlichen Gesetzbuchs.

4 b) wenn er selbst einwilligt;
4 c) falls er unter elterlicher Gewalt steht (Vergl. 1626—1698), der Inhaber der elterlichen Gewalt (Vater, Mutter) zustimmt (zwei Ausnahmen) und
5 d) wenn die Volljährigkeitserklärung das Beste des Minderjährigen befördert.

6 **Entmündigt** kann werden:
a) wer in Folge von Geisteskrankheit oder von Geistesschwäche seine Angelegenheiten nicht zu besorgen vermag;
b) wer durch Verschwendung sich oder seine Familie der Gefahr des Nothstandes aussetzt;
c) wer in Folge von Trunksucht seine Angelegenheiten nicht zu besorgen vermag oder sich oder seine Familie der Gefahr des Nothstandes aussetzt oder die Sicherheit Anderer gefährdet.

Die Entmündigung ist wieder aufzuheben, wenn der Grund der Entmündigung wegfällt.

7 Wer sich an einem Orte ständig niederläßt, begründet an diesem Orte seinen **Wohnsitz**. Eine bloße Aufenthaltsnahme genügt also nicht.
9 Militärpersonen, mit Ausschluß der nur zur Erfüllung der Wehrpflicht
10 dienenden, haben ihren Wohnsitz am Garnisonorte. Die Ehefrau theilt
11 den Wohnsitz des Ehemannes. Ein eheliches Kind theilt den Wohnsitz des Vaters, ein uneheliches den der Mutter.

13 Gegen einen Verschollenen ist im Wege des Aufgebotsverfahrens die
14 **Todes-Erklärung** zulässig, wenn seit 10 Jahren keine Nachricht von dem Leben des Verschollenen eingegangen ist. Sie darf nicht vor dem Schlusse des Jahres erfolgen, in welchem der Verschollene das 31. Lebensjahr vollendet haben würde. Ein Verschollener, der das 70. Lebensjahr vollendet haben würde, kann für todt erklärt werden, wenn seit 5 Jahren keine Nachricht von seinem Leben eingegangen ist. Der Zeitraum von 10 oder 5 Jahren beginnt mit dem Schlusse des letzten Jahres, in welchem der Verschollene den vorhandenen Nachrichten zufolge noch gelebt hat.
15 Im Kriege Verschollene können 3 Jahre nach dem Friedensschlusse, auf
16 See Verschollene ein Jahr nach dem vermutheten Seeunfall und die bei
17 einem sonstigen Unfall in Lebensgefahr gerathenen und seitdem verschollenen Personen 3 Jahre nach dem Ereignisse für todt erklärt werden.
18 Die Todeserklärung begründet die Vermuthung, daß der Verschollene gestorben sei. Sie eröffnet daher die Erbfolge in dessen zurückgelassenes Vermögen.

II. Titel. Juristische Personen.

Außer den natürlichen Personen ist auch dem Fiskus, öffentlich-rechtlichen Körperschaften, Stiftungen und Vereinen, Anstalten, den politischen und kirchlichen Gemeinden u. a. die Rechtsfähigkeit beigelegt. Dieselben sind deshalb als Personen gedacht. (Juristische Personen.)

I. Vereine.

Ein Verein, dessen Zweck nicht auf einen wirthschaftlichen Geschäfts- **21**
Betrieb gerichtet ist, erlangt Rechtsfähigkeit durch Eintragung in das Vereinsregister des zuständigen Amtsgerichts. Es sind dies insbesondere alle zu gemeinnützigen, wohlthätigen, geselligen, wissenschaftlichen oder künstlerischen Zwecken gegründeten Vereine.

Der Zweck der Eintragung in das Vereinsregister ist ähnlich wie der des Handelsregisters die Aufrechterhaltung der Sicherheit im geschäftlichen Verkehre. Es soll Jedermann dadurch ermöglicht werden, zu prüfen, ob er sich mit einem rechtsfähigen Vereine oder mit persönlich haftenden Vertretern einläßt.

Ein Verein, dessen Zweck auf einen wirthschaftlichen Geschäftsbetrieb gerichtet ist, erlangt Rechtsfähigkeit auf Grund der diesbezüglichen reichsgesetzlichen Vorschriften, z. B. die verschiedenen Arten von Handelsgesellschaften durch das Handelsgesetzbuch, die Erwerbs- und Wirthschaftsgenossenschaften, die eingeschriebenen Hülfskassen, die Innungen, die Krankenkassen u. a. durch die hierauf gerichteten Reichsgesetze. Wenn reichsgesetzliche Vorschriften aber mangeln, erwirbt ein solcher auf wirth- **22**
schaftlichen Geschäftsbetrieb gerichteter Verein Rechtsfähigkeit nur durch staatliche Verleihung.

Die Verfassung eines **rechtsfähigen Vereins** wird durch die Vereins- **25**
satzung bestimmt. Er muß einen Vorstand haben, der ihn gerichtlich **26**
und außergerichtlich vertritt. Der Verein ist für den Schaden verantwortlich, den der Vorstand oder ein sonstiger Vertreter einem **31**
Dritten zufügt.

Die Angelegenheiten des Vereins werden, soweit sie nicht vom Vor- **32**
stand oder einem anderen Vereinsorgane zu besorgen sind, durch Beschlußfassung der Mitglieder geordnet. Zur Gültigkeit des Beschlusses ist erforderlich, daß der Gegenstand bei der Berufung bezeichnet wird. Bei der Beschlußfassung entscheidet die Mehrheit der erschienenen Mitglieder; bei Satzungsänderungen oder Auflösung des Vereins $^3/_4$ der er- **33**
schienenen Mitglieder. **41**

Die Mitglieder sind zum Austritt aus dem Verein berechtigt. **39**

Auf **Vereine, die nicht rechtsfähig sind**, finden die Vorschriften über **54**
die Gesellschaft (705—740) Anwendung. Aus Rechtsgeschäften eines solchen Vereins haften die Handelnden persönlich.

Die Satzung eines eingetragenen Vereins (21) muß den Zweck, **57**
den Namen und den Sitz des Vereins enthalten und ergeben, daß

der Verein eingetragen werden soll; auch soll sie über Eintritt und
58 Austritt der Mitglieder, die Mitgliederbeiträge, die Bildung des Vor=
standes und die Berufung der Mitgliederversammlungen bestimmen.
Der Anmeldung zur Eintragung in das Vereinsregister des Amts=
gerichts sind beizufügen:
59 a) Die Satzung in Urschrift und Abschrift, unterzeichnet von min=
destens 7 Mitgliedern und mit Datum der Errichtung;
b) eine Abschrift der Urkunden über die Bestellung des Vorstandes.
60 Gegen eine Zurückweisung der Anmeldung findet die sofortige Be=
schwerde statt. Wird die Anmeldung zugelassen, so hat das Amts=
61 gericht sie der Verwaltungsbehörde mitzutheilen. Die Eintragung darf
erst 6 Wochen nach Mittheilung an die Verwaltungsbehörde und ohne
63 daß diese Einspruch erhoben hat, erfolgen; sofern nicht schon früher auf
Einspruch verzichtet wurde. In das Vereinsregister sind der Name und
64 der Sitz des Vereins, der Tag der Errichtung der Satzung, die Vor=
standsmitglieder, Beschränkungen der Vertretungsmacht derselben, sowie
65 Abweichungen von den gesetzlichen Regeln über die Beschlußfassung des
Vorstandes einzutragen. Mit der Eintragung erhält der Name des
Vereins den Zusatz „eingetragener Verein" zur Unterscheidung von
nichtrechtsfähigen Vereinen (54).
66 Das Amtsgericht hat die Eintragung durch das für seine Be=
kanntmachungen bestimmte Blatt zu veröffentlichen. Die Urschrift der
Satzung ist mit der Bescheinigung der Eintragung zu versehen und
zurückzugeben. Die Abschrift wird von dem Amtsgericht beglaubigt
und mit den übrigen Schriftstücken aufbewahrt d. h. zu den Akten ge=
nommen. In das Vereinsregister ist auch anzumelden und einzutragen:
67 a) jede Aenderung des Vorstandes;
b) die erneute Bestellung eines Vorstandsmitgliedes;
71 c) jede Aenderung der Satzung;
74 d) die Auflösung des Vereins oder die Entziehung der Rechts=
fähigkeit;
76 e) im Falle der Liquidation, die Liquidation.
75 Die Eröffnung des Konkurses ist von Amtswegen einzutragen.
77 Alle Anmeldungen zum Vereinsregister sind mittelst öffentlich be=
glaubigter Erklärung zu bewirken (129).
72 Der Vorstand hat dem Amtsgericht auf dessen Verlangen jederzeit ein
Verzeichniß der Vereinsmitglieder einzureichen. Derselbe kann auch vom
78 Amtsgerichte zur Befolgung der Anmeldungspflichten durch Ordnungs=
strafen angehalten werden.
79 Die Einsicht des Vereinsregisters und der Vereinsakten des Amts=
gerichts ist Jedem gestattet; auch kann einfache oder beglaubigte Ab=
schrift der Eintragungen gegen die gesetzlichen Gebühren gefordert
werden.

(Ueber Eintragungen in das Vereinsregister siehe das Reichsgesetz über die Angelegenheiten der freiwilligen Gerichtsbarkeit Abschnitt 8.)

II. Stiftungen.

Zur Entstehung einer rechtsfähigen, privatrechtlichen Stiftung z. B. **80**
für Zwecke von gemeinnützigen, wohlthätigen Frauen-Anstalten, Stipendien, Gedächtnißfeiern u. dergleichen ist erforderlich:

a) das Stiftungsgeschäft (unter Lebenden in schriftlicher Form, bei **81** einer Verfügung von Todeswegen nach den Formen für Testamente);
b) die staatliche Genehmigung.

III. Juristische Personen des öffentlichen Rechts.

Der Fiskus, die Körperschaften, Gemeinden und andere Kommunal- **89**
verbände, Stiftungen und Anstalten des öffentlichen Rechts sind gleich den Vereinen (31.) für den Schaden verantwortlich, den ihre Beamten und sonstigen Vertreter durch eine in Ausführung der ihnen zustehenden Verrichtungen begangene, schädigende Handlung einem Dritten zufügen.

Zweiter Abschnitt. Sachen.

Für den Begriff und die rechtlichen Unterscheidungsmerkmale der Sachen gelten folgende für das bürgerliche Gesetzbuch gemeinsame Normen:

Als Sachen gelten nur körperliche Gegenstände. (Vergl. Ein- **90**
leitung zum III. Buch.) Im Verkehre kommen die Sachen entweder als Einzelsachen oder nur nach ihrer Gattung (z. B. eine Viehheerde, eine Kunstsammlung, eine Bibliothek) in Betracht. Eine Unterabtheilung der Gattungssachen sind die vertretbaren Sachen.

Vertretbare Sachen sind bewegliche Sachen, die im Verkehre nach **91**
Zahl, Maß oder Gewicht bestimmt zu werden pflegen, also namentlich das Geld, sodann z. B. Korn, Kaffee, Eisen, Wein u. a. Es kann somit bei der Verpflichtung zur Rückgabe einer empfangenen vertretbaren Sache an Stelle derselben eine andere Sache gleicher Gattung und gleicher Menge und Güte zurückgegeben werden.

Den vertretbaren Sachen nahe stehen die **verbrauchbaren**. Es sind **92**
dies bewegliche Sachen, deren bestimmungsgemäßer Gebrauch in dem Verbrauche (Lebensmittel, Cigarren, Brennholz) oder in der Veräußerung (Geld, Inhaber-Papiere) besteht. Als verbrauchbar gelten auch bewegliche Sachen, die zu einem Waarenlager oder zu einem sonstigen Sachinbegriffe gehören, dessen bestimmungsmäßiger Gebrauch in der Veräußerung der einzelnen Sachen besteht.

Jede Sache besteht aus mehr oder weniger **Bestandtheilen**, hat oft **Zubehör**, oft **Früchte** oder sonst **Nutzungen**.

Bestandtheile einer Sache, die von einander nicht getrennt werden **93**
können, ohne daß der eine oder andere zerstört oder in seinem Wesen verändert wird, sind wesentliche Bestandtheile und können

nicht Gegenstand besonderer Rechte sein z. B. das Lederdach einer Kutsche, die Räder einer Nähmaschine, der eine von einem Paar Schuhe.

94 Zu den wesentlichen Bestandtheilen eines Grundstücks gehören die mit dem Grund und Boden fest verbundenen Sachen, insbesondere Gebäude, sowie die Erzeugnisse des Grundstücks, so lange sie mit dem Boden zusammenhängen. Sobald aber die Erzeugnisse des Grundstücks vom Boden getrennt sind, z. B. der Baum gefällt, das Korn geschnitten ist u. s. w., so sind sie selbstständige Sachen und nicht mehr Bestandtheile des Grundstücks. Zu den wesentlichen Bestandtheilen eines Gebäudes gehören die zur Herstellung des Gebäudes eingefügten Sachen z. B. Thüren, Fenster; nicht aber die nur zu einem

95 vorübergehenden Zwecke eingefügten.

97 Zubehör sind bewegliche Sachen, die, ohne Bestandtheile der Hauptsache zu sein, dem wirthschaftlichen Zwecke der Hauptsache zu dienen bestimmt sind und zu ihr in einem dieser Bestimmung entsprechenden räumlichen Verhältnisse stehen z. B. der Hausschlüssel. Zum Zubehör rechnet namentlich auch:

98 a) bei einem Gebäude, das für einen gewerblichen Betrieb dauernd eingerichtet ist, insbesondere bei einer Mühle, einer Schmiede, einem Brauhaus, einer Fabrik, die zu dem Betriebe bestimmten Maschinen und sonstigen Geräthschaften;

b) bei einem Landgute das zum Wirthschaftsbetriebe bestimmte Geräth und Vieh, die landwirthschaftlichen Erzeugnisse, soweit sie zur Fortführung der Wirthschaft bis zu der Zeit erforderlich sind, zu welcher gleiche oder ähnliche Erzeugnisse voraussichtlich gewonnen werden, sowie der vorhandene auf dem Gute gewonnene Dünger.

Vergl. 314, 926, 1120, 1531 u. a.

99 Früchte einer Sache sind die Erzeugnisse der Sache und die sonstige Ausbeute, welche aus der Sache ihrer Bestimmung gemäß gewonnen wird. Erzeugnisse sind z. B. die Jungen eines Thieres, Wolle, Milch, Obst, Korn, zu schlagende Bäume. Ausbeute bilden z. B. die Steine aus dem Steinbruch, Mineralien u. a. Früchte eines Rechtes sind die Erträgnisse, welche das Recht seiner Bestimmung gemäß gewährt, insbesondere bei einem Rechte auf Gewinnung von Bodenbestandtheilen die gewonnenen Bestandtheile (Nießbrauch). Früchte sind auch die Erträge, welche eine Sache oder ein Recht vermöge eines Rechtsverhältnisses gewährt z. B. Zinsen aus Darlehen, Mieth- und Pachtgelder. Vergl. 581, 585, 743, 911, 1039 u. a.

100 Nutzungen sind die Früchte einer Sache oder eines Rechtes sowie die Vortheile, welche der Gebrauch der Sache oder des Rechtes gewährt z. B. der Gebrauch von Möbeln, von Zimmern, Reitpferden. Vergl. 446, 487, 987, 1213, 1383, 1813, 2184 u. a.

Dritter Abschnitt. Rechtsgeschäfte.

I. Titel. Geschäftsfähigkeit.

Unter Geschäftsfähigkeit ist die Fähigkeit zu verstehen durch eigene **104**
Handlungen Rechte und Pflichten zu begründen. **Geschäftsunfähig** ist:

a) wer nicht das 7. Lebensjahr vollendet hat (ein Kind);
b) wer sich in einem die freie Willensbestimmung ausschließenden Zustande krankhafter Störung der Geistesthätigkeit befindet, sofern der Zustand nicht ein vorübergehender ist;
c) wer wegen Geisteskrankheit entmündigt ist.

Die Willenserklärung eines Geschäftsunfähigen ist nichtig; ebenso **105**
die eines Bewußtlosen oder zur Zeit vorübergehend geistig Gestörten.

Ein Minderjähriger, der das 7. Lebensjahr vollendet hat (also nicht **106**
mehr Kind), ferner ein Entmündigter sind in der Geschäftsfähig- **114**
keit beschränkt und bedürfen daher zu einer Willenserklärung, durch die sie nicht lediglich einen rechtlichen Vortheil erlangen, der Ein-
willigung des gesetzlichen Vertreters (Vater, Mutter, Vormund). **107**

Bei Verträgen, nicht aber bei einseitigen Rechtsgeschäften, kann noch **108**
nachträgliche Genehmigung des gesetzlichen Vertreters binnen 2 Wochen von der Aufforderung zur Erklärung an, erfolgen. Erfolgt die Genehmigung nicht innerhalb dieser Frist, so gilt sie als verweigert und der Vertrag ist unwirksam.

Bei einseitigen Rechtsgeschäften eines Minderjährigen ist von der **111**
Einwilligung der andere Theil vom Vertreter selbst in Kenntniß zu setzen oder ihm ist die Einwilligung schriftlich vorzulegen. Geschieht dies nicht, so ist das Geschäft unwirksam, wenn dieser Andere das Rechtsgeschäft unverzüglich zurückweist. Vergl. 174.

Ein von dem Minderjährigen geschlossener Vertrag gilt als wirksam, **110**
wenn der Minderjährige die vertragsmäßige Leistung mit Mitteln bewirkt, die ihm zu diesem Zwecke oder zu freier Verfügung mit Zustimmung des Vertreters überlassen worden sind, z. B. der Sohn ist mit Geldmitteln zum Aufkauf gewisser Waaren ausgeschickt.

Ermächtigt der gesetzliche Vertreter mit Genehmigung des Vormund- **112**
schaftsgerichts den Minderjährigen zum selbstständigen Betrieb eines Erwerbsgeschäfts, so ist der Minderjährige für solche Rechtsgeschäfte unbeschränkt geschäftsfähig, welche der Geschäftsbetrieb mit sich bringt.

Ermächtigt der gesetzliche Vertreter den Minderjährigen, in Dienst **113**
oder in Arbeit zu treten, so ist der Minderjährige für solche Rechtsgeschäfte unbeschränkt geschäftsfähig, welche die Eingehung oder Aufhebung eines Dienst- oder Arbeitsverhältnisses der gestatteten Art oder die Erfüllung der sich aus einem solchen Verhältniß ergebenden Verpflichtungen betreffen. Für alle Dienst- und Arbeits-Verträge, die der Minderjährige auf Grund einer derartigen generellen Ermächtigung abschließt, ist er so selbstständig und prozeßfähig wie ein Volljähriger. (Lehrverträge sind hier nicht mit zu verstehen.)

Die Ermächtigung kann von dem Vertreter zurückgenommen oder eingeschränkt werden. Ist der gesetzliche Vertreter ein Vormund, so kann die Ermächtigung, wenn sie von ihm verweigert wird, auf Antrag des Minderjährigen durch das Vormundschaftsgericht ersetzt werden.

II. Titel. Willenserklärung.

Jedes Rechtsgeschäft ist eine Privatwillenserklärung. Der Wille kann ausdrücklich (schriftlich, mündlich oder durch Geberden, Zeichen, Handlungen), in Ausnahmefällen aber sogar durch Stillschweigen erklärt werden. Erforderniß einer Willenserklärung ist meistens, daß dieselbe einem Anderen gegenüber abgegeben werde und daß sie diesem Anderen auch zukomme. (Z. B. briefliche Erklärungen.)

Wenn es ausreicht, daß der Wille von einer Person oder von einer Seite erklärt wird, ohne daß der andere Theil sich wieder äußert, so liegt ein einseitiges Rechtsgeschäft vor. (Z. B. Vollmacht, Kapitalkündigung, Testament.) Wo aber die übereinstimmende Willenserklärung von zwei gegenüberstehenden Personen erforderlich ist, ist die Rede von einem zweiseitigen Rechtsgeschäft. Ein solches wird Vertrag genannt. Siehe 145—157.

Die Willenserklärung ist nur dann rechtlich wirksam, wenn ihr keinerlei Mangel anhaftet.

116 **Nichtig** sind daher Willenserklärungen (Rechtsgeschäfte):

a) wenn der Erklärende ins Geheim sich vorbehält, das Erklärte nicht zu wollen und der Andere diesen Vorbehalt kennt, (Wenn der Andere jedoch den geheimen Vorbehalt nicht kennt, so ist die Erklärung rechtsgültig);

117 b) bei Scheingeschäften (Soll durch ein Scheingeschäft ein anderes
118 Geschäft verdeckt werden, so gilt das verdeckte);

c) wenn die Willenserklärung nur zum Scherze abgegeben wird;
122 (Der Erklärende ist aber zum Schadenersatze verpflichtet);

d) wenn das Rechtsgeschäft der gesetzlichen oder vereinbarten Form
125 ermangelt (Wenn z. B. schriftliche Form vorgeschrieben ist, aber nur mündliche Vereinbarung vorliegt);

134 e) wenn das Rechtsgeschäft gegen ein gesetzliches Verbot verstößt (z. B. Zinsen von Zinsen zu nehmen 309);

138 f) wenn das Rechtsgeschäft gegen die guten Sitten verstößt. Nichtig ist insbesondere ein Rechtsgeschäft, durch das Jemand unter Ausbeutung der Nothlage, des Leichtsinns oder der Unerfahrenheit eines Anderen sich oder einem Dritten für eine Leistung Vermögensvortheile versprechen oder gewähren läßt, welche den Werth der Leistung dergestalt übersteigen, daß den Umständen nach die Vermögensvortheile in auffälligem Mißverhältnisse zu der Leistung stehen.

Weitere Nichtigkeitsgründe speciell bei Verträgen siehe II Buch 306—308, 310, 312 Absatz 1.

Eine Willenserklärung ist zwar nicht ohne Weiteres nichtig, jedoch dem Rechte der **Anfechtung** unterworfen, in nachgenannten Fällen:

a) wenn der Erklärende sich im Irrthum befand; **119**

b) wenn die Willenserklärung durch die zur Uebermittelung verwendete Person oder Anstalt (Bote, Post, Fernsprechanstalt) unrichtig übermittelt worden ist; (In Fällen a und b muß die Anfechtung jedoch unverzüglich erfolgen. Die Anfechtung hat außer der Nichtigkeit der Erklärung auch die Pflicht zum Schadensersatz zur Folge); **120** **121** **122**

c) wenn Jemand durch arglistige Täuschung oder Drohung zu einer Willenserklärung verleitet worden ist. (In diesem Falle muß die Anfechtung aber binnen Jahresfrist bewirkt werden). **123** **124**

Die Anfechtung erfolgt durch Erklärung (nicht sofort Klage) gegenüber dem Anfechtungsgegner. Sie kann jedoch bei einseitigen Rechtsgeschäften, wenn die Willenserklärung einer Behörde gegenüber abzugeben war, auch dieser gegenüber abgegeben werden. **143**

Die Anfechtung ist ausgeschlossen, wenn das anfechtbare Rechtsgeschäft von dem Anfechtungsberechtigten bestätigt wird, was formlos, also selbst stillschweigend geschehen kann. **144**

Für Rechtsgeschäfte (Willenserklärungen) ist nur in wenigen Fällen eine besondere Form vorgeschrieben, so daß für die Regel keinerlei Förmlichkeiten beobachtet zu werden brauchen, mithin mündliche, briefliche, telegraphische u. s. w. Erklärung ausreicht. Für wichtigere Rechtsgeschäfte dagegen sind folgende Formen vorgeschrieben:

a) **die schriftliche Form.** Bei dieser muß die Erklärumg schriftlich abgefaßt und die Urkunde von dem Aussteller eigenhändig durch Namensunterschrift oder mittelst gerichtlich oder notariell beglaubigten Handzeichens unterzeichnet werden. Bei einem Vertrage muß die Unterzeichnung der Parteien auf derselben Urkunde erfolgen. Werden über den Vertrag mehrere gleichlautende Urkunden aufgenommen, so genügt es, wenn jede Partei die für die andere Partei bestimmte Urkunde unterzeichnet. Vergl. II. Buch, 2. Abschnitt, Titel 1, Absatz 2. **126**

Die schriftliche Form ist außer den Fällen, in denen sie gesetzlich vorgeschrieben ist, auch dann zu beobachten, wenn dieselbe von den Parteien vereinbart worden ist; doch genügt da telegraphische Uebermittelung und bei Verträgen auch Briefwechsel. Eine derartige Vereinbarung liegt dann vor, wenn die Parteien bei der Verhandlung über ein Rechtsgeschäft verabreden, den Vertrag schriftlich abzufassen. Hierbei muß nun unterschieden werden, ob die Absicht der Vertragschließenden dahin geht, daß vor der schriftlichen Abfassung noch gar kein Vertrag angenommen werden dürfe, oder ob der Vertrag an sich mit der mündlichen Verabredung vollkommen bindend sein und die schriftliche Abfassung nur noch als Beweisurkunde hinzutreten solle. **127**

b) **Gerichtliche oder notarielle Beurkundung.** Diese erfolgt nach den Vorschriften im 10. Abschnitt des Reichsgesetzes über die Angelegen-
128 heiten der freiwilligen Gerichtsbarkeit. Es genügt, wenn zunächst der Antrag und sodann die Annahme des Antrags von einem Gericht oder einem Notar beurkundet wird. Vergl. II. Buch 311, 312, 313 u. s. w.

c) **Oeffentliche Beglaubigung,** bei welcher die Erklärung schriftlich
129 abgefaßt und die Unterschrift oder das Handzeichen des Erklärenden von der zuständigen Behörde, Beamten oder Notar beglaubigt werden muß. Ersetzt wird diese Form durch die Form b. Vergl. II. Buch 2. Abschnitt Titel I Absatz 2.

Auch die öffentliche Beglaubigung geschieht nach den Vorschriften im 10. Abschnitt des obengenannten Reichsgesetzes.

130 Eine Willenserklärung, die einem Anderen gegenüber abzugeben ist und in dessen Abwesenheit abgegeben wurde, ist erst dann wirksam, wenn sie demselben zugeht. Die Abgabe kann auch durch den Ge-
132 richtsvollzieher vermittelt werden, wobei aber eine Mitwirkung des Gerichtsschreibers nicht stattfindet. Ist die Person, welcher gegenüber die Erklärung abzugeben ist, unbekannt, so kann das Amtsgericht öffentliche Zustellung bewilligen.

133 Bei der Auslegung einer Willenserklärung ist der wirkliche Wille zu erforschen und nicht an dem buchstäblichen Sinne des Ausdrucks zu haften. Vergl. 157.

III. Titel. Vertrag.

Ein Vertrag (zweiseitiges Rechtsgeschäft) erfordert gegenseitige Uebereinstimmung des Willens der Vertragschließenden und liegt erst dann vor, wenn beide Theile über alle wesentlichen Punkte einig geworden sind; so beim Kauf über Waare und Preis. Wo nur der eine Vertragschließende Verpflichtungen übernimmt, liegt ein einseitiger, wo aber beide Theile gegen einander Verpflichtungen übernehmen, ein gegenseitiger Vertrag vor. Schenkung ist ein einseitiger, Kauf ein gegenseitiger Vertrag.

Die Schließung eines Vertrages vollzieht sich durch den Antrag des einen und die Annahme des anderen Theiles. Mit der Annahme ist der Vertrag vollkommen. Von einem solchen Vertrage sind
154 aber die vorläufigen Verhandlungen zu unterscheiden; diese bilden noch keine bindende Einigung, so lange sie nur vorbereitender Art sind.

Wer einem Anderen die Schließung eines Vertrages anträgt, ist
145 an den Antrag gebunden, es sei denn, daß er die Gebundenheit ausgeschlossen d. h. den Widerruf vorbehalten hat. Erfolgt der Antrag
147 zu einem Vertrage unter Anwesenden, zu denen auch mittelst Fern-

sprecher verkehrende Personen rechnen (also mündlich oder durch Fernsprecher), so muß die Annahme des Antrags sofort geschehen, sonst ist der Antragende nicht länger an seinen Antrag gebunden.

Bei einem Antrage unter Abwesenden (also in der Regel brieflich) bleibt der Antragende von dem Augenblicke, wo sein Angebot bei dem Adressaten ankam, bis zu dem Zeitpunkte gebunden, wo von diesem der Antrag entweder abgelehnt ist oder rechtzeitig hätte angenommen 146
werden können. Eine rechtzeitige Annahme liegt nur dann vor, wenn 147
die Antwort bei dem Antragenden noch innerhalb der Zeit eingeht, in welcher dieser solche unter regelmäßigen Umständen erwarten durfte. Der Antragende darf voraussetzen, daß sein Antrag rechtzeitig d. h. ohne ungewöhnliche Verzögerung an den Adressaten gelangt sei; er muß dem Empfänger des Antrages eine dem Gegenstande und dem gewöhnlichen ordentlichen Geschäftsverkehre angemessene Frist zur Prüfung des Antrages, sodann zum Schreiben der unverzüglichen Antwort rc. an ihn, selbst zugestehen und hierzu die gewöhnliche Beförderungszeit der Antwort durch die Post oder dergleichen rechnen, um den Termin festzustellen, an welchem er Antwort zu erwarten berechtigt ist und bis zu welchem er an seinen Antrag gebunden bleibt. Ist bis dahin eine Annahmeerklärung nicht eingegangen, so ist der Antragende an sein Angebot nicht weiter mehr gebunden.

Hat der Antragende für die Annahme des Antrags eine Frist be- 148
stimmt, so kann die Annahme sowohl unter Anwesenden wie Abwesenden nur innerhalb der Frist erfolgen. Nach Ablauf der Frist ist der Anbietende wieder frei.

Hat ein Zufall das Eintreffen einer rechtzeitig abgesandten 149
Annahme-Erklärung über die Zeit hinaus verzögert, in welcher der Antragende auf Antwort zu warten berechtigt war, und mußte der Antragende dies erkennen, z. B. aus dem Poststempel des Annahmebriefes, so hat er die Verspätung dem Annehmenden unverzüglich nach dem Empfange der Erklärung anzuzeigen, sofern es nicht schon vorher geschehen ist. Verzögert er die Absendung der Anzeige, so gilt die Annahme als nicht verspätet. Selbstverständlich bleibt dem Antragenden unbenommen, eine verspätete Annahme trotzdem zu berücksichtigen. Die verspätete Annahme eines Antrages gilt als neuer Antrag des anderen 150
Theiles, den wiederum der ursprünglich Antragende annehmen oder ablehnen kann.

Abweichend von der vorgedachten Regel ist die Annahme-Erklärung 151
für das Zustandekommen eines Vertrages nicht nothwendig, wenn ausdrückliche Erklärung nach der Verkehrssitte nicht zu erwarten ist (z. B. bei Bestellung von Waaren), oder wenn der Antragende darauf verzichtet hat. Es genügt hier jede Art der Bethätigung des Willens zur Annahme z. B. Zusendung der bestellten Waare, Behalten und Verbrauch der nicht bestellten Waare. Erfordert wird mithin da nur

die wirkliche Annahme, nicht aber auch noch die Erklärung. Der Zeitpunkt, in welchem der Antrag hier erlischt, bestimmt sich nach dem aus dem Antrag oder den Umständen zu entnehmenden Willen des Antragenden.

156 Bei einer Versteigerung kommt der Vertrag erst durch den Zuschlag zu Stande. Ein Gebot erlischt, wenn ein Uebergebot abgegeben oder die Versteigerung ohne Ertheilung des Zuschlags geschlossen wird.

157 Verträge sind so auszulegen, wie Treu und Glauben mit Rücksicht auf die Verkehrssitte es erfordern. Es kommt daher in Zweifelsfällen nicht immer auf den starren Wortlaut des Vertrages an, sondern es muß der wirkliche Wille der Parteien zu erforschen gesucht werden. Vergl. 133.

(Ueber Verträge siehe weiter II. Buch 2. Abschnitt 305 u. f.)

IV. Titel. Bedingung. Zeitbestimmung.

Wird ein Rechtsgeschäft unter einer aufschiebenden Bedingung
158 vorgenommen, so tritt die von der Bedingung abhängig gemachte Wirkung mit dem Eintritte der Bedingung ein z. B. Miethe eines Lokals unter der Bedingung, daß für dasselbe die polizeiliche Wirthschafts-Concession ertheilt wird.

Wird ein Rechtsgeschäft unter einer auflösenden Bedingung vorgenommen, so endigt mit dem Eintritte der Bedingung die Wirkung des Rechtsgeschäfts; mit diesem Zeitpunkte tritt der frühere Rechtszustand wieder ein z. B. die regelmäßige Leistung von Fuhrwerk zwischen A und B soll nur bis zur Eröffnung einer etwaigen Eisenbahn dauern.

V. Titel. Vertretung. Vollmacht.

Ein Rechtsgeschäft kann, sofern nicht das Gesetz oder die Natur des Rechtsgeschäfts entgegensteht, auch durch einen Vertreter vorgenommen werden. Die Vertretungsmacht kann auf Gesetz beruhen, gesetzliche Vertretung (z. B. Mann für seine Frau, Vater für sein Kind, Vormund für sein Mündel, Konkursverwalter für die Masse) oder durch Vollmacht ertheilt werden. (Vergl. zur Unterscheidung 662 u. f. über Auftrag.)

164 Eine Willenserklärung, die Jemand innerhalb der ihm zustehenden Vertretungsmacht im Namen des Vertretenen abgiebt, wirkt unmittelbar für und gegen den Vertretenen. Es wird somit nicht der Vertreter persönlich, sondern der Vertretene dadurch berechtigt und verpflichtet. Es muß aber der Wille, in fremdem Namen zu handeln, aus den Umständen erkennbar hervortreten, da sonst der Vertreter so haften würde, wie wenn er im eigenen Namen gehandelt hätte.

165 Unter Umständen kann eine Stellvertretung auch durch einen in der Geschäftsfähigkeit Beschränkten (106) stattfinden z. B. durch einen minderjährigen Lehrling, Angestellten u. a.

167 Die Ertheilung der Vollmacht erfolgt durch Erklärung gegenüber

dem zu Bevollmächtigenden oder dem Dritten, dem gegenüber die Ver-
tretung stattfinden soll. Eine Form ist nicht vorgeschrieben, soll aber
ein einseitiges Rechtsgeschäft z. B. Kündigung einer Wohnung vollzogen 174
werden, so muß die Vollmacht schriftlich vorgelegt oder vom Voll-
machtgeber selbst die Bevollmächtigung mitgetheilt werden, da sonst
bei unverzüglicher Zurückweisung durch den Anderen das Rechts-
geschäft unwirksam würde. Vergl. 111. Die Mittheilung einer
Bevollmächtigung geschieht entweder durch Aushändigung einer Voll-
machtsurkunde an den Vertreter, welche dieser jedem Dritten vorzulegen 171
hat, der sich mit dem Vertreter einlassen will oder durch Erklärung 172
gegenüber einem Dritten oder endlich durch öffentliche Bekanntmachung.

Die Vollmacht erlischt mit der Beendigung des ihr zu Grunde
liegenden Rechtsverhältnisses; sie kann aber in der Regel auch schon 168
vorher widerrufen werden. Der Widerruf erfolgt ganz wie die Er-
theilung der Vollmacht durch Erklärung gegenüber dem bisher Bevoll-
mächtigten oder dem Dritten, dem gegenüber die Vertretung statt-
zufinden hatte.

Ist die Vollmacht durch öffentliche Bekanntmachung kund gegeben, 171
so hat der Widerruf in derselben Weise, also z. B. in demselben Blatte,
zu geschehen.

Im Uebrigen bleibt die Vertretungsmacht bestehen, bis die Vollmachts- 172
urkunde dem Vollmachtgeber zurückgegeben oder für kraftlos erklärt
wird. Nach dem Erlöschen der Vollmacht ist sie zurückzugeben; ein
Zurückbehaltungsrecht steht dem Bevollmächtigten nicht zu. 175

Ist die Vollmacht aus irgend einem Grunde nicht zurück zu erlangen, 176
so kann der Vollmachtgeber beim Amtsgericht die Bewilligung zur
Veröffentlichung der Kraftloserklärung der Vollmacht nachsuchen. Die
Kraftloserklärung muß nach den für die öffentliche Zustellung einer
Ladung geltenden Vorschriften der Civil-Prozeß-Ordnung veröffentlicht
werden. Mit dem Ablauf eines Monats nach der letzten Einrückung
in die Blätter wird die Kraftloserklärung wirksam.

Ist ein Vertrag ohne Vollmacht abgeschlossen, so kann er durch 177
Genehmigung des Vertretenen wirksam werden; bis dahin kann der
Dritte noch zurücktreten. Wird die Genehmigung nicht ertheilt, so 178
haftet der Vertreter nach Wahl des anderen Theiles für Erfüllung des 179
Vertrages oder für Schadenersatz.

Bei einem einseitigen Rechtsgeschäft ist Vertretung ohne Vertretungs- 180
macht unzulässig z. B. bei Erbschaftsannahme, Auslobung.

Mit sich selbst im eigenen Namen kann ein Vertreter, abgesehen von 181
der Erfüllung einer Verbindlichkeit, kein Rechtsgeschäft vornehmen.

VI. Titel. Einwilligung. Genehmigung.

Die Einwilligung ist die vorherige, die Genehmigung die 182
nachträgliche Zustimmung, die der Dritte zu einem vorgenommenen 184

Rechtsgeschäfte abgiebt oder zu der Verfügung ertheilt, die ein Nichtberechtigter über eine Sache des Dritten trifft. Die Einwilligung bedarf niemals einer bestimmten Form. (Vergl. 111, 174 und ebenso 662—676 „Auftrag" und 677—687 „Geschäftsführung ohne Auftrag.")

Vierter Abschnitt. Fristen. Termine.

187 a) Ist für den Anfang einer Frist ein Ereigniß oder ein in den Lauf eines Tages fallender Zeitpunkt maßgebend, so wird bei der Berechnung der Frist der Tag nicht mitgerechnet, in welchen das Ereigniß oder der Zeitpunkt fällt, z. B. ist der Tag der Zustellung der Kündigung nicht mitzurechnen.

b) Fängt eine Frist mit Beginn eines Tages an, so wird dieser Tag mitgerechnet z. B. Vermiethung einer Wohnung vom 1. Januar ab auf 3 Jahre. Ebenso wird bei Berechnung des Lebensalters der Geburtstag mitgezählt.

188 Eine nach Tagen bestimmte Frist endigt mit dem Ablaufe des letzten Tages der Frist. Eine Frist, die nach Wochen, nach Monaten oder nach einem mehrere Monate umfassenden Zeitraume — Jahr, halbes Jahr, Vierteljahr — bestimmt ist, endigt im Falle 187 a (oben) mit dem Ablauf desjenigen Tages der letzten Woche oder des letzten Monats, welcher durch seine Benennung oder seine Zahl dem Tage entspricht, in den das Ereigniß oder der Zeitpunkt fällt (z. B. eine zweiwöchentliche Frist von der am Mittwoch den 10. Februar erfolgten Zustellung ab, endigt mit Mittwoch den 24. Februar einschließlich), im Falle 187 b. (oben) mit dem Ablaufe desjenigen Tages der letzten Woche oder des letzten Monats, welcher dem Tage vorhergeht, der durch seine Benennung oder seine Zahl dem Anfangstage der Frist entspricht (z. B. eine vom 5. Januar an auf zwei Monate vereinbarte Miethe endigt mit dem 4. März). Fehlt bei einer nach Monaten bestimmten Frist in dem letzten Monate der für ihren Ablauf maßgebende Tag, so endigt die Frist mit dem Ablaufe des letzten Tages dieses Monats. (Eine vom 30. November an laufende dreimonatliche Frist endigt schon mit dem 28.—29.— Februar).

189 Unter einem halben Jahre werden sechs, unter einem Vierteljahre drei Monate und unter einem halben Monat 15 Tage Frist verstanden.

Ist eine Frist auf einen oder mehrere ganze und einen halben Monat gestellt, so sind die 15 Tage zuletzt zu zählen.

190 Jede Verlängerung einer Frist berechnet sich vom Ablauf der vorigen.

192 Unter Anfang des Monats wird der erste, unter Mitte der fünfzehnte, unter Ende der letzte Tag des Monats verstanden.

193 Ist an einem bestimmten Tage oder innerhalb einer Frist eine Willenserklärung abzugeben oder eine Leistung (Zahlung u. a.) zu bewirken und fällt der bestimmte Tag oder der letzte Tag der Frist auf einen Sonn- oder Feiertag, so tritt an die Stelle dieses Tages der nächstfolgende Werktag.

Fünfter Abschnitt Verjährung.

Der Verjährung d. i. dem Erlöschen des Anspruchs in Folge Nicht- 194
gebrauchs unterliegen alle Klagen oder Ansprüche; dieselben mögen auf Zahlung einer Geldsumme, auf Herausgabe oder Leistung einer Sache oder auf Vornahme oder Unterlassung einer Handlung gerichtet sein. (Von der Verjährung bleibt zu unterscheiden die Ersitzung 937—945.) Unverjährbar sind dagegen Ansprüche aus familienrechtlichen Verhältnissen, ferner eingetragene Rechte an Grundstücken (902), Ansprüche auf Berichtigung im Grundbuche (898) und auf Aufhebung der Gemeinschaft (758).

Die regelmäßige Verjährungsfrist beträgt dreißig Jahre. 195

In zwei Jahren verjähren die Ansprüche: 196

1) der Kaufleute, Fabrikanten, Handwerker und derjenigen, welche ein Kunstgewerbe betreiben, für Lieferung von Waaren, Ausführung von Arbeiten und Besorgung fremder Geschäfte, mit Einschluß der Auslagen, es sei denn, daß die Leistung für den Gewerbebetrieb des Schuldners erfolgt;
2) derjenigen, welche Land- oder Forstwirthschaft betreiben, für Lieferung von land- oder forstwirthschaftlichen Erzeugnissen, sofern die Lieferung zur Verwendung im Haushalte des Schuldners erfolgt;
3) der Eisenbahnunternehmungen, Frachtfuhrleute, Schiffer, Lohnkutscher und Boten wegen des Fahrgeldes, der Fracht, des Fuhr- und Botenlohns, mit Einschluß der Auslagen;
4) der Gastwirthe und derjenigen, welche Speisen oder Getränke gewerbsmäßig verabreichen, für Gewährung von Wohnung und Beköstigung sowie für andere den Gästen zur Befriedigung ihrer Bedürfnisse gewährte Leistungen, mit Einschluß der Auslagen;
5) derjenigen, welche Lotterieloose vertreiben, aus dem Vertriebe der Loose, es sei denn, daß die Loose zum Weitervertriebe geliefert werden;
6) derjenigen, welche bewegliche Sachen gewerbsmäßig vermiethen, wegen des Miethszinses;
7) derjenigen, welche, ohne zu den in Nr. 1 bezeichneten Personen zu gehören, die Besorgung fremder Geschäfte oder die Leistung von Diensten gewerbsmäßig betreiben, wegen der ihnen aus dem Gewerbebetriebe gebührenden Vergütungen, mit Einschluß der Auslagen;
8) derjenigen, welche im Privatdienste stehen, wegen des Gehalts, Lohnes oder anderer Dienstbezüge, mit Einschluß der Auslagen, sowie der Dienstberechtigten wegen der auf solche Ansprüche gewährten Vorschüsse;
9) der gewerblichen Arbeiter — Gesellen, Gehülfen, Lehrlinge, Fabrikarbeiter, — der Tagelöhner und Handarbeiter wegen des Lohnes und anderer an Stelle oder als Theil des Lohnes vereinbarter Leistungen, mit Einschluß der Auslagen, sowie der Arbeitgeber wegen der auf solche Ansprüche gewährten Vorschüsse;

10. der Lehrherren und Lehrmeister wegen des Lehrgeldes und anderer im Lehrvertrage vereinbarten Leistungen, sowie wegen der für die Lehrlinge bestrittenen Auslagen;
11. der öffentlichen Anstalten, welche dem Unterrichte, der Erziehung, Verpflegung oder Heilung dienen, sowie der Inhaber von Privatanstalten solcher Art für Gewährung von Unterricht, Verpflegung oder Heilung und für die damit zusammenhängenden Aufwendungen;
12. derjenigen, welche Personen zur Verpflegung oder zur Erziehung aufnehmen, für Leistungen und Aufwendungen der in Nr. 11 bezeichneten Art;
13. der öffentlichen Lehrer und der Privatlehrer wegen ihrer Honorare, die Ansprüche der öffentlichen Lehrer jedoch nicht, wenn sie auf Grund besonderer Einrichtungen gestundet sind;
14. der Aerzte, insbesondere auch der Wundärzte, Geburtshelfer, Zahnärzte und Thierärzte, sowie der Hebammen für ihre Dienstleistungen, mit Einschluß der Auslagen;
15. der Rechtsanwälte, Notare und Gerichtsvollzieher sowie aller Personen, die zur Besorgung gewisser Geschäfte öffentlich bestellt oder zugelassen sind, wegen ihrer Gebühren und Auslagen, soweit nicht diese zur Staatskasse fließen;
16. der Parteien wegen der ihren Rechtsanwälten geleisteten Vorschüsse;
17. der Zeugen und Sachverständigen wegen ihrer Gebühren und Auslagen.

Soweit die unter Nr. 1, 2, 5 bezeichneten Ansprüche nicht der Verjährung von zwei Jahren unterliegen, verjähren sie in vier Jahren.

197 In vier Jahren verjähren die Ansprüche auf Rückstände von Zinsen mit Einschluß der als Zuschlag zu den Zinsen zum Zwecke allmählicher Tilgung des Kapitals zu entrichtenden Beträge, die Ansprüche auf Rückstände von Mieth- und Pachtzinsen, soweit sie nicht unter die Vorschrift des § 196 Nr. 6 fallen, und die Ansprüche auf Rückstände von Renten, Auszugsleistungen, Besoldungen, Wartegeldern, Ruhegehalten, Unterhaltungsbeiträgen und allen anderen regelmäßig wiederkehrenden Leistungen. Auch Hypotheken- und Grundschuldzinsen rechnen hierher.

Die Verjährungsfristen für die öffentlichen Abgaben, Gerichtskosten und Stempel bleiben durch die Landesgesetzgebung geregelt.

198 Die Verjährung beginnt mit der Entstehung des Anspruchs beziehungsweise soweit Kündigung geboten ist, von dem Zeitpunkte, von welchem
199 an die Kündigung zulässig, auch die etwaige Kündigungsfrist abgelaufen ist. Geht der Anspruch auf ein Unterlassen, so beginnt die Verjährung mit der Zuwiderhandlung.

201 Die Verjährung der einer zwei- oder vierjährigen Verjährungsfrist unterliegenden Ansprüche beginnt mit dem Schlusse des Jahres, in welchem der Anspruch fällig ist.

Die Verjährung wird **gehemmt** durch Stundung oder auch durch **202**
Verhinderung in Folge höherer Gewalt; ferner bei Ansprüchen **203**
a) zwischen Ehegatten während der Ehe; **204**
b) zwischen Eltern und Kindern während der Minderjährigkeit der Kinder;
c) zwischen Vormund und Mündel während der Vormundschaft.

Der Zeitraum, während dessen die Verjährung gehemmt ist, wird **205**
in die Verjährungsfrist nicht eingerechnet. Es läuft daher diese Frist erst nach Beseitigung des Hemmnisses wieder weiter.

Wenn der Gläubiger oder der Schuldner zur Zeit, wo die Ver- **207**
jährung vollendet würde, gestorben ist, so tritt eine Verlängerung der Verjährungsfrist bis zu 6 Monaten ein.

Wesentlich verschieden von der Hemmung ist die **Unterbrechung** einer begonnenen Verjährung. Letztere bewirkt, daß die bis zu ihrem Eintritt abgelaufene Zeit nicht in Betracht kommt und eine **neue** Verjährung erst nach Beendigung der Unterbrechung beginnen kann (217).

Unterbrochen wird die Verjährung:

a) wenn der Verpflichtete dem Berechtigten gegenüber den Anspruch **208**
durch Abschlagszahlung, Zinszahlung, Sicherheitsleistung oder in anderer Weise **anerkennt**, insbesondere durch schriftliches oder mündliches Anerkenntniß, während die einfache Zusendung einer Rechnung, einer Mahnung u. s. w. keine Unterbrechung bewirkt;
b) wenn der Berechtigte Klage erhebt. **209**

Der Erhebung der Klage stehen gleich:

a) die Zustellung eines Zahlungsbefehls;
b) die Anmeldung im Konkurse;
c) die Geltendmachung der Aufrechnung im Prozesse;
d) die Streitverkündung;
e) die Vornahme von Vollstreckungshandlungen.

Die Unterbrechung durch Klageerhebung dauert fort bis der Prozeß **211**
rechtskräftig entschieden oder anderweit erledigt ist. Eine Unterbrechung
tritt aber nicht ein, wenn die Klage wieder zurückgenommen oder im **212**
Mahnverfahren kein Vollstreckungsbefehl erwirkt wird. **213**

Nach jeder Unterbrechung läuft eine neue Verjährungsfrist von 2, **217**
4 oder 30 Jahren.

Ein rechtskräftig festgestellter, überhaupt jeder nach der Civilprozeß- **218**
ordnung vollstreckbar gewordene Anspruch verjährt in 30 Jahren, auch wenn derselbe vorher der 2- oder 4jährigen Verjährung unterworfen war; nur bei regelmäßig wiederkehrenden, erst **künftig** fällig werdenden Leistungen bewendet es bei der kürzeren Verjährungsfrist.

Nach der Vollendung der Verjährung ist der Verpflichtete (Schuldner) **222**
berechtigt, die Leistung zu verweigern. Von Amtswegen darf die Verjährung nicht berücksichtigt werden, sondern es kann sich der Verpflichtete (Schuldner) nur mittelst Einrede im Prozesse auf dieselbe berufen.

225 Die Verjährung kann durch Rechtsgeschäft weder ausgeschlossen noch erschwert werden. Erleichterungen, insbesondere eine Abkürzung der Frist ist gestattet, niemals aber eine Verlängerung.

Sechster Abschnitt. Ausübung der Rechte. Selbstvertheidigung. Selbsthülfe.

226 Die Ausübung eines Rechtes ist unzulässig, wenn sie nur den Zweck haben kann, einem Anderen Schaden zuzufügen. Ebenso ist es nicht gestattet, die Ausübung eines Rechtes eigenmächtig zu erzwingen. Wenn sich ein Anderer dem widersetzt, ist die Hülfe des Staates anzurufen. Nur in Ausnahmefällen, wenn Staatshülfe zu spät kommen würde,
227 ist Selbstvertheidigung (als Nothwehr) beziehungsweise Selbsthülfe zulässig. Nothwehr ist diejenige Vertheidigung, welche erforderlich ist, um einen gegenwärtigen rechtswidrigen Angriff von sich oder einem Anderen abzuwenden.

228 Wer eine fremde Sache beschädigt oder zerstört, um eine durch sie drohende Gefahr von sich oder einem Anderen abzuwenden, handelt nicht widerrechtlich, wenn die Beschädigung oder die Zerstörung zur Abwendung der Gefahr erforderlich ist und der Schaden nicht außer Verhältniß zu der Gefahr steht. Hat der Handelnde die Gefahr verschuldet (hat er z. B. das ihn bedrohende Thier zuvor gereizt), so ist er zum Schadenersatze verpflichtet.

230 Eine solche Selbsthülfe darf aber nicht weiter gehen, als zur Abwendung der Gefahr erforderlich ist, für weggenommene Sachen ist Zwangsvollstreckung oder Arrest zu beantragen.

Siebenter Abschnitt. Sicherheitsleistung.

232 Wer aus irgend einem Grunde Sicherheit zu leisten hat, kann dies bewirken:

a) durch Hinterlegung von Geld oder Werthpapieren, die auf den
234 Inhaber lauten und in denen Mündelgelder angelegt werden dürfen, bis zur Höhe von $^3/_4$ des Kurswerths; (den Werthpapieren sind die Zins-, Renten-, Gewinnantheil- und Erneuerungsscheine beizulegen.)

b) durch Verpfändung von Forderungen, die in das Reichsschuld-
236 buch oder in das Staatsschuldbuch eines Bundesstaats eingetragen sind, bis zur Höhe von $^3/_4$ des Kurswerths;

c) durch Verpfändung beweglicher Sachen bis zu $^2/_3$ ihres Schätzungswerthes;

d) durch Bestellung von Hypotheken an inländischen Grundstücken und

e) durch Verpfändung von Forderungen, für die eine inländische

Hypothek besteht oder durch Verpfändung von inländischen Grund- oder Rentenschulden.

Die unter d und e gedachten Papiere müssen die für Mündelgelder vorgeschriebene Sicherheit bieten.

Kann die Sicherheit nicht in einer vorstehend aufgeführten Weise geleistet werden, so ist die Stellung eines Bürgen mit angemessenem Vermögen, der seinen allgemeinen Gerichtsstand im Inlande hat, zulässig. In der Bürgschaftsurkunde ist auf die Einrede der Vorausklage zu verzichten.

Zweites Buch. Recht der Schuldverhältnisse.

I. Abschnitt. Inhalt der Schuldverhältnisse.

I. Titel. Verpflichtung zur Leistung.

Unter Schuldverhältniß (Obligation) versteht man ein Forderungs- **241**
recht und entsprechende Verbindlichkeit, vermöge deren der Eine, der Gläubiger, berechtigt ist, von dem Anderen, dem Schuldner, eine Leistung (Geben, Zahlen, Thun) oder ein Unterlassen zu fordern und nöthigenfalls gerichtlich zu erzwingen.

Es entsteht dieses Recht jedoch ohne daß der specielle Gegenstand (Sache oder Recht) schon ergriffen oder dem Vermögen des Gläubigers einverleibt würde. Gegen dritte unbetheiligte Personen übt der Vertrag keinerlei Wirkungen aus. Die bereits festgekaufte, aber noch beim Schuldner befindliche Sache kann ein Dritter noch vollgiltig erwerben oder pfänden lassen. In solchen Fällen kann die Sache nicht mehr gefordert, sondern nur Schadensersatz vom Schuldner verlangt werden.

Ein dingliches Recht, im Gegensatze zum Schuldverhältnisse, vor Allem Eigenthum erwirbt der Gläubiger nur nach den Grundsätzen des Sachenrechts (III. Buch), d. h. es bedarf stets der besonderen Einigung beider Theile darüber, daß Eigenthum übergehen soll und dazu muß bei unbeweglichen Sachen noch die Eintragung ins Grundbuch 873 und bei beweglichen Sachen die thatsächliche Uebergabe kommen. 929.

Schuldverhältnisse können nicht nur aus Verträgen bezw. aus einseitigen Versprechen, sondern auch aus unerlaubten Handlungen (z. B. aus einer Körperverletzung oder einer Sachbeschädigung die Verpflichtung zum Schadensersatz) oder kraft Gesetzes auch aus andern Thatsachen entspringen.

242 Der Schuldner ist verpflichtet, die Leistung so zu bewirken, wie Treu und Glauben mit Rücksicht auf die Verkehrssitte es erfordern.

243 Wer eine nur der Gattung nach bestimmte Sache schuldet, hat eine Sache von mittlerer Art und Güte zu leisten (z. B. 50 Kilo Kartoffeln).

246 Eine Geldschuld ist nur dann zu verzinsen, wenn die Verpflichtung zur Verzinsung durch Gesetz (z. B. 256, 288, 291, 452, 641 u. a.) begründet oder durch Rechtsgeschäft vereinbart ist. Wenn über die Höhe der Zinsen nicht ein Anderes bestimmt ist, sind vier vom Hundert für das Jahr zu entrichten.

(Für Handelsgeschäfte beträgt der Zinssatz fünf vom Hundert. § 352 des Handelsgesetzbuchs.)

247 Ist ein höherer Zinssatz als sechs vom Hundert für das Jahr vereinbart, so kann der Schuldner nach dem Ablaufe von sechs Monaten das Kapital unter Einhaltung einer Kündigungsfrist von sechs Monaten kündigen. Das Kündigungsrecht kann nicht durch Vertrag ausgeschlossen oder beschränkt werden.

248 Eine im voraus getroffene Vereinbarung, daß fällige Zinsen wieder Zinsen tragen sollen, ist nichtig. Nur Sparkassen, Kreditanstalten und Bankiers können solche Zinsen für Einlagen versprechen, Kreditanstalten unter Umständen auch solche verlangen.

249 Wer zum Schadensersatze verpflichtet ist, hat den früheren Zustand wieder herzustellen, z. B. für eine zerstörte Fensterscheibe eine neue einsetzen zu lassen, die weggenommene fremde Sache wieder zurückzugeben u. a.

251 Nur wenn die Herstellung nicht mehr möglich (der gefällte Baum kann nicht wieder an seine Stelle gesetzt werden.) oder zur Entschädigung nicht genügend ist (das zerrissene Festkleid kann durch einfaches Flicken nicht mehr für seine bisherige Bestimmung hergestellt werden.) muß Ersatz in Geld geleistet werden.

249 Ebenso kann bei Körperverletzung und Sachbeschädigung statt der Herstellung der hierzu erforderliche Geldbetrag verlangt werden.

250 Das Gleiche ist der Fall, wenn dem Ersatzpflichtigen fruchtlos eine angemessene Frist zur Herstellung mit der Erklärung bestimmt wurde, daß mit Ablauf der Frist die Herstellung abgelehnt werde.

251 Eine Geldentschädigung ist endlich dem Ersatzpflichtigen zugestanden, wenn die Herstellung nur mit unverhältnißmäßigen Aufwendungen möglich ist.

252 Der zu ersetzende Schaden umfaßt auch den entgangenen Gewinn. Als entgangen gilt der Gewinn, welcher nach dem gewöhnlichen Laufe der Dinge oder nach den besonderen Umständen, insbesondere nach den getroffenen Anstalten und Vorkehrungen, mit Wahrscheinlichkeit erwartet werden konnte.

Wer verpflichtet ist, über eine mit Einnahmen oder Ausgaben ver- 259
bundene Verwaltung Rechenschaft abzulegen, hat dem Berechtigten eine die geordnete Zusammenstellung der Einnahmen oder der Ausgaben enthaltende Rechnung mitzutheilen, und, soweit Belege ertheilt zu werden pflegen, Belege vorzulegen.

Besteht Grund zu der Annahme, daß die in der Rechnung enthaltenen Angaben über die Einnahmen nicht mit der erforderlichen Sorgfalt gemacht worden sind, so hat der Verpflichtete auf Verlangen den Offenbarungseid dahin zu leisten:

daß er nach bestem Wissen die Einnahmen so vollständig angegeben habe, als er dazu im Stande sei.

In Angelegenheiten von geringer Bedeutung besteht eine Verpflichtung zur Leistung des Offenbarungseides nicht. Eine solche Verpflichtung hat z. B. der Vormund, der Testamentsvollstrecker u. a.

Wer verpflichtet ist einen Inbegriff von Gegenständen (z. B. eine 260
Heerde, eine Bibliothek, ein Gutsinventar) heraus zu geben oder über den Bestand eines solchen Inbegriffs Auskunft zu ertheilen, hat dem Berechtigten ein Verzeichniß des Bestandes vorzulegen.

Besteht Grund zu der Annahme, daß das Verzeichniß nicht mit der erforderlichen Sorgfalt aufgestellt worden ist, so hat der Verpflichtete auf Verlangen, und wenn die Angelegenheit nicht zu gering ist, den Offenbarungseid dahin zu leisten: daß er nach bestem Wissen den Bestand so vollständig angegeben habe, als er dazu im Stande sei.

Wenn die eine oder die andere Sache geleistet werden soll, hat im 262
Zweifel der Schuldner das Recht, durch eine Erklärung zu wählen, 263
was er leisten will.

Eine jede Schuld muß vollständig erfüllt werden und ist der 266
Schuldner zu Theilleistungen nicht berechtigt. Der Gläubiger kann solche annehmen, braucht es aber nicht. Es sind also namentlich bei Geldschulden keine Theilzahlungen gestattet.

Der Ort der Leistung ergiebt sich entweder aus der Vertrags- 269
abrede oder aus den Umständen, insbesondere aus der Natur des Falles (z. B. die Uebergabe eines Grundstückes). Wenn diese Voraussetzungen fehlen, dann ist da zu leisten, wo der Schuldner zur Zeit der Entstehung des Schuldverhältnisses seinen Wohnsitz bezw. seine gewerbliche Niederlassung hatte (Erfüllungsort). Wenn der Schuldner die Kosten der Uebersendung übernommen hat, so ist hierdurch allein der Bestimmungsort noch nicht zum Leistungsort (Erfüllungsort) gemacht.

Geld hat der Schuldner beim Mangel anderer Vereinbarung auf 270
seine Gefahr und Kosten dem Gläubiger an dessen Wohnsitz bezw. dessen gewerbliche Niederlassung zu übermitteln (somit zu frankiren ohne das Porto von seiner Schuld abziehen zu dürfen), aber deshalb ist der Wohnsitz des Gläubigers noch nicht der Leistungsort und bleibt der

Schuldner mit einer etwaigen Klage dennoch an dessen Wohnsitz zu belangen.

271 Die Schuldverbindlichkeit muß zur bestimmten Zeit geleistet werden. Ist keine Zeit bestimmt, auch aus den Umständen eine solche nicht zu entnehmen, so kann der Gläubiger die Leistung sofort verlangen, der Schuldner sie sofort bewirken. Ist eine Zeit bestimmt, so ist im Zweifel anzunehmen, daß der Gläubiger die Leistung nicht vor dieser Zeit verlangen, der Schuldner aber sie vorher bewirken kann. (Wird eine verzinsliche Schuld vor der Fälligkeit bezahlt, so hört die Zinsverpflichtung mit der Zahlung auf, doch dürfte hier der Gläubiger nicht verpflichtet sein, die Zahlung vor der Fälligkeit anzunehmen.)

272 Bei vorzeitiger Zahlung einer unverzinslichen Schuld darf der Schuldner keine Zwischenzinsen (Rabatt) abziehen.

273 Im Falle einer wechselseitigen Verpflichtung hat der Schuldner, sofern nicht aus dem Schuldverhältnisse sich ein Anderes ergiebt, das Recht, die eigene Leistung trotz der Fälligkeit zurückzubehalten, bis sein aus demselben rechtlichen Verhältnisse stammender, fälliger Gegenanspruch befriedigt ist.

Dieses Zurückbehaltungsrecht hat namentlich Bedeutung für gegenseitige Verträge. Der Verkäufer hat die verkaufte Waare nur gegen Zahlung des Preises zu übergeben, der Schuldner nur gegen Quittung zu zahlen u. s. w. (Zug um Zug.) Vergl. auch 320 u. 322. Das gleiche Zurückbehaltungsrecht hat Derjenige, der zur Herausgabe eines Gegenstandes verpflichtet ist, wenn ihm ein fälliger Anspruch wegen Verwendungen auf den Gegenstand oder wegen eines ihm durch diesen verursachten Schadens zusteht, es sei denn, daß er den Gegenstand durch eine vorsätzliche unerlaubte Handlung erlangt hat.

275 Der Schuldner wird von der Erfüllung befreit, soweit diese ohne sein Verschulden später unmöglich geworden ist (selbstverständlich rechnet Zahlungsunfähigkeit nicht zu den Fällen der Unmöglichkeit);

276 dagegen hat er, sofern nicht ein Anderes bestimmt ist, Vorsatz und Fahrlässigkeit durch Leistung von Schadensersatz zu vertreten. Fahrlässig handelt, wer die im Verkehr erforderliche Sorgfalt außer Acht läßt.

278 Ferner haftet der Schuldner für ein Verschulden seines gesetzlichen Vertreters und seiner Gehülfen und Beauftragten im gleichen Umfange wie für eignes Verschulden.

280 Ist die Leistung infolge eines vom Schuldner zu vertretenden Umstandes unmöglich geworden, so hat dieser den durch die Nichterfüllung entstehenden Schaden zu ersetzen.

283 Ist der Schuldner rechtskräftig verurtheilt, so kann ihm der Gläubiger zur Leistung eine angemessene Frist mit der Erklärung bestimmen, daß er die Annahme der Leistung nach dem Ablauf der Frist ablehne. Nach

fruchtlosem Fristablaufe kann der Gläubiger Schadensersatz wegen Nichterfüllung verlangen. Die Erfüllung selbst ist damit aber ausgeschlossen.

Der Schuldner kommt in Verzug, wenn er die fällige Schuld nicht erfüllt, obwohl der deutlich vereinbarte und nach dem Kalender sicher bestimmbare Termin der Leistung (z. B. am 1. Januar 1900 — heute in 8 Tagen — drei Monate nach Kündigung) eingetreten ist. Fehlt es dem Schuldverhältnisse an einem solchen festen Termin, so ist, um den Schuldner in Verzug zu setzen, erforderlich, daß der Schuldner nach Eintritt der Fälligkeit gemahnt werde. **284**

Die Mahnung kann formlos, (also schriftlich oder mündlich) aber auch durch Klage oder Zahlungsbefehl erfolgen. Zustellung einer Rechnung für sich allein enthält noch keine Mahnung.

Die Wirkungen des Verzuges für den ein Verschulden treffenden Schuldner bestehen darin: **285**

a. Der Gläubiger kann Leistung nebst Ersatz des durch den Verzug verursachten Schadens fordern oder falls die Leistung kein Interesse mehr für ihn hat, entweder statt der Erfüllung Schadensersatz wegen Nichterfüllung verlangen oder nach 346—361 vom Vertrage zurücktreten. Vergl. 283 und 326. **286**

b. Die Haftbarkeit des Schuldners erweitert sich; er hat vom Verzuge an nicht nur jede Fahrlässigkeit zu vertreten (276), sondern er haftet auch für die durch Zufall eintretende Unmöglichkeit der Leistung (z. B. Untergang der Sache), es sei denn, daß der Schaden auch bei rechtzeitiger Leistung eingetreten sein würde. **287**

c. Geldschulden sind während des Verzuges mit vier vom Hundert zu verzinsen (Verzugszinsen), doch sind aus rückständigen Zinsen nie Verzugszinsen zu entrichten. **288** **289**

Eine Geldschuld hat der Schuldner von der Rechtshängigkeit (vom Tage der Zustellung der Klage oder des Zahlungsbefehls) an zu verzinsen, doch nie früher als von der Fälligkeit an. **291**

II. Titel. Verzug des Gläubigers.

Der Gläubiger kommt in Verzug, wenn er die thatsächlich angebotene Leistung nicht annimmt oder bei einer Leistung Zug um Zug die ihm obliegende Gegenleistung nicht anbietet. **293** **294** **298**

Ein nur wörtliches Angebot des Schuldners genügt, wenn der Gläubiger die Annahme oder die erforderliche Gegenleistung, insbesondere die ihm obliegende Abholung weigert. **295** **300**

Sobald der Gläubiger sich im Verzuge befindet, braucht der Schuldner von da ab keine Zinsen mehr zu zahlen und haftet nur noch für Vorsatz und grobe Fahrlässigkeit. Die Gefahr der geschuldeten Sache geht auf den Gläubiger über (wenn z. B. die Sache untergeht oder sich verschlechtert). **301**

II. Abschnitt. Schuldverhältnisse aus Verträgen.

Unter den Schuldverhältnissen nehmen die Verträge (145—157) die Hauptstelle ein. Für diese enthält daher dieser Abschnitt noch Sonder-Bestimmungen.

I. Titel. Begründung. Inhalt des Vertrages.

305 Wenn ein Schuldverhältniß durch Rechtsgeschäft begründet oder geändert werden soll, so ist ein Vertrag nothwendig, denn erst die Annahme eines Antrages schafft eine Verpflichtung (z. B. bei Schenkung, Verzicht, Auftrag u. a.). Vergl. Seite 10. III. Titel.

Ein Antrag ist nun nicht allein nach den für Willenserklärungen im Allgemeinen geltenden Gründen (116 u. f.), sondern auch ferner nichtig:

306 a. Wenn derselbe auf eine (von vorn herein) unmögliche Leistung gerichtet ist. Vergl. 275 u. f. — Es können aber dem gut-
307 gläubigen Theile Schadenersatzansprüche zugebilligt werden müssen.

310 b. Wenn sich ein Theil verpflichtet, sein künftiges Vermögen ganz oder zu einem Bruchtheile zu übertragen oder mit einem Nießbrauche zu belasten (z. B. gegen das Versprechen einer Leibrente, der Versorgung, eines Leibgedings u. a.).

312 c. Wenn der Vertrag den Nachlaß eines noch lebenden Dritten betrifft. Ausgenommen sind Verträge unter künftigen gesetzlichen Erben über den gesetzlichen Erbtheil oder den Pflichttheil. Vergl. folgenden Absatz unter b.

Der gerichtlichen oder notariellen Beurkundung (Vergl. 128) bedarf ein Vertrag unter anderem:

311 a. wenn sich der eine Theil verpflichtet, sein gegenwärtiges Vermögen ganz oder zum Bruchtheil zu übertragen oder mit einem Nießbrauch zu belasten (z. B. ein sog. Altentheilsvertrag);

312 b. wenn Verwandte über den künftigen gesetzlichen Erbtheil oder Pflichttheil sich vereinbaren;

313 c. wenn Grundeigenthum übertragen werden soll;

(Es kann daher aus einem blos mündlichen oder einfach schriftlichen Vertrage nicht auf Auflassung geklagt werden; es macht aber die später erfolgte Auflassung und Eintragung im Grundbuche jeden ohne Beurkundung geschlossenen Vertrag vollständig gültig. Die Auflassung heilt den Mangel eines beurkundeten Vertrages. Für einfachere Verhältnisse kann demnach ein Vertrag entbehrt werden, da die Auflassung genügt.)

d. ferner Schenkungs-Versprechen 518, Verträge über Rechte an Grundstücken, die der Eintragung in das Grundbuch bedürfen 873, Verzichte eines Abkömmlings auf seinen Antheil an der Gütergemeinschaft in einem Vertrage 1491, 1501, Anträge und Einwilligung zur Legitimation eines unehelichen Kindes 1730, Annahme an Kindesstatt 1748, 1750, Verfügungen eines Miterben über einen ungetheilten Nachlaß 2033, Testamente 2231, Erbverträge u. s. w. 2276, 2282, 2296, 2348, Erbschaftskäufe 2371.

Wegen Auflassung von Grundstücken siehe 925 und wegen Eheverträgen 1434. An dieser Stelle mag weiter erwähnt werden, daß Beglaubigung (129) vorgeschrieben ist, unter Anderem beim Verzichte eines Abkömmlings auf seinen Antheil an der Gütergemeinschaft durch einseitige Erklärung 1491, sowie bei Ausschlagung einer Erbschaft 1945, 1955.

Schriftlichkeit (126) endlich ist unter Anderem geboten, für ein Stiftungsgeschäft 81; für Miethsverträge über Grundstücke auf länger als ein Jahr 566; für Verträge über Leibrenten 761; Bürgschafts-Erklärungen 766; Schuldversprechen und Schuld-Anerkenntnisse 780, 781, endlich Anweisungen 784 u. a.

Alle sonstigen Verträge bedürfen keiner Form und ist daher im Uebrigen jedes angenommene Versprechen, wenn auch nur mündlich gegeben und ohne jede Beschränkung in der Höhe der Summe klagbar z. B. Kauf und Miethe beweglicher Sachen, Dienstvertrag, Werkvertrag, Auftrag u. a.

Verpflichtet sich jemand zur Veräußerung oder Belastung einer Sache, **314**
so erstreckt sich die Verpflichtung im Zweifel auch auf das Zubehör der Sache. 97.

II. Titel. Gegenseitiger Vertrag.

Bei gegenseitigen Verträgen handelt es sich um den Austausch **320**
wechselseitiger Leistungen z. B. bei Kauf, Tausch, Miethe, Pacht, beim Dienst- und Werkvertrag. Hier braucht der Eine nicht eher zu leisten, bis der Andere darbietet. Eine Klage ist daher auf Verur- **322**
theilung zur Erfüllung Zug um Zug zu richten. Es kann jedoch verabredet werden, daß, abweichend von dieser Rechtsregel, der eine Vertragschließende vorzuleisten hat z. B. der Hausherr hat zunächst die vermiethete Wohnung zu übergeben, während der Miether die Miethe erst nach Ablauf einer bestimmten Miethszeit zu zahlen braucht.

Wer nach dem Inhalte des Vertrags vorzuleisten verpflichtet ist, **321**
kann aber, wenn nach Vertragsabschluß die Vermögensverhältnisse des anderen Theiles sich wesentlich verschlechtern, so daß der Anspruch auf die Gegenleistung gefährdet wird, die ihm obliegende Leistung bis zum Empfang der Gegenleistung oder einer Sicherheit verweigern.

Wer vorzuleisten hat, kann, wenn der andere Theil im Verzuge **322** der Annahme ist, auf Leistung nach Empfang der Gegenleistung klagen. Auf Grund einer solchen Verurteilung kann der Gläubiger seinen Anspruch ohne Bewirkung der ihm obliegenden Leistung im Wege der Zwangsvollstreckung nach Maßgabe der §§ 664 Abs. 2. 676a und 684 Abs. 4. Civ.-Proz. Ord. verfolgen. Vergl. auch 273.

Wird die dem einen Theile obliegende Leistung unmöglich durch
323 einen Umstand, den keiner der Vertragschließenden verschuldet hat, so verliert er den Anspruch auf die Gegenleistung. Ist diese Gegenleistung schon bewirkt, so kann das Geleistete zurückgefordert werden.

Liegt die Schuld am anderen Theile, so behält er den Gegen-
324 anspruch, doch muß er sich auf denselben dasjenige anrechnen lassen, was er in Folge der Befreiung von der Leistung erspart oder anderweit erwirbt.

Liegt dagegen eigene Verschuldung vor, so kann der andere Theil
325 Schadensersatz verlangen oder vom Vertrage zurücktreten.

Ist ein Theil mit seiner Leistung im Verzuge (284—300), so kann ihm der andere Theil eine angemessene Frist mit der Erklärung bestimmen, daß er die Annahme nach Ablauf der Frist ablehne. Nach
326 dem Ablaufe der Frist ist er berechtigt, Schadensersatz zu verlangen oder vom Vertrage zurückzutreten; der Anspruch auf Erfüllung ist sodann aber ausgeschlossen. Hat die Erfüllung in Folge des Verzuges für den andern Theil kein Interesse mehr (z. B. die zu einem gewissen Feste bestellten Eßwaaren oder Getränke sind später nicht verwendbar), so steht ihm die vorgedachte Erklärung der Ablehnung und der Schadensforderung zu, ohne daß er noch eine weitere Frist zu bebestimmen brauchte (286).

III. Titel. Versprechen der Leistung an einen Dritten.

328 Durch Vertrag kann eine Leistung an einen Dritten mit der Wirkung bedungen werden, daß der Dritte unmittelbar das Recht erwirbt, die Leistung zu fordern; z. B. Lebensversicherungsverträge zu Gunsten Dritter, der Einkauf der Ehefrau in eine Wittwenkasse, bäuerliche Gutsübergaben an einen Sohn mit Ausbeding einer Abfindung an die übrigen Geschwister u. a. Im letzteren Beispiele ist der das Gut übernehmende Sohn der Versprechende, der übergebende Vater der Versprechensempfänger und die übrigen Geschwister sind die Dritten, die durch den Uebergabe-Vertrag unmittelbar das Recht auf die Abfindung erwerben, ohne daß sie beim Vertragsabschlusse mitgewirkt hätten. Klare Vereinbarungen sind bei dieser Art von Verträgen besonders geboten.

IV. Titel. Draufgabe. Vertragsstrafe.

Beim Vertragsschlusse wird häufig von einem Theile dem anderen 336
etwas (ein Stück Geld) gegeben, zum Zeichen, daß der Vertrag zu Stande gekommen sei; die Draufgabe, auch Arrha, Haftgeld, Angeld, Handgeld, Draufgeld, Weinkauf, Miethsthaler u. s. w. genannt; z. B. beim Viehhandel, beim Gesindevertrag u. a. Der Geber einer Draufgabe kann ohne besondere Abrede oder der Ortssitte zuwider nicht etwa von dem Geschäfte unter Rücklassung der Draufgabe (als Reugeld) beliebig wieder abgehen. Mangels anderer Vereinbarung
oder eines anderen Ortsgebrauchs ist die Draufgabe vom Preis oder 337
Lohn abzurechnen oder zurückzugeben. Wird der Vertrag wieder aufgehoben, so ist die Draufgabe zurückzugeben.

Wenn durch Verschulden des Gebers die Erfüllung unmöglich oder 338
der Vertrag wieder aufgehoben wird, so darf der Empfänger die Draufgabe behalten. Für Gesindeverträge können die Landesgesetze nach Art. 95 E. G. in Betreff der Draufgabe besondere Vorschriften geben.

Derjenige, welcher eine Leistung anzusprechen hat, stellt sich oft dadurch sicher, daß er vom Schuldner sich die Zahlung einer gewissen Geldsumme versprechen läßt, für den Fall, daß dieser seine Verbindlichkeit gar nicht, oder nicht gehörig, namentlich nicht in der vereinbarten Zeit erfülle (Vertragsstrafe, Konventionalstrafe). Die Verabredung einer solchen Privatstrafe ist insbesondere bei einem Vertrage von Werth, dessen Erfüllung im Klagewege schwer zu erzwingen wäre.

Die Vertragsstrafe ist verwirkt, sobald der Schuldner im Verzug 339
(284) kommt. Ist dieselbe versprochen für den Fall der Nicht- 340
erfüllung des Vertrages, so kann sie der Gläubiger statt der Erfüllung verlangen. Verlangt er durch eine Erklärung die Strafe, so ist der Anspruch auf Erfüllung ausgeschlossen. Beides kann nicht zugleich gefordert werden.

Soll die Strafe nur gelten für den Fall der nicht vertrags- 341
mäßigen, besonders der verspäteten Erfüllung, so kann der Gläubiger die Strafe neben der Erfüllung verlangen; die Strafe jedoch nur, wenn er dieselbe bei der Annahme der Vertragserfüllung z. B. bei Annahme einer verspäteten Lieferung sich noch ferner vorbehält. Steht dem Gläubiger aus dem nicht erfüllten oder nicht vertragsmäßig erfüllten Vertrage ein Schadensanspruch zu, so kann er die Strafe als das Mindeste des Schadens verlangen; dadurch ist aber der Anspruch auf einen Mehrbetrag nicht ausgeschlossen.

Ist eine verwirkte Strafe unverhältnißmäßig hoch, so kann sie auf 343
Antrag des Schuldners durch Urtheil auf den angemessenen Betrag herabgesetzt werden. Bei der Beurtheilung der Angemessenheit ist jedes berechtigte Interesse des Gläubigers, nicht blos das Vermögens-

interesse, in Betracht zu ziehen. Nach der Entrichtung der Strafe ist die Herabsetzung ausgeschlossen.

Das Gleiche gilt auch, wenn Jemand eine Strafe für den Fall verspricht, daß er eine Handlung vornimmt oder unterläßt.

V. Titel. Rücktritt.

Zum Oefteren behält sich bei einem Vertragsschlusse der eine Theil oder auch beide das Recht vor, von dem Vertrage wieder zurückzutreten.

346 Hat sich in einem Vertrag ein Theil den Rücktritt vorbehalten, so sind die Parteien, wenn der Rücktritt erfolgt, verpflichtet, einander die empfangenen Leistungen zurückgewähren. Für geleistete Dienste, sowie für Ueberlassung der Benutzung einer Sache ist der Werth zu vergüten oder, falls in dem Vertrag eine Gegenleistung in Geld bestimmt ist, diese zu entrichten.

347 Im Falle des Rücktritts ist jeder Theil vom Empfange der Leistung an für den Schaden verantwortlich, der dadurch entsteht, daß in Folge seines Verschuldens der geleistete Gegenstand verschlechtert wird, untergeht oder sonst nicht herausgegeben werden kann.

348 Die sich aus dem Rücktritt ergebenden Verpflichtungen der Parteien (einander die empfangenen Leistungen zurückgewähren) sind Zug um Zug zu erfüllen. Die Vorschriften 320, 322 finden entsprechende Anwendung.

349 Der Rücktritt erfolgt durch Erklärung gegenüber dem anderen Theile.

350 Derselbe wird dadurch nicht ausgeschlossen, daß der Gegenstand, welchen der zum Rücktritt Berechtigte empfangen hat, durch Zufall untergegangen oder verschlechtert ist; wohl aber wird er
351 ausgeschlossen, wenn der Rücktritts-Berechtigte eine wesentliche Verschlechterung, den Untergang oder die anderweitige Herausgabe des empfangenen Gegenstandes verschuldet oder die empfangene Sache
352 verarbeitet oder in eine Sache anderer Art umgestaltet hat.

359 Ist der Rücktritt gegen Zahlung eines Reugeldes vorbehalten, so muß das Reugeld vor oder bei der Rücktritts-Erklärung entrichtet werden.

III. Abschnitt. Erlöschen der Schuldverhältnisse.

I. Titel. Erfüllung.

362 Die meisten Schuldverhältnisse erlöschen durch ihre Erfüllung, das ist die vollständige Bewirkung der dem Schuldner obliegenden Leistung (meistens Zahlung) an den Gläubiger. Das Schuldverhältniß erlischt aber auch, wenn der Gläubiger, wie es vereinzelt vorkommt, eine andere als die geschuldete Leistung an Erfüllungsstatt annimmt.

Ist der Schuldner dem Gläubiger aus mehreren Schuldverhältnissen **366**
zu gleichartigen Leistungen (insbesondere zu Geldzahlungen) verpflichtet und reicht die Leistung nicht für alle aus, so werden Zahlungen zunächst auf die Kosten, dann auf die Zinsen angerechnet; im Uebrigen **367**
kann der Schuldner bestimmen, welche Schuld getilgt werden solle. Fehlt eine solche Bestimmung des Schuldners, so werden zunächst die fälligen Schulden, unter diesen zuerst die mit der geringeren Sicherheit, unter mehreren solchen zuerst die lästigere und ältere getilgt.

Ein im Wege der Zwangsvollstreckung beigetriebener Betrag wird dementsprechend zunächst auf die Kosten, dann auf die Zinsen und zuletzt auf die Hauptforderung angerechnet. Vergl. auch § 40 Konk.-Ord.

Der Gläubiger hat gegen Empfang der Leistung, Zug um Zug, **368**
auf Verlangen ein schriftliches, oder wenn das Interesse des Schuldners eine andere Form (z. B. die öffentliche) fordert, in dieser Form ein Empfangs-Bekenntniß (Quittung) zu ertheilen. Es gilt dies nicht nur für Geldzahlungen, sondern für jede Art von Leistung, ebenso für Theilzahlungen. Die Quittung kann auch verlangt werden, wenn die Verkehrssitte Baarzahlung ohne Quittung mit sich bringt. Dieselbe muß das Datum und die eigenhändige Unterschrift (also keinen Abdruck) enthalten und soll aus dem Inhalte die Beziehung derselben auf das betreffende Schuldverhältniß erhellen.

Die Kosten der Quittung, wie Stempel, Beglaubigungs-Gebühren, **369**
Zusendungs-Porto u. s. w. hat für die Regel der Schuldner zu tragen und vorzuschießen.

Treten in Folge einer Uebertragung der Forderung oder im Wege der Erbfolge an die Stelle des ursprünglichen Gläubigers mehrere Gläubiger, so fallen die Mehrkosten den Gläubigern zur Last.

Der Ueberbringer einer Quittung oder einer quittirten Rechnung **370**
gilt als ermächtigt, die Leistung zu empfangen, sofern nicht die dem Leistenden bekannten Umstände der Annahme einer solchen Ermächtigung entgegenstehen.

Ist über die Forderung ein Schuldschein ausgestellt worden, so kann **371**
der Schuldner neben der Quittung Rückgabe des Schuldscheines verlangen. Behauptet der Gläubiger, zur Rückgabe außer Standes zu sein, so kann der Schuldner das öffentlich beglaubigte Anerkenntniß verlangen, daß die Schuld erloschen sei.

II. Titel. Hinterlegung.

Wenn der Gläubiger die angebotene Leistung nicht annimmt und sich **372**
somit im Verzuge der Annahme befindet oder wenn dessen Forderung mit Arrest belegt ist, oder wenn über die Person des Gläubigers Ungewißheit herrscht (z. B. wer Erbe ist), so kann der Schuldner,

falls der geschuldete Gegenstand in Geld, Werthpapieren, Urkunden oder Kostbarkeiten besteht, diese an der amtlichen Hinterlegungsstelle des Leistungsortes für den Gläubiger auf dessen Kosten hinterlegen.

374 Die Hinterlegung ist vom Schuldner dem Gläubiger, wenn möglich unverzüglich anzuzeigen.

376 Verzichtet der Schuldner auf Rücknahme der hinterlegten Sache, so
378 wird er durch die Hinterlegung von seiner Verbindlichkeit in gleicher Weise befreit, wie wenn er an den Gläubiger geleistet hätte.

383 Andere bewegliche Sachen, die zur Hinterlegung nicht angenommen werden, kann der Schuldner am Leistungsorte auf Kosten des Gläubigers öffentlich versteigern lassen und den Erlös hinterlegen.

Ist von der Versteigerung am Leistungsort ein angemessener Erfolg nicht zu erwarten, so ist die Sache an einem geeigneten anderen Ort zu versteigern.

Die Versteigerung hat durch einen für den Versteigerungsort bestellten Gerichtsvollzieher oder zu Versteigerungen befugten anderen Beamten oder öffentlich angestellten Versteigerer öffentlich zu erfolgen (öffentliche Versteigerung). Zeit und Ort der Versteigerung sind unter allgemeiner Bezeichnung der Sache öffentlich bekannt zu machen.

384 Soweit thunlich ist dem Gläubiger die Versteigerung mit angemessener Frist zuvor anzudrohen und ebenso die Ausführung nachher mitzutheilen. Vergl. 1235.

III. Titel. Aufrechnung.

387 Schulden zwei Personen einander gegenseitig gleichartige Leistungen (also namentlich Geldforderungen), so kann jeder Teil mittelst einer Erklärung an den anderen seine Forderung gegen die Forderung des anderen Theiles aufrechnen. Diese Aufrechnung (Compensation) bewirkt,
389 daß die Forderungen, soweit sie sich decken, als erloschen gelten. Vergl. auch 209 Nr. 3.

Ist der eine Schuldbetrag kleiner als der andere, so findet Ausgleichung selbstverständlich nur bis zur Höhe des ersteren statt, der Ueberschuß des anderen wird baar bezahlt oder bleibt als Schuld weiter bestehen.

IV. Titel. Erlaß.

397 Das Schuldverhältniß erlischt, wenn der Gläubiger dem Schuldner durch formlosen Vertrag die Schuld erläßt oder anerkennt, daß das Schuldverhältniß nicht besteht.

IV. Abschnitt. Uebertragung der Forderung.

Eine Forderung kann von dem Gläubiger, ohne Zustimmung des Schuldners durch formlosen Vertrag auf einen Andern übertragen werden

(Abtretung, Cession). Bei Hypotheken-Forderungen ist schriftliche Form erforderlich 1154.

Mit dem Abschlusse des Vertrages tritt der neue Gläubiger (Cessionar) an die Stelle des bisherigen (des Cedenten). Z. B. ein Gläubiger verkauft seine noch nicht fällige Forderung, um sich baares Geld zu verschaffen.

Die Abtretung ist, abgesehen von einzelnen anderen Fällen, unzulässig:

a. bei Forderungen, die an die Persönlichkeit des Gläubigers ge- **399**
bunden sind, wie Concessionen und Privilegien, die Leistung von Diensten oder des Unterhalts, auch der Nießbrauch 1059 u. a.

b. bei Ansprüchen, deren Abtretung durch Vereinbarung mit dem Schuldner ausgeschlossen ist, z. B. Eisenbahn-Rückfahrkarten, Versicherungsansprüche u. a.

c. bei unpfändbaren Forderungen. Siehe § 749 Civ.-Proz.-Ord. **400**

Mit der abgetretenen Forderung gehen die für sie bestehenden **401**
Hypotheken oder Pfandrechte, die Bürgschaften und Vorzugsrechte auf den neuen Gläubiger über.

Der bisherige Gläubiger hat dem neuen die zur Geltendmachung **402**
der Forderung nöthige Auskunft zu ertheilen, die Urkunden auszuliefern **403**
und auf Verlangen eine öffentlich beglaubigte Urkunde über die Abtretung, deren Kosten der neue Gläubiger zu tragen hat, auszustellen.

Wird eine Schuldurkunde abgetreten, so kann sich der Schuldner nicht darauf berufen, das Schuldverhältniß sei nur zum Scheine oder **405**
unter dem Verbote der Abtretung abgeschlossen; es sei denn, daß der neue Gläubiger den Sachverhalt kannte oder kennen mußte.

Um alle Wirkungen der Abtretung voll zu erzielen, ist dem Schuldner **409**
die Abtretung durch Vorlage der Abtretungs-Urkunde oder durch sonstige **410**
schriftliche Anzeige des bisherigen Gläubigers zur Kenntniß zu bringen, denn er ist zur Leistung an den neuen Gläubiger nur nach vorausgegangener schriftlicher Anzeige des bisherigen Gläubigers oder gegen Aushändigung der Abtretungs-Urkunde verpflichtet. Auch eine Kündigung oder eine Mahnung des neuen Gläubigers wäre vor solcher Benachrichtigung und bei sofortiger Zurückweisung durch den Schuldner unwirksam.

Vorstehende Bestimmungen finden entsprechende Anwendung auf die **412**
Uebertragung anderer Rechte als wie Forderungen, sowie ferner auf **413**
Forderungen, die nicht durch Vertrag, sondern kraft Gesetzes übertragen werden.

Tritt eine Militairperson, Beamter, Geistlicher oder Lehrer den über- **411**
tragbaren Theil des Diensteinkommens u. s. w. ab, so ist eine öffentlich beglaubigte Abtretungs-Urkunde an die auszahlende Kasse zu ertheilen.

V. Abschnitt. Schuldübernahme.

414 Eine Schuld kann von einem Dritten durch formlosen Vertrag mit
415 dem Gläubiger, oder *unter Genehmigung des Gläubigers* auch
mit dem Schuldner in der Weise übernommen werden, daß der Dritte
an die Stelle des bisherigen Schuldners tritt und der Letztere von
der Schuld aber befreit wird z. B. der Ankäufer eines Gutes über-
nimmt die Schulden des Verkäufers in Anrechnung auf den Kauf-
preis.

Uebernimmt der Erwerber eines Grundstücks auf diesem haftende
Hypothekenschulden des Veräußerers, so kann der Gläubiger die Schuld-
416 übernahme nur genehmigen, wenn der Veräußerer sie ihm mittheilt.
Diese Mittheilung aber kann erst erfolgen, wenn der Erwerber als
Eigenthümer im Grundbuche eingetragen ist. Sie muß schriftlich ge-
schehen und den Hinweis enthalten, daß der Uebernehmer an die Stelle
des bisherigen Schuldners tritt, wenn nicht der Gläubiger die Ver-
weigerung innerhalb einer sechsmonatlichen Frist dem Veräußerer er-
klärt. Nach widerspruchlosem Ablauf der 6 Monate gilt die Schuld-
übernahme (im Gegensatze zur Uebernahme einer gewöhnlichen For-
derung) als genehmigt (natürlich, wenn nicht schon früher genehmigt
wurde) und hat sodann der Veräußerer den Erwerber von der Ge-
nehmigung oder der Verweigerung zu benachrichtigen. Mit der Ge-
nehmigung geht nicht nur die dingliche, sondern auch die *persönliche*
Haftung von dem bisherigen auf den neuen Eigenthümer über.

In Folge der Schuldübernahme erlöschen die für die Forderung be-
stellten Bürgschaften und Pfandrechte, wenn der Bürge oder der
418 Eigenthümer des Pfandes nicht in die Uebernahme einwilligen.

Uebernimmt Jemand durch Vertrag das Vermögen eines Anderen,
so haftet er, neben dem bisherigen Schuldner, nicht unbeschränkt, son-
419 dern nur mit dem von ihm übernommenen Vermögen und den ihm
aus dem Vertrage zustehenden Ansprüchen.

VI. Abschnitt. Mehrheit von Schuldnern und Gläubigern.

420 Sind Mehrere als Schuldner oder als Gläubiger an demselben
Schuldverhältnisse betheiligt, und ist die Leistung *theilbar* (also
namentlich eine Geldschuld), so ist sie, wenn aus dem Schuldverhält-
niß nichts Anderes hervorgeht, von den Betheiligten *zu gleichen An-
theilen* zu tragen oder zu empfangen.

421 Schulden aber Mehrere eine Leistung in der Weise, daß *jeder*
die ganze Leistung zu bewirken verpflichtet ist, der Gläubiger aber
doch nur *einmal* zu fordern hat — und dies wird im Zweifel stets

dann angenommen, wenn sich Mehrere durch Vertrag gemeinschaftlich 427
zu einer theilbaren Leistung verpflichten — so hat der Gläubiger die Auswahl unter diesen Gesammtschuldnern.

Es haftet hier jeder für die Gesammtschuld bis zur gänzlichen Leistung. Was einer bezahlt, befreit auch die Uebrigen, dagegen 422
wirkt jedes Verschulden, Kündigung, Verzug, Verjährung, wenn sich 425
aus dem Schuldverhältniß nicht ein Anderes ergiebt, nur für und gegen den einzelnen Schuldner.

Unter sich jedoch haften die Gesammtschuldner, wenn nichts Anderes 426
bestimmt ist, zu gleichen Antheilen. Ist von dem Einen sein Beitrag nicht zu erlangen, so haften die übrigen für den Ausfall.

Soweit ein Gesammtschuldner den Gläubiger befriedigt und von den übrigen Schuldnern Ausgleichung verlangen kann, geht die Forderung gegen die übrigen Schuldner auf ihn über.

Umgekehrt, wenn Mehrere eine Leistung in der Weise zu fordern 428
berechtigt sind, daß jeder die ganze Leistung fordern kann, der Schuldner aber die Leistung nur einmal zu bewirken verpflichtet ist (Gesammtgläubiger), so kann der Schuldner nach Belieben an jeden der Gläubiger leisten; er wird dadurch gegenüber allen befreit. 429

Die Gesammtgläubiger sind, soweit nicht ein Anderes bestimmt ist, 430
im Verhältnisse zu einander zu gleichen Antheilen berechtigt.

Verpflichten sich Mehrere durch Vertrag gemeinschaftlich zu einer 427
theilbaren Leistung, so haften sie im Zweifel als Gesammtschuldner, z. B. wenn Mehrere gemeinschaftlich ein Darlehn erhalten oder gemeinschaftlich eine Sache kaufen oder verkaufen.

Schulden Mehrere eine untheilbare Leistung, z. B. mehrere Miterben 431
die Herausgabe einer dem Erblasser geliehenen Sache, so haften sie als Gesammtschuldner; haben Mehrere eine solche zu fordern, so kann, sofern sie nicht Gesammtgläubiger sind, der Schuldner nur an alle 432
gemeinschaftlich leisten.

VII. Abschnitt. Einzelne Schuldverhältnisse.

I. Titel. Kauf.*) Tausch.

I. Allgemeine Vorschriften.

Gegenstand eines Kaufes können sein: Sachen und Rechte.

Durch den Kaufvertrag wird der Verkäufer einer Sache ver- 433
pflichtet, dem Käufer die Sache zu übergeben und das Eigenthum

*) Es ist hier darauf hinzuweisen, daß ein Kauf, der von einem Kaufmann im Betriebe des Handelsgewerbes mit einem Anderen, dieser mag gleichfalls Kaufmann sein oder nicht, abgeschlossen wird, als ein Handelskauf sich darstellt. Der Handelskauf unterliegt zwar auch den Regeln des B. G. B.

an der Sache zu verschaffen. Zur Verschaffung des Eigenthums gehört die Vornahme der zur Uebereignung nöthigen Handlungen und die Haftung dafür, daß der Käufer auch wirklich Eigenthümer wird. Bei Grundstücken gehört dazu auch, daß er die Auflassung im Grundbuche bewirkt, denn bei Grundstücken wird dem Käufer durch die Uebergabe nur der Besitz, das Eigenthum aber erst durch die Auflassung verschafft (873).

Der Verkäufer eines Rechtes (z. B. von Forderungen, Aktien, Urheberrechten) ist verpflichtet, dem Käufer das Recht zu verschaffen,

---

doch gelten für denselben noch weiter die folgenden besonderen Bestimmungen des Handesgesetzbuches:

§ 373. Ist der Käufer mit der Annahme der Waare im Verzuge, so kann der Verkäufer die Waare auf Gefahr und Kosten des Käufers in einem öffentlichen Lagerhaus oder sonst in sicherer Weise hinterlegen.

Er ist ferner befugt, nach vorgängiger Androhung die Waare öffentlich versteigern zu lassen; er kann, wenn die Waare einen Börsen- oder Marktpreis hat, nach vorgängiger Androhung den Verkauf auch aus freier Hand durch einen zu solchen Verkäufen öffentlich ermächtigten Handelsmäkler oder durch eine zur öffentlichen Versteigerung befugte Person zum laufenden Preise bewirken. Ist die Waare dem Verderb ausgesetzt und Gefahr im Verzuge, so bedarf es der vorgängigen Androhung nicht; dasselbe gilt, wenn die Androhung aus anderen Gründen unthunlich ist.

Der Selbsthülfeverkauf erfolgt für Rechnung des säumigen Käufers.

Der Verkäufer und der Käufer können bei der öffentlichen Versteigerung mitbieten. Im Falle der öffentlichen Versteigerung hat der Verkäufer den Käufer von der Zeit und dem Orte der Versteigerung vorher zu benachrichtigen; von dem vollzogenen Verkaufe hat er bei jeder Art des Verkaufs dem Käufer unverzüglich Nachricht zu geben. Im Falle der Unterlassung ist er zum Schadensersatze verpflichtet. Die Benachrichtigungen dürfen unterbleiben, wenn sie unthunlich sind.

§ 375. Ist bei dem Kaufe einer beweglichen Sache dem Käufer die nähere Bestimmung über Form, Maß oder ähnliche Verhältnisse vorbehalten, so ist der Käufer verpflichtet, die vorbehaltene Bestimmung zu treffen.

Ist der Käufer mit der Erfüllung dieser Verpflichtung im Verzuge, so kann der Verkäufer die Bestimmung statt des Käufers vornehmen oder gemäß § 326 des B. G. B. Schadensersatz wegen Nichterfüllung fordern oder vom Vertrage zurücktreten. Im ersteren Falle hat der Verkäufer die von ihm getroffene Bestimmung dem Käufer mitzutheilen und ihm zugleich eine angemessene Frist zur Vornahme einer anderweitigen Bestimmung zu setzen. Wird eine solche innerhalb der Frist von dem Käufer nicht vorgenommen, so ist die von dem Verkäufer getroffene Bestimmung maßgebend.

§ 376. Ist bedungen, daß die Leistung des einen Theiles genau zu einer festbestimmten Zeit oder innerhalb einer festbestimmten Frist bewirkt werden soll, so kann der andere Theil, wenn die Leistung nicht zu der bestimmten Zeit oder nicht innerhalb der bestimmten Frist erfolgt, von dem Vertrage zurücktreten oder, falls der Schuldner im Verzug ist, statt der Erfüllung Schadensersatz wegen Nichterfüllung verlangen. Erfüllung kann er nur beanspruchen, wenn er sofort nach dem Ablaufe der Zeit oder der Frist dem Gegner anzeigt, daß er auf Erfüllung bestehe.

Wird Schadensersatz wegen Nichterfüllung verlangt und hat die Waare einen Börsen- oder Marktpreis, so kann der Unterschied des Kaufpreises und des Börsen- oder Marktpreises zur Zeit und am Ort der geschuldeten Leistung gefordert werden.

d. h. er haftet für den rechtlichen Bestand der Forderung oder des Rechtes. Wenn das verkaufte Recht zum Besitze einer Sache berechtigt, so hat der Verkäufer auch die Sache zu übergeben.

Der Käufer dagegen ist verpflichtet, dem Verkäufer den vereinbarten Kaufpreis zu zahlen und die gekaufte Sache abzunehmen.

Der verkaufte Gegenstand muß dem Käufer frei von Rechten Dritter 434

Das Ergebniß eines anderweit vorgenommenen Verkaufs oder Kaufes kann, falls die Waare einen Börsen- oder Marktpreis hat, dem Ersatzanspruche nur zu Grunde gelegt werden, wenn der Verkauf oder Kauf sofort nach dem Ablaufe der bedungenen Leistungszeit oder Leistungsfrist bewirkt ist. Der Verkauf oder Kauf muß, wenn er nicht in öffentlicher Versteigerung geschieht, durch einen zu solchen Verkäufen oder Käufen öffentlich ermächtigten Handelsmäkler oder eine zur öffentlichen Versteigerung befugte Person zum laufenden Preise erfolgen.

Auf den Verkauf mittels öffentlicher Versteigerung findet die Vorschrift des § 373 Abs. 4 Anwendung. Von dem Verkauf oder Kaufe hat der Gläubiger den Schuldner unverzüglich zu benachrichtigen; im Falle der Unterlassung ist er zum Schadensersatze verpflichtet.

§ 377. Ist der Kauf für beide Theile ein Handelsgeschäft, so hat der Käufer die Waare unverzüglich nach der Ablieferung durch den Verkäufer, soweit dies nach ordnungsmäßigem Geschäftsgange thunlich ist, zu untersuchen und, wenn sich ein Mangel zeigt, dem Verkäufer unverzüglich Anzeige zu machen.

Unterläßt der Käufer die Anzeige, so gilt die Waare als genehmigt, es sei denn, daß es sich um einen Mangel handelt, der bei der Untersuchung nicht erkennbar war.

Zeigt sich später ein solcher Mangel, so muß die Anzeige unverzüglich nach der Entdeckung gemacht werden; anderenfalls gilt die Waare auch in Ansehung dieses Mangels als genehmigt. Zur Erhaltung der Rechte des Käufers genügt die rechtzeitige Absendung der Anzeige. Hat der Verkäufer den Mangel arglistig verschwiegen, so kann er sich auf diese Vorschriften nicht berufen.

§ 378. Die Vorschriften des § 377 finden auch dann Anwendung, wenn eine andere als die bedungene Waare oder eine andere als die bedungene Menge von Waaren geliefert ist, sofern die gelieferte Waare nicht offensichtlich von der Bestellung so erheblich abweicht, daß der Verkäufer die Genehmigung des Käufers als ausgeschlossen betrachten mußte.

§ 379. Ist der Kauf für beide Theile ein Handelsgeschäft, so ist der Käufer, wenn er die ihm von einem anderen Orte übersendete Waare beanstandet, verpflichtet, für ihre einstweilige Aufbewahrung zu sorgen.

Er kann die Waare, wenn sie dem Verderb ausgesetzt und Gefahr im Verzuge ist, unter Beobachtung der Vorschriften des § 373 verkaufen lassen.

§ 380. Ist der Kaufpreis nach dem Gewicht der Waare zu berechnen, so kommt das Gewicht der Verpackung (Taragewicht) in Abzug, wenn nicht aus dem Vertrag oder dem Handelsgebrauche des Ortes, an welchem der Verkäufer zu erfüllen hat, sich ein Anderes ergiebt. Ob und in welcher Höhe das Taragewicht nach einem bestimmten Ansatz oder Verhältnisse statt nach genauer Ausmittelung abzuziehen ist, sowie, ob und wieviel als Gutgewicht zu Gunsten des Käufers zu berechnen ist oder als Vergütung für schadhafte oder unbrauchbare Theile (Refaktie) gefordert werden kann, bestimmt sich nach dem Vertrag oder dem Handelsgebrauche des Ortes, an welchem der Verkäufer zu erfüllen hat.

§ 381. Die in diesem Abschnitte für den Kauf von Waaren getroffenen Vorschriften gelten auch für den Kauf von Werthpapieren.

Sie finden auch Anwendung, wenn aus einem von dem Unternehmer zu beschaffenden Stoffe eine nicht vertretbare bewegliche Sache herzustellen ist.

verschafft werden z. B. ein Grundstück frei von Grunddienstbarkeiten und Pachtrechten.

435 Im Grundbuch eingetragene Rechte, die nicht bestehen, hat der Verkäufer auf seine Kosten zur Löschung zu bringen.

437 Der Verkäufer eines Werthpapiers haftet auch dafür, daß es nicht zur Kraftlos-Erklärung aufgeboten ist.

Der Verkäufer einer Forderung haftet für die Zahlungsfähigkeit des
438 Schuldners nach dem Gesetze nicht; hat er aber beim Verkaufe eine solche Haftung übernommen, so haftet er, falls nichts weiter vereinbart ist, nur für die Zahlungsfähigkeit zur Zeit der Abtretung.

439 Der Verkäufer hat einen Mangel im Rechte (wie solche bisher gedacht) nicht zu vertreten, wenn der Käufer beim Vertragsabschluß den Mangel kennt. Eine Ausnahme machen Hypotheken, Grundschulden, Rentenschulden und Pfandrechte, sowie auch Vormerkungen. Diese hat der Verkäufer zu beseitigen, auch wenn sie dem Käufer bekannt waren.

Im Uebrigen hat nach dem Gesagten der Verkäufer (z. B. der, welcher eine gestohlene oder verloren gegangene Sache veräußert) einem gutgläubigen Käufer gegenüber eine Haftverbindlichkeit für Mängel im Rechte. Gutgläubig ist der Käufer z. B. wenn er die Herkunft der Sache als einer gestohlenen beim Kaufabschlusse nicht kannte.

440 Erfüllt der Verkäufer eine der bisher genannten Verpflichtungen nicht, so hat der Käufer alle Rechte, die ihm wegen Nichterfüllung nach den Bestimmungen 320—327 zustehen. Er kann daher Zahlung des Kaufpreises verweigern, bezw. diesen zurückfordern, auf Erfüllung klagen, Schadenersatz wegen Nichterfüllung verlangen oder vom Vertrage zurücktreten.

Ist eine bewegliche Sache verkauft und dem Käufer übergeben, an die ein Dritter Besitzrechte hat (z. B. eine gestohlene oder verloren gegangene Sache), so kann Schadensersatz ein gutgläubiger Käufer nur dann fordern, wenn er die Sache dem Berechtigten heraus- oder dem Verkäufer zurückgegeben hat oder wenn die Sache untergegangen ist.

443 Eine Vereinbarung, durch welche die bisher (433—437 und 439—442) besprochene Gewährleistungspflicht des Verkäufers erlassen oder beschränkt wird, ist zulässig z. B. die Mitübernahme der Hypotheken durch den Käufer. Nichtig ist eine solche Vereinbarung aber, wenn der Verkäufer den vorhandenen Mangel im Rechte, arglistig verschweigt (gerade so wie wenn er einen Mangel der Sache verschweigt. Vergl. 476).

444 Der Verkäufer ist verpflichtet, dem Käufer über die den verkauften Gegenstand betreffenden rechtlichen Verhältnisse, insbesondere im Falle des Verkaufs eines Grundstücks über die Grenzen, Gerechtsame und Lasten, die nöthige Auskunft zu ertheilen und ihm die zum Beweise des Rechtes dienenden Urkunden, soweit sie sich in seinem Besitze be-

finden, ganz, oder, wenn sich deren Inhalt auch auf andere Angelegenheiten erstreckt, im Auszuge auszuliefern.

Mit der Uebergabe der verkauften Sache — nicht schon mit 446
dem Vertragsabschlusse — geht die Gefahr des zufälligen Unterganges und einer zufälligen Verschlechterung auf den Käufer über. Geht daher die verkaufte Sache vor der Uebergabe zufällig zu Grunde, so hat der Verkäufer keinen Anspruch auf den Kaufpreis; wird sie zufällig beschädigt oder sonst verschlechtert, so tritt eine entsprechende Minderung des Kaufpreises ein. Von der Uebergabe an gebühren dem Käufer die Nutzungen und trägt er die Lasten der Sache.

Wird bei Grundstücks-Käufen der Käufer schon vor der Uebergabe als Eigenthümer in das Grundbuch eingetragen, so gehen die Gefahr, die Nutzungen und die Lasten des Grundstücks schon mit der Eintragung im Grundbuche auf ihn über.

Die Uebergabe hat am Erfüllungsorte zu geschehen (269). Bewegliche Sachen sind daher, sofern kein anderer Ort vereinbart ist oder aus der Natur des Kaufes sich ergiebt, am Wohnorte bezw. dem Orte der gewerblichen Niederlassung des Verkäufers zu übergeben und ist es Sache des Käufers den gekauften Gegenstand nach seinem Orte kommen zu lassen. Versendet nun der Verkäufer auf Verlangen 447
des Käufers die verkaufte Sache nach einem anderen Orte als dem Erfüllungsorte z. B. nach dem Wohnorte des Käufers, so geht die Gefahr, insbesondere die, von welcher die Sache durch den Transport etwa betroffen wird, auf den Käufer über, sobald der Verkäufer die Sache dem Spediteur, dem Frachtführer oder der sonst zur Ausführung der Versendung bestimmten Person oder Anstalt, wie Post oder Eisenbahn, ausgeliefert hat.

Der Verkäufer muß jedoch bei der Versendung die im Verkehre erforderliche Sorgfalt anwenden.

Hat der Käufer eine besondere Anweisung über die Art der Versendung ertheilt, z. B. eine besondere Art der Verpackung oder das Abwarten kühler Witterung u. dergl. vorgeschrieben und weicht der Verkäufer ohne dringenden Grund von der Anweisung ab, so ist er dem Käufer für den daraus entstehenden Schaden verantwortlich.

Hat aber der Verkäufer die verkaufte Sache nach dem Vertrage an einen anderen Ort zu liefern und ist somit dieser andere Ort der Erfüllungsort, so muß er auch noch die Gefahr des Transportes nach dem Erfüllungsorte tragen. Daraus, daß der Verkäufer die Zahlung von Porto und Auslagen der Versendung übernommen hat, folgt für sich allein noch nicht, daß der Ort, wohin der Transport geschieht, auch als Erfüllungsort gelten soll. (Vergl. 269 letzter Satz.)

Fehlen besondere Vereinbarungen, so fallen die Kosten der

448 Uebergabe der verkauften Sache, insbesondere die Kosten des Messens und Wägens dem Verkäufer, dagegen die Kosten der Abnahme und Versendung nach einem anderen Orte als dem Erfüllungsorte (z. B. Verpackungskosten, Porto, Fracht), dem Käufer zur Last. Ist ein Recht verkauft, so fallen die Kosten der Begründung oder Uebertragung des Rechtes dem Verkäufer zur Last.

449 Der Käufer eines Grundstücks hat die Kosten der Auflassung und der Eintragung, der Käufer eines Rechtes an einem Grundstücke hat die Kosten der zur Begründung oder Uebertragung des Rechtes nöthigen Eintragung in das Grundbuch, mit Einschluß der Kosten der zu der Eintragung erforderlichen Erklärungen zu tragen. Dem Käufer fallen in beiden Fällen auch die Kosten der Beurkundung des Kaufes zur Last.

450 Wenn der Verkäufer vor der Uebergabe noch Verwendungen auf die verkaufte Sache macht, so kann er Ersatz vom Käufer nach den Vorschriften 662 u. f. oder je nach Sachlage gemäß 683 verlangen.

452 Der Kaufpreis soll immer, sofern nichts anderweit vereinbart ist, Zug um Zug gegen Empfang der gekauften Sache gezahlt werden. Wird nicht sofort bezahlt, so ist der Käufer verpflichtet, den Kaufpreis von dem Zeitpunkte an mit vier vom Hundert (246) zu verzinsen, von welchem an die Nutzungen des gekauften Gegenstandes ihm gebühren (446). Ist aber der Kaufpreis ohne Beding von Zinsen gestundet, so tritt die Verzinsung erst dann ein, wenn der Käufer mit der Zahlung in Verzug geräth (284 u. f. — Verzugszinsen.).

453 Ist ausdrücklich oder auch stillschweigend als Kaufpreis der Marktpreis bestimmt, so gilt im Zweifel der für den Erfüllungsort zur Erfüllungszeit maßgebende Marktpreis als vereinbart.

Wird der Kaufpreis nicht pünktlich bezahlt oder wird die gekaufte Sache nicht abgenommen, so kann der Verkäufer auf beides klagen. Geräth dadurch der Käufer in Verzug oder befindet er sich vorher schon darin, so hat der Verkäufer die unter 325 und 326 vorgesehenen Rechte.

454 Hat aber der Verkäufer den Vertrag erfüllt, also die verkaufte Sache dem Käufer übergeben und den Kaufpreis gestundet, so steht ihm kein Rücktrittsrecht mehr zu. Er darf demnach die verkaufte Sache dem Käufer nicht mehr abnehmen.

455 Hat sich der Verkäufer einer beweglichen Sache das Eigenthum bis zur Zahlung des Kaufpreises vorbehalten (wie dieses vielfach bei den sog. Abzahlungsgeschäften üblich ist — siehe hierüber Reichsgesetz vom 16. Mai 1894), so ist bei Zweifeln anzunehmen, daß die Uebertragung des Eigenthums unter der aufschiebenden Bedingung vollständiger Zahlung des Kaufpreises erfolgt und daß der Verkäufer zum Rücktritte von dem Vertrage berechtigt ist, wenn der Käufer mit der Zahlung in Verzug kommt.

Geht eine solche Sache vor der Zahlung des Kaufpreises unter, so trifft der Schaden den Käufer. Veräußert der Käufer die Sache als seine eigene vor der Zahlung, so macht er sich der Unterschlagung schuldig.

Bei Verkäufen im Wege der Zwangsvollstreckung, bei Pfandver- **456**
käufen oder Verkäufen nach 383 sowie bei Verkäufen durch den Kon- **457**
kursverwalter dürfen der mit der Vornahme oder Leitung des Verkaufs Beauftragte und die von ihm zugezogenen Gehülfen, mit Einschluß des Protokollführers, den zum Verkaufe gestellten Gegenstand weder für sich persönlich oder durch einen Anderen noch als Vertreter eines Anderen kaufen.

Ein solcher gesetzwidriger Verkauf wird indeß durch die Zustimmung **458**
der bei dem Verkauf als Schuldner, Eigenthümer oder Gläubiger Betheiligten wirksam.

Einer besonderen Form bedarf der Kaufvertrag für die Regel nicht; der Verkauf von Grundstücken aber erfordert gerichtlichen oder notariellen Abschluß. 313.

II. Gewährleistung wegen Mängel der Sache.

Von der bisher besprochenen Gewährleistung wegen Mängeln im Rechte ist zu unterscheiden die Gewährleistung wegen Mängeln, die der verkauften Sache anhaften.

Der Verkäufer einer Sache haftet dem Käufer dafür, daß sie bei **459**
dem Uebergange der Gefahr (Uebergabe) frei von solchen Fehlern ist, die den Werth oder die Tauglichkeit zu dem gewöhnlichen oder dem Vertrage nach vorausgesetzten Gebrauch aufheben oder in erheblichem Maße mindern; sowie, daß die Sache die zugesicherten Eigenschaften hat.

Eine unerhebliche Minderung des Werthes oder der Tauglichkeit kommt nicht in Betracht.

Er haftet aber nicht für Mängel, die der Käufer kannte; für **460**
Mängel, die dem Käufer aus grober Fahrlässigkeit unbekannt blieben nur dann, wenn er ihre Abwesenheit zugesichert oder wenn er die Mängel arglistig verschwiegen hat.

Der Verkäufer haftet ferner nicht für Mängel einer Sache, die auf **461**
Grund eines Pfandrechtes unter der Bezeichnung als Pfand öffentlich versteigert ist.

Zeigen sich Mängel, für die hienach der Verkäufer aufkommen muß, **462**
so kann der Käufer eine Klage zustellen lassen, entweder auf **Wandelung** d. i. Rückgängigmachung des Kaufes oder auf **Minderung** d. i. Herab-

setzung des Kaufpreises oder endlich, wenn zur Zeit des Kaufs eine
463 zugesicherte Eigenschaft fehlt, statt dessen, auf Schadensersatz wegen Nichterfüllung.

Schadensersatz statt Wandelung oder Minderung kann auch von einem Verkäufer, der einen Fehler arglistig verschwiegen hat, verlangt werden.

464 Nimmt der Käufer eine mangelhafte Sache an, obschon er den Mangel kennt, so stehen ihm die obengedachten Ansprüche nur zu, wenn er sich seine Rechte wegen des Mangels bei der Annahme vorbehält.

465 An seine Wahl, ob er Wandelung oder Minderung verlange, ist der Käufer gebunden, sobald sich der Verkäufer damit einverstanden erklärt hat.

466 Behauptet der Käufer einen Mangel, so kann der Verkäufer ihn unter dem Erbieten zur Wandelung und mit angemessener Frist zur Erklärung darüber auffordern, ob er Wandelung verlange. Nach Ablauf der Frist kann nicht mehr Wandelung, sondern nur noch Minderung verlangt werden.

467 Auf die Wandelung finden die für das vertragsmäßige Rücktrittsrecht geltenden Vorschriften (siehe Seite 28) entsprechende Anwendung.

Dieselbe ist selbst dann noch zulässig, wenn der Mangel sich erst bei der Umgestaltung der Sache gezeigt hat, z. B. wenn sich erst beim Backen zeigt, daß das Mehl einen üblen Geruch hat.

469 Sind von mehreren verkauften Sachen nur einzelne mangelhaft, so kann nur in Ansehung dieser Wandelung verlangt werden, auch wenn ein Gesammtpreis für alle Sachen festgesetzt ist. Sind jedoch die Sachen als zusammengehörend verkauft, so kann jeder Theil verlangen, daß die Wandelung auf alle Sachen erstreckt wird, wenn die mangelhaften Sachen nicht ohne Nachtheil für ihn von den übrigen getrennt werden können, z. B. ein Gespann Pferde, ein vollständiger Anzug.

470 Die Wandelung wegen eines Mangels der Hauptsache erstreckt sich auch auf die Nebensache. Ist die Nebensache mangelhaft, so kann nur in Ansehung dieser Wandelung verlangt werden.

471 Findet im Falle des Verkaufs mehrerer Sachen für einen Gesammtpreis die Wandelung nur in Ansehung einzelner Sachen statt, so ist der Gesammtpreis in dem Verhältnisse herabzusetzen, in welchem zur Zeit des Verkaufs der Gesammtwerth der Sachen in mangelfreiem Zustande zu dem Werthe der von der Wandelung nicht betroffenen Sachen gestanden haben würde.

Ein Steigen oder Fallen der Preise nach dem Verkaufe ist somit ohne Einfluß auf die Preisherabsetzung.

472 Bei der Minderung ist der Kaufpreis in dem Verhältnisse

herabzusetzen, in welchem zur Zeit des Verkaufs der Werth der Sache in mangelfreiem Zustande zu dem wirklichen Werthe gestanden haben würde. Findet im Falle des Verkaufs mehrerer Sachen für einen Gesammtpreis die Minderung nur wegen einzelner Sachen statt, so ist bei der Herabsetzung des Preises der Gesammtwerth aller Sachen zu Grunde zu legen.

Eine Vereinbarung, durch welche die Gewährleistungspflicht des Verkäufers erlassen oder beschränkt wird, ist nichtig, wenn der Verkäufer den Fehler arglistig verschweigt, gerade wie bei der Gewährleistung wegen Mängeln im Rechte (443). **476**

Der Anspruch auf Wandelung oder auf Minderung sowie auf Schadensersatz wegen Mangels einer zugesicherten Eigenschaft verjährt, sofern nicht der Verkäufer den Mangel arglistig verschwiegen hat, bei beweglichen Sachen in sechs Monaten von der Ablieferung (z. B. durch den Spediteur), bei Grundstücken in einem Jahre von der Uebergabe an. **477**

Die Verjährungsfrist kann durch Uebereinkommen verlängert werden. (Vergl. 225.)

Sind Mängel vom Verkäufer arglistig verschwiegen, so bleibt dem Käufer zur Geltendmachung seiner Ansprüche die regelmäßige Verjährungsfrist von 30 Jahren.

Unterbrochen wird die Verjährung durch einen Antrag des Käufers auf gerichtliche Beweisaufnahme (§§ 447—455. Civ.-Proz.-Ord.).

Hat der Käufer vor Ablauf der Verjährungsfrist dem Verkäufer den zu vertretenden Mangel angezeigt, so kann er noch nach Vollendung der Verjährung die Zahlung des Kaufpreises verweigern, insoweit er auf Grund der Wandelung oder Minderung dazu berechtigt sein würde. **478**

Der Käufer einer nur der Gattung nach bestimmten Sache (z. B. 50 Kilo Korn) kann statt der Wandelung oder der Minderung auch die Lieferung einer mangelfreien Sache an Stelle der mangelhaften verlangen. **480**

Gewährleistung wegen Viehmängel.

Für den Verkauf von Pferden, Eseln, Mauleseln und Maulthieren, von Rindvieh, Schafen und Schweinen gelten die bisher aufgeführten Vorschriften nur insoweit, als sich nicht aus Folgendem ein Anderes ergiebt. **481**

Beim Verkaufe (und Tausche) von Hausthieren vorgenannter Art haftet der Verkäufer (kraft Gesetzes) nur für **Hauptmängel** d. i. nur für solche Fehler, die in einer besonders ergehenden Kaiserlichen Verordnung aufgeführt sind und auch für diese nur, wenn sich dieselben innerhalb der in derselben Verordnung gegebenen **Gewährfristen** zeigen. **482**

Die Gewährfrist beginnt mit dem Ablaufe des Tages, an welchem die Gefahr auf den Käufer übergeht d. i. in der Regel nach dem Tage der Uebergabe oder Auslieferung. **483**

484 Zeigt sich ein Hauptmangel innerhalb der Gewährfrist, so wird vermuthet, daß der Mangel schon zu der Zeit vorhanden gewesen sei, zu welcher die Gefahr auf den Käufer übergegangen ist.

485 Der Käufer verliert die ihm wegen des Mangels zustehenden Rechte, wenn er nicht spätestens zwei Tage nach dem Ablaufe der Gewährfrist oder, falls das Thier vor dem Ablaufe der Frist getödtet worden oder sonst verendet ist, nach dem Tode des Thieres den Mangel dem Verkäufer anzeigt oder die Anzeige an ihn absendet oder wegen des Mangels Klage gegen den Verkäufer erhebt oder diesem den Streit verkündet (den Streit, den in Folge eines Weiterverkaufs sein Käufer gegen ihn selbst anhängig gemacht hat, auch die Gewährfrist gegen seinen Vordermann noch nicht abgelaufen ist) oder Sicherung des Beweises beantragt. **(Anzeige-Frist.)**

Die zweitägige Anzeige-Frist braucht nicht eingehalten zu werden, wenn der Verkäufer den Mangel arglistig verschwiegen hat.

486 Die Gewährfrist kann durch Vertrag verlängert oder abgekürzt werden. Die vereinbarte Frist tritt an die Stelle der gesetzlichen Frist.

487 Der Käufer kann nur Wandelung, nicht Minderung verlangen. Die Wandelung kann auch verlangt werden, wenn das Thier geschlachtet oder weiter veräußert ist. An Stelle der Rückgewähr hat der Käufer den Werth des Thieres zu vergüten, den dasselbe zur Zeit des Todes oder der Weiterveräußerung hatte. Nutzungen hat der Käufer nur insoweit zu ersetzen, als er sie gezogen hat.

488 Der Verkäufer hat im Falle der Wandelung dem Käufer auch die Kosten der Fütterung und Pflege, die Kosten der thierärztlichen Untersuchung und Behandlung, sowie die Kosten der nothwendig gewordenen Tödtung und Wegschaffung des Thieres zu ersetzen.

489 Ist über den Anspruch auf Wandelung ein Rechtsstreit anhängig, so ist auf Antrag der einen oder der anderen Partei die öffentliche Versteigerung des Thieres und die Hinterlegung des Erlöses durch einstweilige Verfügung anzuordnen, sobald die Besichtigung des Thieres nicht mehr erforderlich ist.

490 Der Anspruch auf Wandelung, sowie der Anspruch auf Schadensersatz wegen eines Hauptmangels, dessen Nichtvorhandensein der Verkäufer zugesichert hat, verjährt in 6 Wochen vom Ende der Gewährfrist an (Verjährungsfrist). Der Käufer kann auch nach der Verjährung den Kaufpreis verweigern, wenn er rechtzeitig eine unter 485 bezeichnete Handlung vorgenommen hat.

491 Der Käufer eines nur der Gattung nach bestimmten Thieres kann statt der Wandelung verlangen, daß ihm an Stelle des mangelhaften Thieres ein mangelfreies geliefert wird (z. B. wenn ein Viehhändler 12 Stück Schweine u. s. w. kauft).

492 Uebernimmt der Verkäufer durch besondere Vereinbarung die Gewährleistung wegen eines nicht zu den Hauptmängeln gehörenden

Fehlers oder sichert er eine Eigenschaft des Thieres zu, so finden die Vorschriften 487 bis 491 und, wenn eine Gewährfrist vereinbart wird, auch die Vorschriften 483 bis 485 entsprechende Anwendung. Die unter 490 bestimmte Verjährung beginnt, wenn eine Gewährfrist nicht vereinbart wird, mit der Ablieferung des Thieres.

III. Besondere Arten des Kaufes.

1. Kauf nach Probe. Kauf auf Probe.

Bei einem Kaufe nach Probe oder nach Muster sind die Eigenschaften der Probe oder des Musters als vom Verkäufer zugesichert anzusehen. Es hat daher der Verkäufer die Verpflichtung, dem Käufer eine der vorgezeigten oder übergebenen Probe oder Muster entsprechende Sache, Waare u. s. w. zu liefern und für die Zusicherung wie nach 462, 463 zu haften. Nach Uebergabe der verkauften Sache ist dieselbe mit der Probe zu vergleichen. Entspricht sie der Probe, so muß der Käufer dieselbe annehmen. **494**

Bei einem Kaufe auf Probe oder auf Besicht steht die Billigung des gekauften Gegenstandes im Belieben des Käufers. **495**

Es liegt somit nur ein bedingter Kauf vor, indem zwar der Verkäufer durch denselben sofort gebunden wird, dem Käufer dagegen der definitive Vertragsabschluß so lange vorbehalten bleibt, bis er die Sache besehen oder, soweit ein bloßes Besehen nicht genügt, dieselbe im Gebrauche untersucht hat.

Der Verkäufer hört auf gebunden zu sein, wenn der Käufer bis zum Ablauf der vereinbarten oder, in Ermangelung einer solchen, der vom Verkäufer bestimmten angemessenen Frist nicht seine Billigung erklärt hat. Durch die Billigung des Käufers wird der Kauf sodann ein definitiver. **496**

War die Sache dem Käufer zum Zwecke der Probe oder der Besichtigung übergeben, so gilt sein Schweigen als Billigung; war sie nicht übergeben, so gilt Schweigen als Ablehnung.

2. Wiederkauf.

Hat sich der Verkäufer das Recht des Wiederkaufes (Rückkaufes) **497**
vorbehalten, so muß auf seine einfache formlose Erklärung hin, daß **498**
er vom Wiederkaufe Gebrauch machen wolle und gegen den früheren (oder für den Wiederkauf anders bedungenen) Kaufpreis die Sache nebst Zubehör wieder an ihn herausgegeben werden.

Ist keine Frist bedungen, so verjährt das Wiederkaufsrecht bei Grundstücken binnen 30 Jahren, bei beweglichen Sachen binnen 3 Jahren. **503**

3. Vorkauf.

Ein Vorkaufsrecht ist das vom Eigenthümer einer Sache einem Anderen (z. B. dem Eigenthümer des andern Hausantheils oder dem Nachbar) durch Vertrag oder Testament eingeräumte Recht, im Falle des Verkaufs, die Sache vor jedem Dritten unter denselben Kaufbedingungen zu erwerben, unter denen der ursprüngliche Käufer sie erwerben würde.

Die Begründung eines solchen Vorkaufsrechtes durch Vertrag bedarf bei Grundstücken der gerichtlichen oder notariellen Beurkundung.

504 Wer zum Vorkaufe berechtigt ist, kann das Vorkaufsrecht durch eine
505 formlose Erklärung ausüben, sobald der Verpflichtete mit einem Dritten einen Kaufvertrag über den Gegenstand geschlossen hat.

506 Eine Vereinbarung des Verpflichteten mit dem Dritten, durch welche der Kauf von der Nichtausübung des Vorkaufsrechts abhängig gemacht oder dem Verpflichteten für den Fall der Ausübung des Vorkaufsrechts der Rücktritt vorbehalten wird, ist dem Vorkaufsberechtigten gegenüber unwirksam.

510 Der Verpflichtete hat dem Vorkaufsberechtigten den Inhalt des mit dem Dritten geschlossenen Vertrages unverzüglich mitzutheilen.

Das Vorkaufsrecht erlischt, wenn keine andere Frist bedungen ist, bei Grundstücken nach zwei Monaten, bei anderen Gegenständen nach einer Woche von der Mittheilung des mit dem Dritten geschlossenen Vertrages an.

512 Ausgeschlossen ist dasselbe bei Zwangsverkäufen.

514 Das Vorkaufsrecht ist nicht übertragbar und nicht vererblich, sofern nicht ein Anderes bestimmt ist. Besteht es nur für eine bestimmte Zeit, so ist es im Zweifel vererblich.

Ein gesetzliches — nicht vertragsmäßiges — Vorkaufsrecht haben Miterben, siehe 2034. Ueber dingliche — nicht persönliche — Vorkaufsrechte siehe 1094 u. f.

IV. Tausch.

Während der Kaufvertrag den Umsatz von Vermögensgegenständen aus dem Vermögen des Einen in das des Anderen gegen Geld bezweckt, vermittelt der Tausch-Vertrag den Umsatz von Gütern gegen andere Güter außer Geld.

515 Auf den Tausch finden die Vorschriften über den Kauf entsprechende Anwendung.

II. Titel Schenkung.

516 Unter Schenkung ist eine Zuwendung zu verstehen, durch die Jemand aus seinem Vermögen einen Anderen bereichert und wo Beide einig sind, daß die Zuwendung unentgeltlich erfolgt. Wird die Entäußerung sofort vollzogen, so bedarf der Schenkungsvertrag keiner Form z. B. beim sogen. Handgeschenk.

518 Zur Gültigkeit (demnach Klagbarkeit) eines Schenkungsversprechens aber ist gerichtliche oder notarielle Form erforderlich. Die Erfüllung
519 kann aber verweigert bezw. das Geschenk unter Umständen zurückge-

fordert werden, wenn und soweit das Aktivvermögen des Schenkers 528
nach der Schenkung zum standesgemäßen Unterhalte und zur Erfüllung gesetzlicher Unterhaltungspflichten (gegenüber seinen Verwandten, seinem Ehegatten u. s. w.) nicht mehr ausreichen würde.

Verspricht der Schenker eine in wiederkehrenden Leistungen be- 520
stehende Unterstützung, so erlischt die Verbindlichkeit mit seinem Tode, sofern nicht aus dem Versprechen sich ein Anderes ergiebt.

Zur Entrichtung von Verzugszinsen ist der Schenker nicht verpflichtet. 522

Verschweigt der Schenker arglistig einen Mangel im Rechte oder 523
einen Fehler der Sache, so ist er dem Beschenkten schadenersatzpflichtig. 524

Wer eine Schenkung unter einer Auflage macht, kann die Vollziehung 525
der Auflage verlangen, wenn er seinerseits geleistet hat.

Ein Schenkung kann wegen groben Undanks gegen den Schenker 530
und dessen Angehörige in der Regel widerrufen werden.

III. Titel Miethe. Pacht.

Zwischen dem Mieth- und dem Pachtvertrag besteht der Unterschied, daß ersterer den Miether zum Gebrauche der gemietheten Sache (eine Etage eines Wohnhauses, ein Pferd, ein Klavier), letzterer aber den Pächter außer zum Gebrauche auch zum Fruchtgenuß des verpachteten Gegenstandes oder verpachteten Rechtes (landwirthschaftliches Grundstück, Gastwirthschaft, Jagdrecht) berechtigt.

I. Miethe.

Der Miethvertrag verpflichtet den Vermiether, dem Miether 535
den ungestörten, bestimmungsgemäßen Gebrauch der vermietheten Sache während der Miethzeit zu gewähren und den Miether, die Sache nur ordnungsmäßig zu gebrauchen und den vereinbarten Miethzins zu entrichten.

Für das Miethverhältniß sind die Bestimmungen des Miethvertrags maßgebend. Soweit dieser keine Abmachungen enthält, kommen die nachfolgenden Vorschriften des Gesetzes zur Anwendung.

Der Vermiether hat die vermiethete Sache dem Miether in einem 536
zu dem vertragsmäßigen Gebrauche geeigneten Zustande zu überlassen und sie während der Miethzeit in diesem Zustande zu erhalten, mithin auch die Kosten der Ausbesserungen zu tragen.

Zeigt sich ein Mangel, der die Tauglichkeit aufhebt oder mindert, 537
oder fehlt eine zugesicherte Eigenschaft, so braucht der Miether, so lange dies dauert, keinen bezw. nur einen verminderten Miethzins zu
bezahlen. Der Miether kann auch statt dessen, wenn den Vermiether 538
an dem Mangel eine Schuld trifft, Schadenersatz fordern und auf Kosten des im Verzuge befindlichen Vermiethers den Mangel selbst beseitigen.

Hat jedoch der Miether die Mängel gekannt (z. B. einer Wohnung), 539
so stehen ihm die gedachten Rechte nicht zu. Ist dem Miether ein

Mangel in Folge grober Fahrlässigkeit unbekannt geblieben oder nimmt er eine mangelhafte Sache an, obschon er den Mangel kennt, so stehen ihm fragliche Rechte nur zu, wenn ihm die Mängel arglistig verschwiegen sind oder wenn er sich seine Rechte ausdrücklich vorbehalten hat.

540 Eine Vereinbarung, durch welche die Verpflichtung des Vermiethers zur Vertretung von Mängeln der vermietheten Sache erlassen oder beschränkt wird, ist nichtig, wenn der Vermiether den Mangel arglistig verschweigt.

541 In ähnlicher Weise haftet der Vermiether auch für Mängel im Rechte. Es darf der Miethsgebrauch nicht durch Rechte Dritter geschmälert oder entzogen werden.

542 Wird dem Miether die gemiethete Sache nicht rechtzeitg gewährt oder wieder entzogen, so daß er erheblich gehindert ist, so kann derselbe eine angemessene Frist zur Abhülfe stellen und nach fruchtlosem Ablaufen dieser Frist, ohne Einhaltung der Kündigungs-Frist kündigen, also den Vertrag sofort lösen.

544 Ist eine Wohnung oder ein anderer zum Aufenthalt von Menschen bestimmter Raum (Laden, Werkstätte u. a.) so beschaffen, daß die Benutzung mit einer erheblichen Gefährdung der Gesundheit verbunden ist, so kann der Miether das Miethverhältniß ohne Einhaltung einer Kündigungsfrist kündigen, auch wenn er die gefahrbringende Beschaffenheit bei dem Abschlusse des Vertrags gekannt oder auf die Geltendmachung der ihm wegen dieser Beschaffenheit zustehenden Rechte verzichtet hat.

545 Zeigt sich im Laufe der Miethe ein Mangel oder wird eine unvorhergesehene Schutzvorrichtung erforderlich oder maßt sich ein Dritter Rechte an, so hat der Miether dem Vermiether unverzüglich hiervon Anzeige zu machen, widrigenfalls er zum Ersatze des aus der Unterlassung entstehenden Schadens verpflichtet wird.

546 Die auf der vermietheten Sache ruhenden Lasten hat der Vermiether zu tragen, also namentlich die Steuern.

547 Der Vermiether ist verpflichtet, dem Miether die auf die Sache gemachten nothwendigen Verwendungen zu ersetzen. Der Miether eines Thieres hat jedoch die Fütterungskosten zu tragen.

Die Verpflichtung des Vermiethers zum Ersatze sonstiger Verwendungen bestimmt sich nach den Vorschriften über die Geschäftsführung ohne Auftrag. 677 u. f. Der Miether ist berechtigt, eine Einrichtung, mit der er die Sache versehen hat, wegzunehmen, z. B. einen in die Miethswohnung eingesetzten Kochherd wieder wegzunehmen.

548 Veränderungen oder Verschlechterungen der gemietheten Sache, die durch den vertragsmäßigen Gebrauch herbeigeführt werden, hat der Miether nicht zu vertreten z. B. braucht er die Tapeten der Miethswohnung nur zu erneuern, sofern dieselben vorzeitig abgenutzt, oder muthwillig oder fahrlässig unbrauchbar gemacht wurden.

Der Miether darf nur mit Erlaubniß des Vermiethers die ge- 549
miethete Sache weiter vermiethen (Untermiethe). Verweigert der Vermiether die Erlaubniß, so kann der Miether, wenn kein wichtiger Grund in der Person des Untermiethers vorliegt, vor Ablauf der vertragsmäßigen Miethzeit unter Einhaltung der gesetzlichen Kündigungsfrist (565) kündigen. Für Schaden, den der Untermiether verursacht, haftet stets der Miether.

Macht der Miether von der gemietheten Sache einen vertrags- 550
widrigen Gebrauch und setzt er den Gebrauch ungeachtet einer Abmahnung des Vermiethers fort, so kann der Vermiether auf Unterlassung klagen. Werden dabei in erheblichem Maße Rechte des Vermiethers verletzt, so darf er außerdem nach 553 kündigen.

Der Miethzins ist am Ende der Miethzeit zu entrichten. Ist 551
derselbe jedoch nach Zeitabschnitten bemessen (Monate, Vierteljahre, Jahre u. s. w.), so ist er je nach Ablauf des einzelnen Zeitabschnittes zu entrichten. Der Miethzins für ein Grundstück, Wohn- und andere Räume ist, sofern er nicht nach kürzeren Zeitabschnitten bemessen ist, nach dem Ablauf je eines Kalendervierteljahrs am ersten Werktage des folgenden Monats zu entrichten, also am 2. Januar, 1. April, 1. Juli, 1. Oktober.

Ist der Miether an dem Gebrauche der gemietheten Sache durch 552
Gründe verhindert, die in seiner eigenen Person liegen, so hat er dennoch den Miethzins zu zahlen, jedoch unter Abzug desjenigen, was der Vermiether durch den Nichtgebrauch der Sache an Aufwendungen spart und durch anderweitige Verwerthung erlangt. Solange der Vermiether in Folge der Ueberlassung des Gebrauchs an einen Dritten außer Stande ist, dem Miether den Gebrauch zu gewähren, ist der Miether zu keinem Miethzins verpflichtet.

Der Vermiether kann ohne Einhaltung einer Kündigungsfrist kündigen, also sofortige Rückgabe der vermietheten Sache fordern:

a) wenn der Miether oder Untermiether trotz Abmahnung die ge- 553
miethete Sache durch vertragswidrigen Gebrauch oder durch Vernachlässigung erheblich gefährdet;

b) wenn der Miether für zwei auf einanderfolgende Termine mit 554
dem Miethzins oder einem Theile desselben im Verzuge ist. Die Kündigung ist ausgeschlossen, wenn der Miether vor derselben noch bezahlt.

Der Miether ist verpflichtet die gemiethete Sache nach der 556
Beendigung des Miethverhältnisses zurückzugeben. Giebt er sie 557
nicht zurück, so kann der Vermiether auch weiter den Miethzins und unter Umständen Schadensersatz verlangen.

Die gegenseitigen Ersatzansprüche aus dem Miethverhältnisse ver- 558
jähren in 6 Monaten.

559 Der Vermiether eines Grundstückes, Wohn- oder anderen Raumes hat für seine Miethsforderung ein gesetzliches Pfandrecht (III Buch 9 Abschnitt 1204 u. f.) an den eingebrachten Sachen des Miethers z. B. dessen Möbeln, Vieh u. s. w. Es erstreckt sich dies Pfandrecht nicht auf die der Pfändung nicht unterworfenen Sachen (Siehe § 715 Civil-Prozeß-Ord.), sowie nicht auf Sachen, die nicht dem Miether selbst gehören, wie z. B. nur geliehene oder in Verwahrung erhaltene Sachen.

560 Das Pfandrecht des Vermiethers erlischt mit der Entfernung der Sachen von dem Grundstück, es sei denn, daß die Entfernung ohne Wissen oder unter Widerspruch des Vermiethers erfolgt. Der Vermiether kann der Entfernung nicht widersprechen, wenn sie im regelmäßigen Betriebe des Geschäfts des Miethers (z. B. der Waaren, die zum Verkaufsladen gehören) oder den gewöhnlichen Lebensverhältnissen entsprechend (z. B. reparaturbedürftige Sachen, deren Ausbesserung außerhalb des Hauses zu erfolgen hat) erfolgt, oder wenn die zurückbleibenden Sachen zur Sicherung des Vermiethers offenbar ausreichen.

561 Der Vermiether darf die Entfernung der seinem Pfandrecht unterliegenden Sachen auch ohne Anrufen des Gerichts (durch Selbsthülfe) verhindern und wenn der Miether auszieht, die Sachen in seinen Besitz nehmen.

562 Der Miether kann die Geltendmachung des Pfandrechtes des Vermiethers durch Sicherheitsleistung abwenden.

563 Wird eine dem Pfandrechte des Vermiethers unterliegende Sache für einen anderen Gläubiger gepfändet, so kann diesem gegenüber das Pfandrecht nicht wegen des Miethzinses für eine frühere Zeit als das letzte Jahr vor der Pfändung geltend gemacht werden.

564 Das Miethverhältniß endigt mit dem Ablauf der Zeit, für die es eingegangen ist, ohne Kündigung. Ist die Miethzeit nicht bestimmt, so kann jeder Theil **kündigen** (durch einseitige Willenserklärung, siehe Seite 8.) und zwar nach den folgenden Vorschriften:

565 a) Bei Grundstücken, Wohn- und anderen Räumen ist die Kündigung nur für den Schluß eines Kalendervierteljahres zulässig; sie hat spätestens am 3ten Werktage des Vierteljahrs, nach dessen Ablauf die Miethe endigen soll, zu erfolgen.

Ist der Miethzins nach Monaten bemessen, so ist die Kündigung nur für den Schluß eines Kalendermonats zulässig; sie hat spätestens am 15ten des Monats zu erfolgen, mit dessen Ablauf das Miethverhältniß endigen soll.

Ist der Miethzins nach Wochen bemessen, so ist die Kündigung nur für den Schluß einer Kalenderwoche zulässig (also für einen Samstag); sie hat spätestens am ersten Werktage der Woche zu erfolgen.

b) Bei beweglichen Sachen hat die Kündigung spätestens am

dritten Tage vor dem Tage zu erfolgen, an welchem das Mieth-verhältniß endigen soll.

c) Ist der Miethzins für ein Grundstück oder für eine bewegliche Sache nach Tagen bemessen, so ist die Kündigung an jedem Tage für den folgenden Tag zulässig.

Die Vorschriften des Abs. a Satz 1 und Abs. b oben gelten auch für die Fälle, in denen das Miethverhältniß unter Einhaltung der gesetzlichen Frist vorzeitig gekündigt werden kann (z. B. 549).

Etwaige landesgesetzliche Vorschriften über die Räumungsfristen gemietheter Räume bleiben unberührt. Art. 93 Einführ.-Ges.

Ein Miethvertrag über ein Grundstück, der für längere Zeit als ein Jahr geschlossen wird, bedarf der schriftlichen Form. Wird die Form nicht beobachtet, so gilt der Vertrag als für unbestimmte Zeit (564) geschlossen; die Kündigung ist jedoch nicht für eine frühere Zeit als für den Schluß des ersten Jahres zulässig. Alle anderen Arten von Miethverträgen bedürfen, sofern nicht etwa schriftliche Form besonders bedungen ist, keiner besondern Form und genügt mündliche Verabredung. **566**

Die Kündigung eines Miethvertrages ist unzulässig, wenn der Vertrag auf Lebenszeit geschlossen ist. **567**

Wird nach Ablauf der Miethzeit die Miethe fortgesetzt, so gilt das Miethverhältniß auf unbestimmte Zeit verlängert, sofern nicht ein Theil dem andern seinen entgegenstehenden Willen binnen 2 Wochen erklärt. **568**

Stirbt der Miether, so kann unter Einhaltung der gesetzlichen Frist für den ersten zulässigen Termin gekündigt werden. Die verabredete längere Miethsdauer fällt dann weg. **569**

Dasselbe gilt für Miethwohnungen der Militärpersonen, Beamten, Geistlichen und Lehrer bei einer Versetzung. **570**

Durch den Tod des Vermiethers wird das Miethverhältniß nicht berührt.

Wird das vermiethete Grundstück, Wohnung oder sonstige Raum an einen Dritten veräußert, so tritt der Erwerber in die Rechte und Verpflichtungen des bisherigen Vermiethers ein; *der Kauf bricht nicht die Miethe*. **571**

II. Pacht.

Durch den *Pachtvertrag* wird der Verpächter verpflichtet, dem Pächter den *Gebrauch* und den *ordnungsmäßigen Fruchtgenuß* (99) des verpachteten Gegenstandes zu gewähren. Der Pächter ist verpflichtet, den vereinbarten *Pachtzins* zu entrichten. **581**

Auf die Pacht finden die Vorschriften über die Miethe mit den nachaufgeführten Aenderungen Anwendung.

582 Der Pächter eines landwirthschaftlichen Grundstücks hat die gewöhnlichen Ausbesserungen insbesondere die der Gebäude, Wege, Gräben, Einfriedigungen auf seine Kosten zu bewirken, und darf ohne
583 Erlaubniß des Verpächters keine Aenderungen in der wirthschaftlichen Bestimmung des Grundstücks, die über die Pachtzeit hinausreichen, vornehmen z. B. aus einer Wiese keinen Acker machen.

584 Ist der Pachtzins eines landwirthschaftlichen Grundstücks nach Jahren bemessen, so ist derselbe nach dem Ablaufe je eines Pachtjahres (das mit dem Beginn der Pacht anfangende bewegliche Jahr) am ersten Werktage des folgenden Jahres zu entrichten.

585 Dem Verpächter eines landwirthschaftlichen Grundstücks steht für den gesammten Pachtzins (nicht blos aus dem letzten Jahre) ein vorzugsweises Pfandrecht auf die Früchte, sowie auf die sonst nach § 715 Nr. 5 Civ.-Proz.-Ord. unpfändbaren Sachen zu.

Wird ein Grundstück mit nur einzelnen Inventarstücken verpachtet, so gelten für diese die Grundsätze für das Zubehör (97, 98).
586 Erfolgt die Verpachtung aber mit dem Gesammt-Inventar (ein Gasthof, ein Landgut), so liegt dem Pächter die Erhaltung der einzelnen Inventarstücke ob. Für zufällige Beschädigungen derselben hat er nicht zu haften. Stücke, die in Folge eines vom Pächter nicht zu vertretenden Umstandes in Abgang kommen, hat der Verpächter zu ergänzen.

Der Pächter hat jedoch den gewöhnlichen Abgang der zu dem Inventar gehörenden Thiere aus den Jungen insoweit zu ersetzen, als dies einer ordnungsmäßigen Wirthschaft entspricht.

587 Ist das Inventar zum Schätzungswerthe übernommen mit der Verpflichtung, es zu demselben Werthe bei Beendigung der Pacht zurückzuerstatten, so gelten besondere Regeln. 588, 589.

591 Der Pächter eines landwirthschaftlichen Grundstücks hat nach Beendigung der Pacht dasselbe in dem Zustand zurückzugewähren, der sich bei ordnungsmäßiger Bewirthschaftung ergiebt. Dies gilt insbesondere auch für die Bestellung der Felder u. s. w.

593 Der Pächter eines Landguts hat von den bei der Beendigung der Pacht vorhandenen landwirthschaftlichen Erzeugnissen ohne Rücksicht darauf, ob er bei dem Antritte der Pacht solche Erzeugnisse übernommen hat, so viel zurückzulassen, als zur Fortführung der Wirthschaft bis zu der Zeit erforderlich ist, zu welcher gleiche oder ähnliche Erzeugnisse voraussichtlich gewonnen werden.

595 Ist bei der Pacht eines Grundstückes (nicht blos eines landwirthschaftlichen) oder eines Rechtes die Pachtzeit nicht bestimmt, so ist die Kündigung nur für den Schluß eines Pachtjahres zulässig; sie hat

spätestens am ersten Werktage des halben Jahres zu erfolgen, mit dessen Ablauf die Pacht endigen soll.

Wegen Todes des Pächters können wohl dessen Erben, nicht aber 596
der Verpächter kündigen. Wegen Versetzung findet Kündigung nicht statt.

IV. Titel. Leihe.

Durch den Leihvertrag wird der Verleiher einer Sache verpflichtet, 598
dem Entleiher den Gebrauch unentgeltlich zu gestatten. Der Entleiher hat dieselbe Sache wieder zurückzugeben (nicht, wie beim Darlehen, nur eine gleichartige andere). Der Verleiher haftet nur für 599
Vorsatz und grobe Fahrlässigkeit, sowie wegen arglistigen Verschweigens 600
eines Mangels im Rechte oder eines Fehlers der Sache, (es wird z. B. ein rotzkrankes Pferd verliehen, das andere ansteckt).

Der Entleiher hat die gewöhnlichen Kosten der Erhaltung der ge- 601
liehenen Sache, insbesondere Fütterungs-Kosten zu tragen; weitergehende Verwendungen müssen ihm ersetzt werden.

Die durch den vertragsmäßigen Gebrauch herbeigeführten Ver- 602
schlechterungen hat er nicht zu vertreten. Im Uebrigen haftet er aber für volle Sorgfalt.

Ein vertragswidriger Gebrauch der Sache oder weiteres Verleihen 603
derselben ist nicht gestattet.

Nach Ablauf der bestimmten Zeit oder nach gemachtem Gebrauch 604
ist die Sache zurückzugeben. Dieselbe kann auch schon nach Ablauf derjenigen Zeit zurückgefordert werden, in welcher der Entleiher den Gebrauch hätte machen können. Ist die Dauer der Leihe weder bestimmt, noch aus dem Zwecke zu entnehmen, so kann der Verleiher die Sache jederzeit zurückfordern.

Der Verleiher kann die Leihe kündigen: 605

1. wenn er in Folge eines nicht vorhergesehenen Umstandes der verliehenen Sache bedarf;
2. wenn der Entleiher einen vertragswidrigen Gebrauch von der Sache macht, insbesondere unbefugt den Gebrauch einem Dritten überläßt, oder die Sache durch Vernachlässigung der ihm obliegenden Sorgfalt erheblich gefährdet;
3. wenn der Entleiher stirbt.

Die gegenseitigen Ersatzansprüche aus dem Leihverhältnisse verjähren 606
in 6 Monaten.

V. Titel. Darlehen.

Wer Geld oder andere vertretbare Sachen als Darlehen 607
empfangen hat, ist verpflichtet, dem Darleiher das Empfangene in Sachen von gleicher Art, Güte und Menge zurückzuerstatten.

Wer Geld oder andere vertretbare Sachen aus einem anderen Grunde verschuldet, (z. B. aus einem Kaufvertrage) kann mit dem Gläubiger vereinbaren, daß das Geld oder die Sachen als Darlehen geschuldet werden sollen.

Schriftlichkeit ist zwar nicht vorgeschrieben, bildet aber doch die Regel.

608 Sind für ein Darlehen Zinsen bedungen, so sind sie, sofern nicht ein Anderes bestimmt ist, nach dem Ablaufe je eines Jahres und, wenn das Darlehen vor dem Ablauf eines Jahres zurückzuerstatten ist, bei der Rückerstattung zu entrichten.

Sind keine Zinsen bedungen, so können solche erst gefordert werden, von der Zeit ab, in welcher der Schuldner in Verzug gerathen ist (Verzugszinsen).

609 Ist keine Rückzahlungszeit bedungen — weder ausdrücklich noch stillschweigend — so bestimmt sich dieselbe durch die Kündigung. Die Kündigungsfrist beträgt bei Darlehen von mehr als 300 Mk. drei Monate, bei geringeren Beträgen einen Monat.

VI. Titel. Dienstvertrag.

611 Durch den Dienstvertrag wird derjenige, welcher Dienste zusagt, zur Leistung der versprochenen Dienste, der andere Theil zur Gewährung der vereinbarten Vergütung verpflichtet.

Gegenstand des Dienstvertrags können Dienste jeder Art sein z. B. die der Dienstboten, Tagelöhner, Näherinnen, Hebammen, Gutsverwalter.

Reichsgesetzlich besonders geregelt ist das Dienstverhältniß der Handlungs-Gehülfen, der Gesellen, Gehülfen, Lehrlinge, Fabrikarbeiter, Schiffer.

Landesgesetzliche Vorschriften, die das Gesinderecht betreffen, bleiben unberührt. Art. 95 Einf.-Ges.

612 Eine Vergütung gilt als stillschweigend vereinbart, wenn die Dienstleistung den Umständen nach nur gegen eine Vergütung zu erwarten ist, z. B. die eines Dienstmannes, oder Fremdenführers. Ist die Höhe der Vergütung nicht bestimmt, so gilt die Taxe und wo solche fehlt, die übliche Vergütung.

613 Ist nichts Anderes vereinbart oder aus den Umständen zu entnehmen, so hat der Dienstverpflichtete die Dienste persönlich zu leisten, aber auch nur dem Dienstberechtigten und nicht etwa an dessen Statt einem Dritten.

614 Bezahlt wird nach der Leistung der Dienste oder nach Ablauf der bemessenen Zeitabschnitte (Jahreslohn, Wochenlohn).

615 Kommt der Dienstberechtigte mit der Annahme der Dienste in Verzug (er kann oder will die Dienste nicht annehmen), so wird er von der Lohnzahlung nicht befreit, doch ist in Abzug zu bringen, was der Dienstverpflichtete in Folge des Unterbleibens der Dienstleistung erspart, anderweit erwirbt oder zu erwerben böswillig unterläßt.

616 Eine unbedeutende Verhinderung oder Unterbrechung der Dienstleistung in Folge eines in der Person des Dienstverpflichteten eingetretenen Zufalls berechtigt nicht zu einem Lohnabzuge, z. B. die Einziehung zu einer militärischen Uebung oder eine kurze Krankheit.

Voll und dauernd beschäftigte Dienstverpflichtete haben, 617
wenn sie in die häusliche Gemeinschaft des Dienstberechtigten aufgenommen sind (z. B. Dienstboten), im Falle ihrer unverschuldeten Erkrankung, Anspruch auf Verpflegung und ärztliche Behandlung bis zu 6 Wochen (innerhalb der Dauer des Dienstverhältnisses), wenn nicht durch eine Versicherung oder öffentliche Krankenpflege Vorsorge getroffen ist. Die Kosten können auf den Lohn für die Zeit der Krankheit angerechnet werden.

Aufhebung oder Einschränkung dieser Bestimmung durch den Dienst- 619
vertrag ist unzulässig.

Wohn- und Schlafraum, Verpflegung, Arbeits- und Erholungszeit 618
solcher Bediensteten haben den Anforderungen an Gesundheit, Sittlichkeit und Religion derselben zu entsprechen.

Sind einzelne Leistungen Gegenstand des Dienstvertrages, so ist derselbe mit ihrer Ausführung erfüllt, z. B. nach Beendigung der Fahrt durch den Lohnkutscher, nach Beendigung der Behandlung durch den Arzt.

Im Uebrigen endigt das Dienstverhältniß mit dem Ablaufe der 620
Zeit, für die es eingegangen ist. Liegt über die Dauer keine Bestimmung vor und ist solche auch nicht aus der Beschaffenheit oder dem Zwecke der Dienste zu entnehmen, so kann jeder Theil kündigen und zwar:

a) bei Tagelohn an jedem Tage für den folgenden Tag; 621
b) bei Wochenlohn für den Schluß einer Kalenderwoche, spätestens am ersten Werktage dieser Woche;
c) bei Monatslohn für den Schluß eines Kalendermonats, spätestens am 15ten dieses Monats.

Ist die Vergütung nach Vierteljahren oder noch längeren Zeitabschnitten (z. B. Jahren) bemessen, so ist die Kündigung nur für den Schluß eines Kalendervierteljahres und nur mit 6 Wochen Kündigungsfrist zulässig.

Bei Lehrern, Erziehern, Privatbeamten, Gesellschafterinnen und ähn- 622
lichen höheren Bediensteten in voller Beschäftigung und mit festen Bezügen kann stets nur für den Schluß eines Kalendervierteljahres und mit sechswöchiger Frist gekündigt werden.

Ist bei einem Dienstverhältniß von unbestimmter Dauer die Ver- 623
gütung nicht nach Zeitabschnitten bemessen, so kann jeder Zeit gekündigt werden; es ist bei voll beschäftigten Bediensteten hiebei eine Kündigungsfrist von zwei Wochen einzuhalten.

Das Dienstverhältniß kann von jedem Theile ohne Einhaltung einer 626
Kündigungsfrist gekündigt werden, wenn ein wichtiger Grund vorliegt.

Nach der Kündigung eines dauernden Dienstverhältnisses ist dem 629
Dienstleistenden auf Verlangen angemessene Zeit zum Aufsuchen eines

630 anderen Dienstverhältnisses zu gewähren; auch nach der Beendigung des Dienstverhältnisses auf Verlangen ein schriftliches Zeugniß über das Dienstverhältniß, dessen Dauer, die Leistungen und die Führung, zu ertheilen.

VII. Titel. Werkvertrag.

631 Während der Dienstvertrag die Leistung von Diensten (Arbeiten) zum Gegenstande hat, wird durch den Werkvertrag der Unternehmer zur Herstellung des versprochenen Werkes, der Besteller zur Entrichtung der vereinbarten Vergütung verpflichtet.

Gegenstand des Werkvertrages kann sowohl die Herstellung oder Veränderung einer Sache (z. B. eines neuen Rockes, Möbelstücks, Wohnhauses), die Ausbesserung solcher Sachen, als auch ein anderer durch Arbeit oder Dienstleistung herbeizuführender Erfolg sein (z. B. die Verpflichtung eines Musikdirektors, ein Concert zu geben).

632 Bezüglich der Vergütung gelten die Grundsätze wie beim Dienstvertrage (612). Ist die Höhe derselben nicht vereinbart, so gilt die Taxe und wo solche fehlt, die übliche Vergütung.

633 Das fertige Werk muß die zugesicherten Eigenschaften haben und frei von solchen Fehlern sein, die seinen Werth oder die Tauglichkeit aufheben oder mindern.

Sind solche Mängel vorhanden, so kann ihre sofortige Beseitigung bei Vermeidung der Klage auf Erfüllung, oder aber Beseitigung
634 binnen angemessener Frist gefordert werden, widrigenfalls nach Ablauf der Frist Wandelung oder Minderung zulässig wäre. Trifft den
635 Unternehmer aber eine Schuld, so kann statt dessen Schadensersatz wegen Nichterfüllung verlangt werden.

638 Die Ansprüche wegen Mängel verjähren, sofern nicht der Unternehmer den Mangel arglistig verschwiegen hat, binnen 6 Monaten, bei Arbeiten an einem Grundstücke in einem Jahre, bei Bauwerken in 5 Jahren seit der Abnahme. Die Verjährungsfrist kann durch Vertrag verlängert werden.

640 Der Besteller ist verpflichtet, das vertragsmäßig hergestellte
641 Werk abzunehmen und bei der Abnahme die Vergütung zu entrichten oder, wenn die Zahlung hierbei nicht geschieht und keine Stundung bewilligt ist, die Vergütung zu verzinsen.

644 Der Unternehmer trägt die Gefahr eines zufälligen Unterganges oder einer Verschlechterung bis zur Abnahme; nicht aber für die Stoffe, die der Besteller selbst zum Werke geliefert hat.

Kommt der Besteller in Verzug der Annahme, so geht die Gefahr auf ihn über.

647 Der Unternehmer hat für seine Forderung ein Pfandrecht an den von ihm hergestellten oder ausgebesserten beweglichen Sachen, wenn diese bei der Herstellung oder zum Zwecke der Ausbesserung in seinen

Besitz gelangt sind. Bauhandwerker können die Einräumung einer **648**
Sicherungshypothek an dem Baugrundstück des Bestellers für ihre Forderung verlangen.

Verpflichtet sich der Unternehmer, das Werk aus einem von ihm zu **651**
beschaffenden Stoffe herzustellen, z. B. ein Paar Stiefel aus dem von ihm zu liefernden Leder, ein Möbelstück aus dem von ihm zu gebenden Holze, so liegt ein Kauf und nicht ein Werkvertrag vor. Nur wenn eine nicht vertretbare Sache herzustellen ist, kommen zum Theil die Vorschriften über den Werkvertrag zur Anwendung.

VIII. Titel. Mäklervertrag.

Unter Mäkler sind Personen zu verstehen, deren Beruf in dem Aufsuchen der Gelegenheit zu Verträgen verschiedenster Art und in der Vermittlung solcher Verträge besteht. Die Rechtsverhältnisse der Handelsmäkler oder Sensale sind durch das Handelsgesetzbuch geregelt. Für das bürgerliche Gesetzbuch kommen daher vorzüglich nur die Häuser- und Gütermäkler, die Gesindemäkler, die Vermittler von Darlehen, Anstellungen u. s. w. in Betracht.

Wer für den Nachweis der Gelegenheit zum Abschluß eines Ver- **652**
trages oder für die Vermittelung eines Vertrages einen Mäklerlohn ausdrücklich oder auch stillschweigend verspricht, ist zur Zahlung nur verpflichtet, wenn der Vertrag in Folge der Vermittelung zu Stande kommt.

Dagegen ist das Lohnversprechen für eine Ehevermittelung nicht **656**
verbindlich.

Für die Höhe des Mäklerlohnes ist die Vereinbarung maßgebend, **653**
sonst die Taxe oder der übliche Satz.

Ist für den Nachweis der Gelegenheit zu einem Dienstvertrage **655**
oder für die Vermittelung eines solchen ein unverhältnißmäßig hoher Mäklerlohn vereinbart, so kann derselbe auf Antrag des Schuldners — solange er noch nicht bezahlt ist — durch Urtheil angemessen herabgesetzt werden.

IX. Titel. Auslobung.

Wer durch öffentliche Bekanntmachung eine Belohnung für **657**
die Vornahme einer Handlung aussetzt, ist verpflichtet, die Belohnung demjenigen zu entrichten, welcher die Handlung vorgenommen hat (z. B. wer den Dieb entdeckt, die verlorene Börse zurückbringt, eine vermißte Person findet u. s. w. — auch Preisausschreiben rechnen hierher). Eine solche Auslobung kann bis zur Vornahme der **658**
Handlung widerrufen werden, es muß dies aber in derselben Weise (z. B. in demselben Blatte, wie die Auslobung) oder durch besondere Mittheilung geschehen.

Forderungsberechtigt zu der Belohnung ist derjenige, der die Hand- **659**
lung zuerst vorgenommen hat; haben Mehrere dieselbe gleichzeitig

vorgenommen, so gebührt jedem ein gleicher Theil derselben; ist die Belohnung eine untheilbare oder soll dieselbe nach der Auslobung nur einer erhalten, so entscheidet das Loos.

660 Haben Mehrere zusammengewirkt, so ist die Belohnung unter dieselben nach billigem Ermessen zu vertheilen.

X. Titel. Auftrag.

Der Auftragsvertrag hat die Besorgung von Geschäften, nicht von thatsächlichen Diensten (wie der Dienstvertrag) zum Gegenstande und zwar unentgeltlich.

Durch die Annahme eines Auftrags (Mandats) verpflichtet sich der
662 Beauftragte, ein ihm von dem Auftraggeber übertragenes Geschäft für diesen zu besorgen z. B. eine käufliche Bestellung zu machen, den Betrag einer Rechnung auszulegen u. a. Wird eine Vergütung vereinbart, so liegt gewöhnlich kein Auftrag, sondern ein Dienst- oder Werkvertrag u. s. w. vor. Ein Auftrag wird daher in der Regel als Freundschaftsdienst, aus Gefälligkeit oder zu wohlthätigen oder gemeinnützigen Zwecken übernommen, verpflichtet aber trotzdem zu sorgsamer Ausführung und zur Haftung für jede Fahrlässigkeit.

666 Der Beauftragte ist, sofern er den Auftrag angenommen hat, verpflichtet, dem Auftraggeber die erforderlichen Nachrichten zu geben, auf Verlangen über den Stand des Geschäfts Auskunft zu ertheilen und nach der Ausführung Rechenschaft abzulegen, auch Alles, was er
667 zur Ausführung erhält und was er aus der Geschäftsbesorgung erlangt, herauszugeben.

670 Macht der Beauftragte zum Zwecke der Ausführung des Auftrags Aufwendungen, die er den Umständen nach für erforderlich halten darf, so ist der Auftraggeber zum Ersatze verpflichtet.

671 Der Auftrag kann jederzeit widerrufen bezw. gekündigt werden. Für eine unzeitige Kündigung muß aber stets ein wichtiger Grund vorliegen, da sonst der entstehende Schaden dem Auftraggeber zu ersetzen wäre.

672 Sofern nicht ein Anderes vereinbart gilt, erlischt der Auftrag nicht
673 durch den Tod des Auftraggebers, wohl aber durch den des Beauftragten.

676 Wer einem Anderen einen Rath oder eine Empfehlung ertheilt (z. B. auf Erkundigung nach der Zahlungsfähigkeit und Kreditwürdigkeit einer Person), ist zum Ersatze des aus der Befolgung des Rathes oder der Empfehlung entstehenden Schadens nicht verpflichtet, es wäre denn, daß er dabei arglistig oder auf Grund eines Vertragsverhältnisses gehandelt hätte.

XI. Titel. Geschäftsführung ohne Auftrag.

677 Wer ein Geschäft für einen Anderen besorgt, ohne von ihm beauftragt oder ihm gegenüber sonst dazu berechtigt zu sein, hat

das Geschäft so zu führen, wie das Interesse und der wirkliche oder muthmaßliche Wille des Geschäftsherrn (Interessenten) es erfordern, z. B. wenn Jemand für einen Abwesenden eine Schuld einzieht oder tilgt oder ein verirrtes Hausthier in seinen Stall aufnimmt und füttert.

In einem solchen Falle hat der Geschäftsführer Anspruch auf Ersatz **683**
seiner etwaigen Aufwendungen, wie, wenn er beauftragt gewesen wäre.

Entspricht dagegen eine solche Geschäftsführung nicht dem erkenn- **678**
baren Willen des Geschäftsherrn, so ist der Geschäftsführer zum Ersatze etwa entstehenden Schadens verpflichtet und zwar selbst dann, wenn ihm ein sonstiges Verschulden nicht zur Last fällt.

Ein der Geschäftsführung entgegenstehender Wille des Geschäfts- **679**
herrn kommt aber nicht in Betracht, und sind die gemachten Aufwendungen dennoch zu ersetzen, wenn ohne die Geschäftsführung eine Pflicht des Geschäftsherrn, deren Erfüllung im öffentlichen Interesse liegt (z. B. die Bestreitung von Beerdigungskosten), oder eine gesetzliche Unterhaltungspflicht des Geschäftsherrn (z. B. die Ausstattung eines Kindes desselben mit Mitteln zur Weiterreise) nicht rechtzeitig erfüllt werden würde.

Der Geschäftsführer haftet für jedes Verschulden. Wenn es sich **680**
bei der Geschäftsführung aber um die Abwendung einer dringenden Gefahr handelt, braucht er nur für Vorsatz und grobe Fahrlässigkeit aufzukommen.

Der Geschäftsherr ist thunlichst bald zu benachrichtigen und sind, **681**
soweit ohne Gefahr möglich, seine Entschlüsse abzuwarten.

Dem Geschäftsführer steht ein Anspruch nicht zu, wenn er nicht die **685**
Absicht hatte, von dem Geschäftsherrn Ersatz zu verlangen.

Gewähren Eltern oder Voreltern ihren Abkömmlingen oder diese jenen Unterhalt, so ist, wenn die Umstände nicht das Gegentheil ergeben, anzunehmen, daß die Absicht fehlt, von dem Empfänger Ersatz zu verlangen.

XII. Titel. Verwahrung.

Durch den Verwahrungsvertrag wird der Verwahrer verpflichtet, **688**
eine ihm von dem Hinterleger übergebene bewegliche Sache bis zur späteren Rückgabe aufzubewahren, z. B. der Banquier die übergebenen Gelder, Werthpapiere und Kostbarkeiten, der Bahnhofdiener das Reisegepäck, der Freund den gekauften Hund. (Unbewegliche Sachen werden verwaltet — Dienstvertrag — oder nur gehütet — Auftragsvertrag —.)

Die Verwahrung erfolgt unentgeltlich oder gegen eine vereinbarte Vergütung.

Eine Vergütung gilt als stillschweigend vereinbart, wenn eine solche **689**
den Umständen nach zu erwarten ist.

Der Verwahrer ist zur Obhut verpflichtet und haftet, wenn ihm ein Entgelt zusteht, für Vorsatz und Fahrlässigkeit (276).

690 Wird die Aufbewahrung unentgeltlich übernommen, so hat er nur für diejenige Sorgfalt einzustehen, welche er in eigenen Angelegenheiten anzuwenden pflegt (277).

693 Sind Aufwendungen zum Zwecke der Aufbewahrung erforderlich
694 geworden, oder ist dem Verwahrer durch die Beschaffenheit der hinterlegten Sache ein unvorhersehbarer Schaden entstanden, so hat diesen der Hinterleger zu ersetzen.

695 Der Hinterleger kann die Sache jederzeit zurückfordern; der Ver-
696 wahrer deren Rücknahme für gewöhnlich stets verlangen.

697 Die Rückgabe hat an dem Aufbewahrungsorte zu erfolgen; der Verwahrer ist nicht verpflichtet, die Sache dem Hinterleger zu bringen.

698 Verwendet der Verwahrer hinterlegtes Geld für sich, so ist er verpflichtet, es von der Zeit der Verwendung an zu verzinsen.

699 Der Hinterleger hat die vereinbarte Vergütung bei der Beendigung der Aufbewahrung oder nach Ablauf der bestimmten einzelnen Zeitabschnitte zu entrichten.

700 Werden vertretbare Sachen (91.) in der Art hinterlegt, daß der Verwahrer nur Sachen von gleicher Art, Güte und Menge zurückzugewähren hat, so liegt ein Darlehnsvertrag vor 607.

XIII. Titel. Einbringung von Sachen bei Gastwirthen.

701 Ein Gastwirth hat einem zur Beherbergung aufgenommenen Gaste den Schaden zu ersetzen, den der Gast durch den Verlust oder die Beschädigung eingebrachter, d. h. dem Gastwirthe oder dessen Leuten übergebener oder in die hierzu bestimmten Räume gebrachter Sachen erleidet.

Die Bestimmung findet jedoch auf Restaurateure und ebenso auf Personen, die nicht zur Beherbergung aufgenommen sind, keine Anwendung. Es haftet demnach der Wirth z. B. nicht für die in der Wirthstube aufgehängten Hüte, Ueberzieher, Stöcke u. s. w. der nicht beherbergten, sondern nur zu einem Trunke u. s. w. verkehrenden Gäste.

Die Ersatzpflicht tritt nicht ein, wenn der Schaden durch den Gast selbst oder seine Begleitung verursacht wird oder durch die Beschaffenheit der Sachen oder durch höhere Gewalt entsteht.

Ein Anschlag, durch den der Gastwirth die Haftung ablehnt, ist ohne Wirkung.

702 Für Geld, Werthsachen und Kostbarkeiten haftet der Gastwirth jedoch nur dann vollen Umfangs, wenn er diese Gegenstände in Kenntniß ihrer Eigenschaft als Werthsachen zur Aufbewahrung übernimmt oder die Aufbewahrung ablehnt oder wenn der Schaden von ihm oder seinen Leuten verschuldet wird. Liegt keiner dieser

Fälle vor, so beschränkt sich die Haftung auf den Höchstbetrag von 1000 Mk.

Von einem Verluste hat der Gast unverzüglich dem Gastwirthe 703
Anzeige zu machen.

Der Gastwirth hat an allen eingebrachten Sachen ein Pfandrecht 704
(1204) für seine Ansprüche aus der Beherbergung.

XIV. Titel. Gesellschaft.

Unter einer Gesellschaft ist die Vereinigung mehrerer Personen zur Erreichung eines beliebigen gemeinsamen Zweckes zu verstehen.

Die Rechtsverhältnisse einer solchen werden durch den Gesellschaftsvertrag, der gewöhnlich keiner Form bedarf, begründet.

Durch den Gesellschaftsvertrag verpflichten sich die Gesellschafter 705
gegenseitig, die Erreichung des gemeinsamen Zweckes in der durch den Vertrag bestimmten Weise zu fördern, insbesondere die vereinbarten Beiträge zu leisten z. B. mehrere Handwerker einigen sich zur gemeinsamen Uebernahme eines Bau-Accords oder einer Lieferung u. s. w. Auch die nicht rechtsfähigen Vereine (54) fallen unter diesen Begriff, während Gesellschaften, deren Rechtsverhältnisse anderweit durch Reichsgesetze geregelt sind, wie z. B. Handelsgesellschaften, Innungen, Erwerbs- und Wirthschafts-Genossenschaften u. a. nicht unter die Bestimmungen dieses Titels fallen.

Auch die landesgesetzlichen Bestimmungen über Wald-, Jagd- und Fischerei-Genossenschaften u. a. bleiben unberührt (Art. 66, 67, 69, 83 Einf. Ges.).

Die Gesellschaftsbeiträge, die auch in der Leistung von Diensten 706
und Arbeiten bestehen können, werden durch den Vertrag bestimmt; 707
zu Nachschüssen ist kein Gesellschafter verpflichtet.

Die Geschäftsführung ist gemeinschaftlich; für jedes Geschäft 709
ist die Zustimmung aller Gesellschafter erforderlich. Es kann jedoch die Geschäftsführung ausschließlich in die Hand eines oder
mehrerer Gesellschafter gelegt werden. Aber auch in diesem Falle 710
kann jeder Gesellschafter sich von den Angelegenheiten der Gesellschaft 716
persönlich unterrichten, die Geschäftsbücher und die Papiere einsehen und sich aus ihnen eine Vermögensübersicht anfertigen.

Durch die Beiträge der Gesellschafter und den Erwerb aus der 718
Geschäftsführung entsteht ein eigenes Gesellschaftsvermögen.

Dieses Gesellschaftsvermögen unterliegt nur der gemeinschaftlichen Verfügung. Der einzelne Gesellschafter kann weder über seinen 719
Antheil gesondert verfügen, noch Theilung verlangen.

Erst wenn die Gesellschaft aufgelöst ist, können die Gesellschafter 721
aus dem nach Tilgung der Gesellschaftsschulden verbleibenden Restver- 733

734 mögen ihre Einlagen und Gewinnantheile verlangen. Zu den Gesellschaftsschulden rechnen auch die Ansprüche der einzelnen Gesellschafter aus ihrer Geschäftsführung.
722 Soweit nichts Anderes bestimmt ist, hat jeder Gesellschafter ohne Rücksicht auf die Art und die Größe seines Beitrages einen gleichen Antheil am Gewinn und Verluste.

723 Ist die Gesellschaft nicht für eine bestimmte Zeit eingegangen, so kann jeder Gesellschafter sie jederzeit kündigen. Ist eine Zeitdauer bestimmt, so ist eine vorzeitige Kündigung nur aus wichtigen Gründen zulässig.

Das Gesellschaftsvermögen oder einzelne Stücke desselben können nur auf Grund eines gegen alle Gesellschafter vollstreckbaren Titels zur Zwangsvollstreckung gezogen werden und haften als Ganzes für die Schulden der Gesellschaft und nicht für die der einzelnen Gesellschafter.
725 Der Gläubiger eines einzelnen Gesellschafters kann sich daher auch nicht unmittelbar an das Gesellschaftsvermögen halten, er kann nur den Gesellschaftsantheil seines Schuldners pfänden lassen und sodann, wenn er einen nicht bloß vorläufig vollstreckbaren Schuldtitel besitzt, jederzeit die Gesellschaft kündigen, um dadurch die Auseinandersetzung und Antheils-Auszahlung herbeizuführen.

726 Die Gesellschaft endigt, wenn deren Zweck erreicht oder die Erreichung unmöglich geworden ist, nach Ablauf der für dieselbe bestimmten Zeit und endlich, wenn die Gesellschafter gemeinschaftlich die
727 Beendigung beschließen; sie wird aufgelöst durch Kündigung, durch
728 den Tod eines Gesellschafters, sofern nichts Anderes vereinbart ist und ferner beim Konkurse eines Gesellschafters. (Konkurs über das Gesellschaftsvermögen ist nicht möglich, die Gesellschaft ist keine juristische Person.)

Die von der Geschäftsführung eingegangenen Verpflichtungen sind
733 gemeinschaftliche Schulden. Diese werden zunächst aus dem Gesellschaftsvermögen gedeckt, reicht dieses aber nicht zur Berichtigung
735 der Schulden und zur Rückerstattung der Einlagen aus, so muß dieser Verlust von den zahlungsfähigen Gesellschaftern zusammen aufgebracht werden.

738 Scheidet ein Gesellschafter aus, so wächst sein Antheil am Gesellschaftsvermögen den übrigen Gesellschaftern zu. Diese sind verpflichtet, den Ausscheidenden von den gemeinschaftlichen Schulden zu befreien und ihm dasjenige zu zahlen, was er bei einer derzeitigen Auseinandersetzung erhalten würde. Reicht aber das Gesellschaftsver-
739 mögen zur Deckung der Schulden und Einlagen nicht aus, so hat

der Ausscheidende für den Fehlbetrag nach dem Verhältnisse seines Antheils am Verluste aufzukommen.

XV. Titel. Gemeinschaft.

Steht ein Recht z. B. das Eigenthum an einer Sache, ungetheilt Mehreren gemeinschaftlich zu, so liegt eine Gemeinschaft nach Bruchtheilen oder ideellen Theilen vor, z. B. $^1/_3$ Mitantheil am gemeinschaftlichen Hause, oder einer gemeinschaftlichen Forderung u. a. Für eine solche Gemeinschaft gelten, sofern sich nicht aus dem Gesetz ein Anderes ergiebt, wie für eine Mehrheit von Gläubigern (420 u. f.), für Gesellschaften (705 u. f.), für die gemeinschaftlichen Güter der Eheleute (1438 u. a.), und für die Gemeinschaft der Miterben (2032) die folgenden Regeln: **741**

Jeder Theilhaber hat im Zweifel gleichen Antheil an dem Ge- **742**
meingute und an den Früchten, ist auch zum Gebrauche des Gemein- **743**
gutes insoweit befugt, als nicht der Mitgebrauch der übrigen Theilhaber beeinträchtigt wird.

Die Verwaltung und die Verfügung über das Ganze steht den **744**
Theilhabern gemeinschaftlich zu; es kann aber jeder Theilhaber über den eigenen Antheil beliebig verfügen (ihn veräußern, ver- **747**
pfänden u. s. w.), auch jederzeit die Aufhebung der Gemeinschaft **749**
verlangen und auf Theilung klagen.

Der Gläubiger eines Theilhabers kann dessen Antheil pfänden **751**
lassen und sodann mit einem definitiv vollstreckbaren Schuldtitel Aufhebung der Gemeinschaft verlangen.

Die Aufhebung erfolgt durch Theilung in Natur, und nur wenn **752**
eine solche ausgeschlossen ist, wird das Gut verkauft und der Erlös **753**
vertheilt.

Der Verkauf einer gemeinschaftlichen Forderung ist nur zulässig, **754**
wenn sie noch nicht eingezogen werden kann, sonst kann jeder Theilhaber gemeinschaftliche Einziehung verlangen.

XVI. Titel. Leibrente.

Im Allgemeinen versteht man unter einer Leibrente eine bestimmte jährliche Abgabe oder eine periodisch wiederkehrende Leistung, die Jemand, (der Rentengläubiger) gegen Zahlung eines Preises oder eine sonstige Gegenleistung zum Lebensunterhalt von einem Anderen (dem Rentenschuldner) gewöhnlich auf Lebensdauer zu fordern berechtigt ist. Leibrentenverträge werden in der Regel von den verschiedenen Versicherungsgesellschaften abgeschlossen, aber auch vielfach durch Testament, Gutsübergabevertrag oder durch Gesetz (843—845) begründet.

Eine Leibrente ist im Voraus, und zwar bei Geldrenten immer **760**
für je drei Monate zu bezahlen.

Das Versprechen einer Leibrente bedarf zur Gültigkeit, soweit nicht **761** in einzelnen Fällen noch strengere Formen vorgeschrieben sind, stets der schriftlichen Abfassung.

XVII. Titel. Spiel. Wette.

762 Spiel und Wette begründen keine klagbaren, rechtlich verbindliche Schuldverhältnisse. Was aber einmal bezahlt ist, kann nicht mehr zurückverlangt werden. Selbst wenn der Verlierende ein Schuldanerkenntniß über die Spiel- oder Wettschuld giebt, verbleibt es bei dieser Vorschrift; eine solche Schuld läßt sich nicht in eine Darlehnsschuld umwandeln.

764 Ein sog. Differenzgeschäft wird als Spiel behandelt.

XVIII. Titel. Bürgschaft.

765 Durch den Bürgschaftsvertrag verpflichtet sich Jemand (der Bürge) gegenüber dem Gläubiger eines Dritten, für die Erfüllung der Verbindlichkeit des Dritten (des Hauptschuldners), neben dem Hauptschuldner einzustehen.

766 Zur Gültigkeit ist schriftliche Ertheilung der Bürgschaftserklärung erforderlich.

767 Der Bürge haftet für die Erfüllung der Hauptverbindlichkeit in deren jeweiligem Bestande, sowie für die Kosten der Kündigung und Rechtsverfolgung.

768 Der Bürge kann die dem Hauptschuldner zustehenden Einreden geltend machen.

769 Verbürgen sich Mehrere für dieselbe Verbindlichkeit, so haften sie als Gesammtschuldner, auch wenn sie die Bürgschaft nicht gemeinschaftlich übernahmen (ohne die Einrede der Theilung).

771 Der Bürge hat die Einrede der Vorausklage d. h. er kann verlangen, daß der Gläubiger zuerst gegen den Schuldner Klage erhebt und erst dann gegen den Bürgen sich wendet, wenn er eine Zwangsvollstreckung gegen den Hauptschuldner ohne Erfolg versucht hat. (Bei Geldforderungen genügt zum Rückgriff auf den Bürgen ein Versuch der Zwangsvollstreckung in das bewegliche Vermögen des Hauptschuldners.)

773 Die Einrede der Vorausklage ist jedoch ausgeschlossen:

a) wenn der Bürge auf diese Einrede verzichtet, insbesondere wenn er sich als Selbstschuldner verbürgt hat;

b) wenn die Rechtsverfolgung gegen den Hauptschuldner in Folge einer Aenderung des Wohnsitzes desselben wesentlich erschwert ist;

c) wenn über das Vermögen des Hauptschuldners der Konkurs eröffnet ist;

d) wenn die Zwangsvollstreckung gegen den Hauptschuldner voraussichtlich erfolglos sein würde.

774 Soweit der Bürge den Gläubiger befriedigt, geht die Forderung des Gläubigers von selbst auf ihn über.

Hat sich der Bürge im Auftrage des Hauptschuldners verbürgt, 775
so kann er von diesem Befreiung von der Bürgschaft verlangen bei einer wesentlichen Verschlechterung der Vermögensverhältnisse des Hauptschuldners oder einer wesentlichen Erschwerung der Rechtsverfolgung gegen diesen, ferner wenn der Hauptschuldner mit der Erfüllung im Verzuge ist, sowie wenn ein vollstreckbares Urtheil gegen den Bürgen selbst erwirkt ist.

Hat sich der Bürge nur auf eine bestimmte Zeit verbürgt, so 777
hat der Gläubiger die Einziehung der Forderung unverzüglich nach Ablauf der Zeit und nöthigenfalls durch Zwangsvollstreckung zu betreiben und im Falle der Erfolglosigkeit dem Bürgen anzuzeigen, daß er ihn in Anspruch nehme.

Versäumt dies der Gläubiger, so wird der Bürge nach Ablauf der bestimmten Zeit frei. Steht dem Bürgen jedoch die Einrede der Vorausklage nicht zu, so hat der Gläubiger ihm unverzüglich nach Ablauf der bestimmten Zeit die Anzeige zu machen, daß er ihn in Anspruch nehme, widrigenfalls der Bürge sodann auch in diesem Falle ohne Weiteres frei würde.

Wer einen Anderen beauftragt, einem Dritten Kredit zu geben, 778
haftet dem ersteren als Bürge.

XIX. Titel. Vergleich.

Ein Vertrag, durch den der Streit oder die Ungewißheit der Par- 779
teien über ein Rechtsverhältniß im Wege gegenseitigen Nachgebens beseitigt wird, wird Vergleich genannt. Eine besondere Form ist nicht erforderlich. (Siehe auch § 702 Nr. 1 und 2 Civ.-Proz.-Ord. für gerichtliche Vergleiche.)

XX. Titel. Schuldversprechen. Schuldanerkenntniß.

Ein Vertrag, durch den eine Leistung in der Weise versprochen 780
wird, daß das Versprechen die Verpflichtung selbstständig begründen soll (also losgelöst vom ursprünglichen Schuldgrund), ist ein Schuldversprechen z. B. „Ich verspreche hierdurch dem N. am 1. Januar 1901, die Summe von 100 Mk. zu zahlen.“

Ein Vertrag, durch den das Bestehen eines Schuldverhältnisses an- 781
erkannt wird, ist ein Schuldanerkenntniß z. B. „Ich anerkenne hierdurch dem N. am 1. Januar 1901 die Summe von 100 Mk. zahlen zu müssen.“ Diese beiden Verträge sind in ihrem Wesen gleich und nur in den Ausdrücken verschieden. Bei beiden ist zur Gültigkeit schriftliche Form des Versprechens oder der Anerkennungs-Erklärung nothwendig, sofern nicht in besonderen Fällen wie bei 313 und 518 eine andere Form vorgeschrieben ist. Die Annahme durch den Gläubiger erfolgt dagegen mündlich oder stillschweigend. Die Bedeutung dieser Verträge liegt darin, daß in einer solchen Urkunde

der ursprüngliche Schuldgrund, durch den die Schuld überhaupt erwachsen ist, wie z. B. die Lieferung bestellter Waaren, der Empfang eines Darlehns u. s. w. nicht mehr erwähnt wird. An Stelle des bisherigen Rechtsverhältnisses ist jetzt das schriftliche Schuldversprechen oder Schuldanerkenntniß als Schuldgrund getreten. Aus diesem allein erfolgt die spätere Rechtsverfolgung und genügt zur Klage die Berufung auf die Schuldurkunde. Einen anderen Schuldgrund braucht Kläger nicht mehr nachzuweisen; es wäre nur, daß der Schuldschein überhaupt ohne allen rechtlichen Grund ausgestellt wäre.

782 Ausnahmsweise ist die schriftliche Form für Schuld-Versprechen oder Anerkenntnisse erlassen, wenn dieselben auf Grund einer Abrechnung oder im Wege des Vergleichs ertheilt sind. Vergleiche auch 952.

XXI. Titel. Anweisung.

Die Anweisung ist eine in ihrem Inhalte dem Wechsel ähnliche Schuldurkunde, nur wird an Stelle des Ausdrucks „Wechsel“ das Wort „Anweisung“ in derselben gebraucht. Sie bedarf immer der schriftlichen Form. Dieselbe dient wie der Wechsel zur Erleichterung von Auszahlungen im Interesse des Verkehrs, begründet aber keine wechselmäßige Verbindlichkeit.

Der Aussteller einer solchen Anweisung heißt „Anweisender“ der zur Zahlung Beauftragte „der Angewiesene“, derjenige an den oder dessen Ordre gezahlt werden soll „Anweisungsempfänger“.

783 Händigt Jemand eine solche Urkunde, in der er einen Anderen anweist, Geld, Werthpapiere oder andere vertretbare Sachen an einen Dritten zu leisten, dem Dritten aus, so ist dieser ermächtigt, die Leistung bei dem Angewiesenen im eigenen Namen zu erheben, und der Angewiesene für Rechnung des Anweisenden an den Anweisungsempfänger zu leisten.

784 Nimmt der Angewiesene die Anweisung durch einen schriftlichen
785 Vermerk auf derselben an, so ist er gegen Aushändigung der Anweisung zur Leistung an den Anweisungsempfänger verpflichtet.

786 Der Anspruch des Empfängers gegen den Angewiesenen aus der Annahme verjährt in drei Jahren.

789 Lehnt der Angewiesene die Anweisung oder die Leistung ab, so hat der Anweisungsempfänger dem Anweisenden hiervon unverzüglich Mittheilung zu machen (weil Anweisung noch keine Zahlung des Anweisenden ist).

792 Der Anweisungsempfänger kann die Anweisung schriftlich und mittelst Uebergabe, wie beim Wechsel, weiter übertragen.

XXII. Titel. Schuldverschreibung auf den Inhaber.

793 Hat Jemand eine Urkunde ausgestellt, in der er dem Inhaber der Urkunde (ohne eine bestimmte Person als Gläubiger zu nennen) eine Leistnng verspricht (Schuldverschreibung auf den Inhaber), so kann jeder Inhaber als Gläubiger von ihm die Leistung nach Maßgabe des Versprechens verlangen, es sei denn, daß er zur Verfügung über die Urkunde nicht berechtigt ist. Der Aussteller wird jedoch auch durch die Leistung an einen unrechtmäßigen Inhaber von seiner Schuld befreit.

Inländische Schuldverschreibungen auf den Inhaber, die auf eine 795
bestimmte Geldsumme lauten, dürfen nur mit staatlicher Genehmigung in den Verkehr gebracht werden. (Staatsschuldscheine, Schuldscheine der Kreditinstitute, Pfandbriefe u. s. w.)

Ist eine Schuldverschreibung auf den Inhaber in Folge Beschädi- 798
gung nicht mehr umlaufsfähig, so kann der Inhaber auf seine Kosten den Umtausch verlangen.

Eine abhanden gekommene oder vernichtete Schuldverschreibung auf 799
den Inhaber kann, wenn nicht in der Urkunde das Gegentheil be- 800
stimmt ist, im Wege des Aufgebotsverfahrens für kraftlos erklärt und sodann eine neue verlangt werden. Ausgenommen sind Zins-, Renten- und Gewinnantheilscheine, sowie die auf Sicht zahlbaren unverzinslichen Schuldverschreibungen (Banknoten, Kassenscheine).

Der Verlust von Zins-, Renten- und Gewinnantheilscheinen ist vor 804
Ablauf der 4jährigen, vom Schlusse des Jahres der Fälligkeit ab rechnenden Vorlegungs- (Einlösungs-) Frist dem Aussteller anzuzeigen und kann sodann, wenn der abhanden gekommene Schein bis zum Ablauf der Einlösungsfrist von keiner Seite vorgelegt oder gerichtlich geltend gemacht wird, die Leistung trotz des Verlustes verlangt werden.

Inhaberpapiere können durch den Aussteller auf den Namen eines 806
bestimmten Berechtigten umgeschrieben werden. Außerkurssetzung dagegen ist nicht (mehr) zulässig. Alle bisherigen Außerkurssetzungsvermerke verlieren mit dem 1. Januar 1900 ihre Wirkung. Art. 176. Einf. Ges.

Urkunden, in welchen der Gläubiger benannt ist, und die mit 808
der Bestimmung ausgegeben sind, daß die Leistung an jeden Inhaber bewirkt werden kann, z. B. Sparkassenbücher, Leihhausscheine u. a. können im Falle des Verlustes im Wege des Aufgebotsverfahrens für kraftlos erklärt werden.

Der Schuldner aus einer derartigen Urkunde kann an jeden Inhaber zahlen.

XXIII. Titel. Vorlegung von Sachen.

Wer einen Anspruch auf eine Sache oder ein rechtlich begrün- 809
detes Interesse an einer Urkunde hat oder sich Gewißheit verschaffen 810
will, ob ihm ein solcher Anspruch zusteht, kann die Vorlegung der Sache oder der Urkunde zur Besichtigung verlangen (z. B. wer ein

Interesse glaubhaft macht, zur Einsicht eines eröffneten Testaments oder Uebergabe-Vertrags).

Die bisher dargestellten einzelnen Arten der Schuldverhältnisse gründen sich sämmtlich auf Rechtsgeschäfte, die freiwillig und mit der Absicht, Rechtsbeziehungen entstehen zu lassen, abgeschlossen werden. Es giebt aber auch Schuldverhältnisse, die wie die vertragsmäßigen wirken, aber unbeabsichtigt entstehen und ihren Ursprung nur aus gesetzlichen Vorschriften entnehmen. Es sind dies:

a) die ungerechtfertigte Bereicherung und

b) unerlaubte Handlungen.

XXIV. Titel. Ungerechtfertigte Bereicherung.

Ungerechtfertigte Bereicherung liegt vor:

812 a) wenn Jemand auf fremde Kosten irgend einen Vermögensvortheil erlangt hat, ohne daß ein rechtlicher Grund vorlag, z. B. wenn Jemand eine Zahlung in der irrigen Meinung macht, die Summe schuldig zu sein;

b) wenn der rechtliche Grund zu einer Leistung später wegfällt z. B. wenn Jemand eine Sache gekauft und bezahlt hat, die vor der Uebergabe zufällig zu Grunde ging;

c) wenn der mit der Leistung nach dem Inhalt des Rechtsgeschäfts bezweckte Erfolg nicht eintritt z. B. wenn Jemand ein Heirathgut an Brautleute giebt, die Hochzeit aber sich später zerschlägt.

In allen diesen Fällen wird der Empfänger des Vortheils Schuldner und muß das Erlangte herausgeben.

XXV. Titel. Unerlaubte Handlungen.

Unerlaubte Handlungen sind nicht immer gleichbedeutend mit Strafthaten (Uebertretungen, Vergehen, Verbrechen), da sie nicht alle mit Strafe bedroht sind. Jede unerlaubte Handlung begründet aber, sie mag mit Strafe bedroht sein oder nicht, einen Anspruch auf Schadens-
823 ersatz. Es ist daher derjenige, der vorsätzlich oder fahrlässig das Leben, den Körper, die Gesundheit, die Freiheit, das Eigenthum oder ein sonstiges Recht eines Anderen widerrechtlich verletzt oder gegen ein den Schutz eines Anderen bezweckendes Gesetz in schuldhafter Weise verstößt, dem Andern zum Ersatze des daraus entstehenden Schadens (vergl. auch 842—845) verpflichtet, z. B. durch Körperverletzung, durch Sachbeschädigung, durch Verstoß gegen die Schutzvorschriften bei Maschinen u. a.

Ueber die noch weitergehenden Ansprüche eines Beschädigten siehe 847.

824 Wer der Wahrheit zuwider eine Thatsache behauptet oder verbreitet, die geeignet ist, den Kredit eines Anderen zu gefährden oder sonstige Nachtheile für dessen Erwerb oder Fortkommen herbeizuführen, hat den entstehenden Schaden zu ersetzen, wenn er die Unwahrheit kannte oder kennen mußte. Durch eine Mittheilung, deren Unwahrheit dem Mittheilenden unbekannt ist, wird dieser nicht schadensersatzpflichtig, wenn er oder der Empfänger der Mittheilung an ihr ein berechtigtes Interesse hat.

Wer eine Frauens-Person durch Hinterlist, durch Drohung oder **825**
unter Mißbrauch eines Abhängigkeitsverhältnisses (als Lehrer, Dienstherr u. s. w.) zur Gestattung der außerehelichen Beiwohnung bestimmt, ist ihr zum Ersatze des daraus entstehenden Schadens (auch im Erwerbe und Fortkommen — 842) verpflichtet.

Ueber noch weitere Entschädigung siehe 847, über Entbindungs- und Unterhaltungs-Ansprüche 1708 und 1715.

Wer in einer gegen die guten Sitten verstoßenden Weise einem **826**
Anderen vorsätzlich Schaden zufügt, ist dem Anderen zum Ersatze des Schadens verpflichtet (z. B. durch arglistiges Handeln gegen Treue und Glauben, wie der Erwerb einer Forderung, welche mit einer gegen den dritten Erwerber nicht zulässigen Einrede behaftet ist u. a.).

Im Zustande der Bewußtlosigkeit handelnde Personen, Geisteskranke **827**
und Kinder unter 7 Jahren sind für den von ihnen zugefügten Schaden **828**
nicht verantwortlich, wohl aber aus eigener Schuld Betrunkene. Personen vom 7. bis 18. Lebensjahre und Taubstumme sind nur verantwortlich, wenn sie die zur Erkenntniß der Verantwortlichkeit erforderliche Einsicht haben.

Soweit in den bisher gedachten Fällen keine Haftung des Thäters **829**
eintritt, auch kein Ersatz etwa von einem aufsichtspflichtigen Dritten erlangt werden kann, ist der Schaden dennoch insoweit zu ersetzen, als die Billigkeit nach den Umständen, insbesondere nach den Verhältnissen der Betheiligten eine Schadloshaltung erfordern, z. B. ein reiches Kind hat einem armen Manne Schaden zugefügt.

Haben Mehrere gemeinschaftlich den Schaden verursacht, so ist **830**
Jeder für den ganzen Schaden verantwortlich. Dasselbe gilt, wenn sich nicht ermitteln läßt, wer von mehreren Betheiligten den Schaden verursacht hat. Anstifter und Gehülfen stehen Mitthätern gleich.

Haftung für den Schaden kann unter den gesetzlichen Voraussetzungen auch für fremde Handlungen eintreten, nämlich:

a) eines Geschäftsherrn für Handlungen seiner Angestellten; **831**
b) einer zur Aufsicht über einen Minderjährigen oder Geisteskranken **832**
verpflichteten Person wegen versäumter Aufsicht.

Haftung tritt auch für denjenigen, der ein Thier hält, für allen **833**
Schaden ein, den das Thier an Menschen oder an Sachen verursacht.

5*

835 Für Wildschaden (durch Schwarz-, Roth-, Elch-, Damm- oder Rehwild oder Fasanen, nicht aber durch Hasen) haftet der Jagdberechtigte.

836 Für den durch den Einsturz eines Gebäudes oder von Theilen eines solchen verursachten Schaden kann der Besitzer des Grundstücks haftbar werden.

839 Beamte, die vorsätzlich oder fahrlässig ihre Amtspflicht verletzen, haften für den einem Dritten daraus entstehenden Schaden. Liegt nur Fahrlässigkeit des Beamten vor, so kann er nur in Anspruch genommen werden, wenn der Beschädigte nicht auf andere Weise Ersatz zu erlangen vermag.

Die landesgesetzlichen Vorschriften über Haftung des Staates, der Gemeinde und anderer Kommunalverbände bleiben unberührt. Art. 77. Einf. Ges.

842 Die Verpflichtung zum Schadensersatze wegen einer gegen die Person gerichteten unerlaubten Handlung erstreckt sich auch auf die Nachtheile, welche die Handlung für den Erwerb oder das Fortkommen des Verletzten herbeiführt.

843 Wird in Folge einer Verletzung des Körpers oder der Gesundheit die Erwerbsfähigkeit des Verletzten aufgehoben oder gemindert oder tritt eine Vermehrung seiner Bedürfnisse ein, so ist dem Verletzten durch Entrichtung einer Geldrente (760) Schadensersatz zu leisten, unter Umständen ihm auch Sicherheit für die Rente zu gewähren.

Statt der Rente kann der Verletzte eine Kapitalabfindung verlangen, wenn ein wichtiger Grund vorliegt.

844 Im Falle der Tödtung (auch der fahrlässigen) hat der Ersatzpflichtige die Kosten der Beerdigung demjenigen zu ersetzen, welchem die Verpflichtung obliegt, diese Kosten zu tragen.

Stand der Getödtete zur Zeit der Verletzung zu einem Dritten in einem Verhältnisse, vermöge dessen er diesem gegenüber kraft Gesetzes unterhaltungspflichtig war oder werden konnte, und ist dem Dritten in Folge der Tödtung das Recht auf den Unterhalt entzogen, so hat der Ersatzpflichtige dem Dritten durch Entrichtung einer Geldrente insoweit Schadensersatz zu leisten, als der Getödtete während der muthmaßlichen Dauer seines Lebens zur Gewährung des Unterhalts verpflichtet gewesen sein würde.

845 Im Falle der Tödtung, der Verletzung des Körpers oder der Gesundheit sowie im Falle der Freiheitsentziehung hat der Ersatzpflichtige, wenn der Verletzte kraft Gesetzes einem Dritten zur Leistung von Diensten in dessen Hauswesen oder Gewerbe verpflichtet war, dem Dritten für die entgehenden Dienste durch Entrichtung einer Geldrente Ersatz zu leisten.

847 Die in diesem Titel bisher behandelten Ersatzansprüche haben stets einen Vermögensschaden zur Voraussetzung. Im Falle der Verletzung des Körpers oder der Gesundheit, bei Freiheitsentziehung und Sittlichkeits-Verbrechen oder Vergehen gegen eine Frauens-Person kann aber auch für den nicht materiellen Schaden eine billige Entschädigung verlangt werden z. B. sog. Schmerzensgeld, Kranzgeld u. a.

Der Anspruch aus einer unerlaubten Handlung verjährt in drei **852**
Jahren, nachdem der Verletzte von dem Schaden und der Person des Ersatzpflichtigen Kenntniß erlangt hat.

Am Schlusse dieses Buches bedarf es noch des Hinweises, daß für ein Schuldverhältniß, das vor dem Inkrafttreten des bürgerlichen Gesetzbuches entstanden ist, die bisherigen Gesetze maßgebend bleiben. Art. 170. Einf. Ges.

III. Buch. Sachenrecht.

Das Sachenrecht regelt die Benutzung der Sachen (siehe Seite 5). Alles Vermögensrecht ist entweder persönlich oder dinglich. Während das persönliche Recht oder das Recht der Schuldverhältnisse für den Berechtigten einen Anspruch auf Leistung gegen den Verpflichteten begründet, hat das dingliche Recht eine Sache zum Gegenstande, ohne Rücksicht auf die Person, bei welcher sich dieselbe befindet. Das wichtigste dieser Rechte ist das Eigenthum. (903).

Als Rechte an fremder Sache — dingliche Rechte im engern Sinne — kennt das B. G. B. das Erbbaurecht, die Dienstbarkeiten, das Vorkaufsrecht, die Reallasten, das Pfandrecht (an beweglichen Sachen und Rechten), die Hypothek, die Grundschuld, die Rentenschuld.

Die Sachen sind entweder Grundstücke oder bewegliche Sachen. Zu den Grundstücken (mit ihren wesentlichen Bestandtheilen 94) rechnen auch die Bergwerke und die Gerechtigkeiten z. B. Apothekerprivilegien, Schiffsmühlen u. a. Alle Sachen, die nicht Grundstücke sind, gehören zu den beweglichen Sachen.

Verschiedene dingliche Rechte sind der Regelung durch die Landesgesetzgebung vorbehalten, insbesondere das Wasserrecht, das Deich- und Sielrecht, das Bergrecht, das Jagd- und Fischereirecht (Art. 65—69. Einf. Ges.) u. a.

I. Abschnitt. Besitz.

854 Der Besitz einer Sache wird durch die Erlangung der thatsächlichen Gewalt über die Sache erworben. Der Besitzer ist daher der thatsächliche Herrscher über eine Sache im Gegensatze zum rechtlichen Herrscher — dem Eigenthümer 903. Der Besitzer braucht nicht immer gleichzeitig der Eigenthümer zu sein wie z. B. der Miether einer Wohnung. Man unterscheidet folgende Arten des Besitzes: Eigenbesitz 872 (836, 927, 955); fremder Besitz 855 z. B. der Verwalter eines Hauses, der Knecht, die Magd; fehlerloser und fehlerhafter Besitz 858; Voll- und Theil-Besitz 865 z. B. abgesonderte Wohnräume u. a. Allein- und Mit-Besitz 866 (gemeinschaftliche Besitzer); unmittelbarer und mittelbarer Besitz 868—871.

856 Der Besitz wird dadurch beendigt, daß der Besitzer die thatsächliche Gewalt über die Sache aufgiebt (durch Veräußerung, Preisgeben) oder in anderer Weise verliert (durch Diebstahl, Verlieren u. s. w.).

857 Der Besitz geht von Rechtswegen auf den Erben über, noch ehe dieser die thatsächliche Herrschaft über die Sache erlangt hat. Wichtig für den Besitzschutz!

858 Wer dem Besitzer ohne dessen Willen den Besitz entzieht oder ihn im Besitze stört, handelt, sofern nicht das Gesetz die Entziehung oder die Störung gestattet, wie bei 227 und 859, widerrechtlich (verbotene Eigenmacht). Der durch verbotene Eigenmacht erlangte Besitz ist fehlerhaft.

859 Der Besitzer darf sich verbotener Eigenmacht mit Gewalt erwehren und zwar eine bewegliche Sache dem auf frischer That betroffenen oder verfolgten Thäter — selbst in dessen Behausung — wieder abnehmen oder sich eines entzogenen Grundstücks, sofort nach der Entziehung, wieder bemächtigen.

Ist diese Abwehr nicht angebracht, so kann der Besitzer wegen der
861 verbotenen Eigenmacht auf Wiedereinräumung des Besitzes klagen.

862 Wird er im Besitze eigenmächtig nur gestört (er kann nicht mehr von und zu seinem Grundstücke gelangen, weil der Nachbar einen Graben angelegt hat oder er wird in der von ihm gemietheten Wohnung — hier als unmittelbarer Besitzer 868 — durch den Eigenthümer oder durch die Besitzer der anderen Theile des Hauses gestört) so steht ihm die Klage auf Beseitigung und Unterlassung der Störung zu.

864 Beide Besitzklagen müssen aber binnen einem Jahre nach Ver-
863 übung der Eigenmacht erhoben werden. Gegen beide ist zur Geltendmachung des Rechts zum Besitz oder zur Vornahme der störenden Handlung nur die Einwendung zulässig, daß keine verbotene Eigenmacht geübt sei.

Uebrigens kann mit der Besitzklage auch die Klage, durch welche das Recht selbst geltend gemacht wird, verbunden werden.

Für Eilfälle dienen zum Besitzschutze auch Anträge auf eine einstweilige Verfügung (§§ 814 u. f. Civ. Proz. Ord.).

Etwaige Schadensersatz-Ansprüche (823, 848) müssen außerhalb des Besitzprozesses verfolgt werden.

Besitzt Jemand eine Sache als Nießbraucher, Pfandgläubiger, Pächter, **868**
Miether oder Verwahrer oder dergleichen, so ist derselbe der unmittelbare Besitzer, während der Eigenthümer als der mittelbare Besitzer gilt. (Allerdings kann unter Umständen auch der Nießbraucher mittelbarer Besitzer sein).

Wer eine Sache, ohne Eigenthümer zu sein, mit dem Willen besitzt, **872**
daß sie ihm gehöre, der also Eigenthümer sein will, heißt Eigenbesitzer. Z. B. A bestellt seit Jahren einen Acker in der Meinung, derselbe gehöre zu dem von ihm gekauften Gute, während dies ein Irrthum ist, und der Acker gehört in Wirklichkeit dem B, oder der A hat in gutem Glauben eine Taschenuhr gekauft, die dem B gestohlen worden ist. In beiden Fällen ist hier der A der Besitzer — Eigenbesitzer — der B aber der Eigenthümer. Siehe 900, 927, 937 u. f. 955, 958.

II. Abschnitt. Allgemeine Vorschriften über Rechte an Grundstücken.

Zum Nachweise:

a) aller einzelnen Grundstücke einer Gemeinde;

b) zur Sicherung des Eigenthums an diesen Grundstücken;

c) zur Feststellung der Belastungen derselben durch dingliche Rechte Dritter (insbesondere Hypotheken) dient das Grundbuch.

Das B. G.-B. regelt nur das materielle Grundbuch-Recht, während das formelle durch die Reichs-Grundbuch-Ordnung vom 24. März 1897 *) geregelt ist.

a) Zur Uebertragung des Eigenthums an einem Grundstücke; **873**

---

*) Die Bestimmungen der Grundbuch-Ordnung vom 24. März 1897. (R. G. Blatt Seite 139) sind hier angefügt:

Erster Abschnitt. Allgemeine Vorschriften.

§ 3. Jedes Grundstück erhält im Grundbuch eine besondere Stelle (Grundbuchblatt). Das Grundbuchblatt ist für das Grundstück als das Grundbuch im Sinne des B. G. B. anzusehen.

§ 4. Ueber mehrere Grundstücke desselben Eigenthümers, die im Bezirke desselben Grundbuchamts belegen sind, kann ein gemeinschaftliches Grundbuchblatt geführt werden, solange hiervon Verwirrung nicht zu besorgen ist.

§ 8. Rechte, die dem jeweiligen Eigenthümer eines Grundstücks zustehen,

b) zur Belastung eines Grundstücks mit einem Rechte (z. B. einer Grunddienstbarkeit, Hypothek, Grundschuld u. s. w.);

c) sowie zur Uebertragung oder Belastung eines solchen (im Grundbuche eingetragenen) Rechtes ist, soweit das Gesetz nicht ein Anderes vorschreibt (wie z. B. bei Erbfolge, Zwangsvollstreckung, Enteignung), erforderlich:

---

sind auf Antrag auch auf dem Blatte dieses Grundstücks zu vermerken. Antragsberechtigt ist der Eigenthümer des Grundstücks sowie Jeder, dessen Zustimmung nach § 876 Satz 2 des B. G. B. zur Aufhebung des Rechtes erforderlich ist.

Der Vermerk ist von Amtswegen zu berichtigen, wenn das Recht geändert oder aufgehoben wird.

§ 9. Urkunden, auf die eine Eintragung sich gründet oder Bezug nimmt, sind von dem Grundbuchamt aufzubewahren. Die Herausgabe einer solchen Urkunde darf nur erfolgen, wenn statt der Urkunde eine beglaubigte Abschrift aufbewahrt wird. Ist über das einer Eintragungsbewilligung zu Grunde liegende Rechtsgeschäft eine Urkunde errichtet, so können die Betheiligten die Urkunde oder eine beglaubigte Abschrift dem Grundbuchamt zur Aufbewahrung übergeben.

§ 10. Eine Eintragung in das Grundbuch ist nicht aus dem Grunde unwirksam, weil ein Grundbuchbeamter sie bewirkt hat, der von der Mitwirkung bei der Eintragung kraft Gesetzes oder in Folge einer Ablehnung ausgeschlossen ist.

§ 11. Die Einsicht des Grundbuchs ist Jedem gestattet, der ein berechtigtes Interesse darlegt. Das Gleiche gilt von Urkunden, auf die im Grundbuche zur Ergänzung einer Eintragung Bezug genommen ist, sowie von den noch nicht erledigten Eintragungsanträgen.

Soweit die Einsicht des Grundbuchs, der im Abs. 1 bezeichneten Urkunden und der noch nicht erledigten Eintragungsanträge gestattet ist, kann eine Abschrift gefordert werden; die Abschrift ist auf Verlangen zu beglaubigen.

§ 12. Verletzt ein Grundbuchbeamter vorsätzlich oder fahrlässig die ihm obliegende Amtspflicht, so trifft den Betheiligten gegenüber die im § 839 des B. G. B. bestimmte Verantwortlichkeit an Stelle des Beamten den Staat oder die Körperschaft, in deren Dienste der Beamte steht. Das Recht des Staates oder der Körperschaft, von dem Beamten Ersatz zu verlangen, bleibt unberührt.

Zweiter Abschnitt. Eintragungen in das Grundbuch.

§ 13. Eine Eintragung soll, soweit nicht das Gesetz ein Anderes vorschreibt, nur auf Antrag erfolgen. Der Zeitpunkt, in welchem ein Antrag bei dem Grundbuchamt eingeht, soll auf dem Antrage genau vermerkt werden.

Antragsberechtigt ist jeder, dessen Recht von der Eintragung betroffen wird oder zu dessen Gunsten die Eintragung erfolgen soll.

§ 14. Die Berichtigung des Grundbuchs durch Eintragung eines Berechtigten darf auch von demjenigen beantragt werden, welcher auf Grund eines gegen den Berechtigten vollstreckbaren Titels eine Eintragung in das Grundbuch verlangen kann, sofern die Zulässigkeit dieser Eintragung von der vorgängigen Berichtigung des Grundbuchs abhängt.

§ 15. Ist die zu einer Eintragung erforderliche Erklärung von einem Notar beurkundet oder beglaubigt, so gilt dieser als ermächtigt, im Namen eines Antragsberechtigten die Eintragung zu beantragen.

§ 16. Einem Eintragungsantrage, dessen Erledigung an einen Vorbehalt geknüpft wird, soll nicht stattgegeben werden.

Werden mehrere Eintragungen beantragt, so kann von dem Antragsteller bestimmt werden, daß die eine Eintragung nicht ohne die andere erfolgen soll.

I. Die **Einigung** des Berechtigten und des anderen Theiles über den Eintritt der Rechtsänderung:

zu a) daß das Grundeigenthum von dem Einen auf den Anderen übergehen solle; — Auflassung 925.

zu b) daß an dem Grundstücke des Einen dem Anderen eine Reallast oder Grundschuld u. s. w. bestellt werden solle;

---

§ 17. Werden mehrere Eintragungen beantragt, durch die dasselbe Recht betroffen wird, so darf die später beantragte Eintragung nicht vor der Erledigung des früher gestellten Antrags erfolgen.

§ 18. Steht einer beantragten Eintragung ein Hinderniß entgegen, so hat das Grundbuchamt entweder den Antrag unter Angabe der Gründe zurückzuweisen oder dem Antragsteller eine angemessene Frist zur Hebung des Hindernisses zu bestimmen. Im letzteren Falle ist der Antrag nach dem Ablaufe der Frist zurückzuweisen, wenn nicht inzwischen die Hebung des Hindernisses nachgewiesen ist.

Wird vor der Erledigung des Antrags eine andere Eintragung beantragt, durch die dasselbe Recht betroffen wird, so ist zu Gunsten des früher gestellten Antrags von Amtswegen eine Vormerkung oder ein Widerspruch einzutragen; die Eintragung gilt im Sinne des § 17 als Erledigung dieses Antrags. Die Vormerkung oder der Widerspruch wird von Amtswegen gelöscht, wenn der früher gestellte Antrag zurückgewiesen wird.

§ 19. Eine Eintragung erfolgt, wenn derjenige sie bewilligt, dessen Recht von ihr betroffen wird.

§ 20. Im Falle der Auflassung eines Grundstücks sowie im Falle der Bestellung oder Uebertragung eines Erbbaurechts darf die Eintragung nur erfolgen, wenn die erforderliche Einigung des Berechtigten und des anderen Theiles erklärt ist.

§ 21. Steht ein Recht, das durch die Eintragung betroffen wird, dem jeweiligen Eigenthümer eines Grundstücks zu, so bedarf es der Bewilligung derjenigen, deren Zustimmung nach § 876 Satz 2 des B. G. B. zur Aufhebung des Rechtes erforderlich ist, nur dann, wenn das Recht auf dem Blatte des Grundstücks vermerkt ist.

§ 22. Zur Berichtigung des Grundbuchs bedarf es der Bewilligung desjenigen, dessen Recht von der Berichtigung betroffen wird, nicht, wenn die Unrichtigkeit nachgewiesen wird. Dies gilt insbesondere für die Eintragung oder Löschung einer Verfügungsbeschränkung.

Die Berichtigung des Grundbuchs durch Eintragung eines Eigenthümers oder eines Erbbauberechtigten darf, sofern nicht der Fall des § 14 vorliegt, nur mit Zustimmung des Eigenthümers oder des Erbbauberechtigten erfolgen.

§ 23. Ein Recht, das auf die Lebenszeit des Berechtigten beschränkt ist, darf nach dessen Tode, falls Rückstände von Leistungen nicht ausgeschlossen sind, nur mit Bewilligung des Rechtsnachfolgers gelöscht werden, wenn die Löschung vor dem Ablauf eines Jahres nach dem Tode des Berechtigten erfolgen soll oder wenn der Rechtsnachfolger der Löschung bei dem Grundbuchamte widersprochen hat; der Widerspruch ist von Amtswegen in das Grundbuch einzutragen. Ist der Berechtigte für todt erklärt, so beginnt die einjährige Frist mit der Erlassung des die Todeserklärung aussprechenden Urtheils.

Der im Abs. 1 vorgesehenen Bewilligung des Rechtsnachfolgers bedarf es nicht, wenn im Grundbuch eingetragen ist, daß zur Löschung des Rechtes der Nachweis des Todes des Berechtigten genügen soll.

§ 24. Die Vorschriften des § 23 finden entsprechende Anwendung, wenn das Recht mit der Erreichung eines bestimmten Lebensalters des Berechtigten zu c) daß eine Hypothek u. s. w. des Einen von dem Anderen erworben werden solle.

II. Die Eintragung der Rechtsänderung in das Grundbuch.

873 Vor der Eintragung sind die Betheiligten an die Einigung nur gebunden, wenn die Erklärungen gerichtlich oder notariell beurkundet oder vor dem Grundbuchamt abgegeben oder bei diesem eingereicht sind oder wenn der Berechtigte dem anderen Theile eine den Vor=

---

oder mit dem Eintritt eines sonstigen bestimmten Zeitpunkts oder Ereignisses erlischt.

§ 25. Ist eine Vormerkung oder ein Widerspruch auf Grund einer einstweiligen Verfügung eingetragen, so bedarf es zur Löschung nicht der Bewilligung des Berechtigten, wenn die einstweilige Verfügung durch eine vollstreckbare Entscheidung aufgehoben ist. Diese Vorschrift findet entsprechende Anwendung, wenn auf Grund eines vorläufig vollstreckbaren Urteils nach den Vorschriften der Civilprozeßordnung eine Vormerkung oder ein Widerspruch eingetragen ist.

§ 26. Soll die Uebertragung einer Hypothek, Grundschuld oder Rentenschuld, über die ein Brief ertheilt ist, eingetragen werden, so genügt es, wenn an Stelle der Eintragungsbewilligung die Abtretungserklärung des bisherigen Gläubigers vorgelegt wird.

Diese Vorschrift findet entsprechende Anwendung, wenn eine Belastung der Hypothek, Grundschuld oder Rentenschuld oder die Uebertragung oder Belastung einer Forderung, für die ein eingetragenes Recht als Pfand haftet, eingetragen werden soll.

§ 27. Eine Hypothek, eine Grundschuld oder eine Rentenschuld darf nur mit Zustimmung des Eigenthümers des Grundstücks gelöscht werden.

Ein Recht, mit dem eine Hypothek, eine Grundschuld oder eine Rentenschuld belastet ist, darf nur mit Zustimmung desjenigen gelöscht werden, welchem die Hypothek, die Grundschuld oder die Rentenschuld zusteht. Für eine Löschung, die zur Berichtigung des Grundbuchs erfolgen soll, ist die Zustimmung nicht erforderlich, wenn die Unrichtigkeit nachgewiesen wird.

§ 28. In der Eintragungsbewilligung oder, wenn eine solche nicht erforderlich ist, in dem Eintragungsantrag ist das Grundstück übereinstimmend mit dem Grundbuch oder durch Hinweisung auf das Grundbuchblatt zu bezeichnen. Einzutragende Geldbeträge sind in Reichswährung anzugeben.

§ 29. Eine Eintragung soll nur erfolgen, wenn die Eintragungsbewilligung oder die sonstigen zu der Eintragung erforderlichen Erklärungen vor dem Grundbuchamte zu Protokoll gegeben oder durch öffentliche oder öffentlich beglaubigte Urkunden nachgewiesen werden. Andere Voraussetzungen der Eintragung bedürfen, soweit sie nicht bei dem Grundbuchamt offenkundig sind, des Nachweises durch öffentliche Urkunden.

§ 30. Für den Eintragungsantrag sowie für die Vollmacht zur Stellung eines solchen gelten die Vorschriften des § 29 nur, wenn durch den Antrag zugleich eine zu der Eintragung erforderliche Erklärung ersetzt werden soll.

§ 31. Wird im Falle der Auflassung eines Grundstücks sowie im Falle der Bestellung oder Uebertragung eines Erbbaurechts die erforderliche Einigung des Berechtigten und des anderen Theiles durch Bevollmächtigte vor dem Grundbuchamt erklärt, so ist die Vollmacht stempelfrei, wenn das der Einigung zu Grunde liegende Rechtsgeschäft von einem Notar beurkundet und die Vollmacht in der Urkunde ertheilt ist.

§ 32. Erklärungen, durch die ein Eintragungsantrag zurückgenommen oder eine zur Stellung des Eintragungsantrags ertheilte Vollmacht widerrufen wird, bedürfen der in § 29 Satz 1 vorgeschriebenen Form.

schriften der Grundbuchordnung entsprechende Eintragungsbewilligung ausgehändigt hat.
Bei der Eintragung eines Rechtes, mit dem ein Grundstück belastet 874
wird, kann zur näheren Bezeichnung des Inhalts des Rechtes auf die Eintragungsbewilligung Bezug genommen werden, soweit nicht das Gesetz ein Anderes vorschreibt.
Zur Aufhebung eines Rechtes an einem Grundstück ist, soweit nicht 875

---

§ 33. Der Nachweis, daß der Vorstand einer Aktiengesellschaft aus den im Handelsregister eingetragenen Personen besteht, wird durch ein Zeugniß des Gerichts über die Eintragung geführt.

Das Gleiche gilt von dem Nachweise der Befugniß zur Vertretung einer offenen Handelsgesellschaft, einer Kommanditgesellschaft, einer Kommanditgesellschaft auf Aktien oder einer Gesellschaft mit beschränkter Haftung.

§ 34. Der Nachweis, daß zwischen Ehegatten Gütertrennung oder ein vertragsmäßiges Güterrecht besteht oder daß ein Gegenstand zum Vorbehaltsgut eines Ehegatten gehört, wird durch ein Zeugniß des Gerichts über die Eintragung des güterrechtlichen Verhältnisses im Güterrechtsregister geführt.

§ 35. Ist in den Fällen der §§ 33, 34 das Grundbuchamt zugleich das Registergericht, so genügt statt des Zeugnisses die Bezugnahme auf das Register.

§ 36. Der Nachweis der Erbfolge kann nur durch einen Erbschein geführt werden. Beruht jedoch die Erbfolge auf einer Verfügung von Todeswegen, die in einer öffentlichen Urkunde enthalten ist, so genügt es, wenn an Stelle des Erbscheins die Verfügung und das Protokoll über die Eröffnung der Verfügung vorgelegt werden; erachtet das Grundbuchamt die Erbfolge durch diese Urkunden nicht für nachgewiesen, so kann es die Vorlegung eines Erbscheins verlangen. Das Bestehen der fortgesetzten Gütergemeinschaft sowie die Befugniß eines Testamentsvollstreckers zur Verfügung über einen Nachlaßgegenstand ist nur auf Grund der in den §§ 1507, 2368 des B. G. B. vorgesehenen Zeugnisse als nachgewiesen anzunehmen; auf den Nachweis der Befugniß des Testamentsvollstreckers finden jedoch die Vorschriften des Abs. 1 Satz 2 entsprechende Anwendung.

§ 37. Soll bei einer zu einem Nachlasse gehörenden Hypothek, Grundschuld oder Rentenschuld einer von mehreren Erben als neuer Gläubiger eingetragen werden, so genügt zum Nachweise der Erbfolge und der Eintragungsbewilligung der Erben ein Zeugniß des Nachlaßgerichts.

Das Zeugniß darf nur ausgestellt werden, wenn die Voraussetzungen für die Ertheilung eines Erbscheins vorliegen und die Erklärungen der Erben vor dem Nachlaßgerichte zu Protokoll gegeben oder durch öffentliche oder öffentlich beglaubigte Urkunden nachgewiesen sind.

§ 38. Die Vorschriften des § 37 finden entsprechende Anwendung, wenn bei einer Hypothek, Grundschuld oder Rentenschuld, die zu dem Gesammtgut einer ehelichen Gütergemeinschaft oder einer fortgesetzten Gütergemeinschaft gehört, ein Betheiligter, auf den das Recht bei der Auseinandersetzung übertragen ist, als neuer Gläubiger eingetragen werden soll.

§ 39. In den Fällen, in denen nach gesetzlicher Vorschrift eine Behörde befugt ist, das Grundbuchamt um eine Eintragung zu ersuchen, erfolgt die Eintragung auf Grund des Ersuchens der Behörde.

§ 40. Eine Eintragung soll nur erfolgen, wenn derjenige, dessen Recht durch sie betroffen wird, als der Berechtigte eingetragen ist.

Bei einer Hypothek, Grundschuld oder Rentenschuld, über die ein Brief ertheilt ist, steht es der Eintragung des Gläubigers gleich, wenn dieser sich im Besitze des Briefes befindet und sein Gläubigerrecht nach § 1155 des B. G. B. nachweist.

das Gesetz ein Anderes vorschreibt, die Erklärung des Berechtigten, daß er das Recht aufgebe, und die Löschung des Rechtes im Grundbuch erforderlich. Die Erklärung ist dem Grundbuchamt oder demjenigen gegenüber abzugeben, zu dessen Gunsten sie erfolgt.

876 Ist ein Recht an einem Grundstücke (z. B. eine Reallast, eine Hypothek) mit dem Rechte eines Dritten belastet (z. B. mit einem Nießbrauch oder Pfandrecht), so ist zur Aufhebung des belasteten Rechtes

---

§ 41. Ist derjenige, dessen Recht durch eine Eintragung betroffen wird, Erbe des eingetragenen Berechtigten, so findet die Vorschrift des § 40 Abs. 1 keine Anwendung, wenn die Uebertragung oder die Aufhebung des Rechtes eingetragen werden soll oder wenn der Eintragungsantrag durch die Bewilligung des Erblassers oder eines Nachlaßpflegers oder durch einen gegen den Erblasser oder den Nachlaßpfleger vollstreckbaren Titel begründet wird. Das Gleiche gilt für eine Eintragung auf Grund der Bewilligung eines Testamentsvollstreckers oder auf Grund eines gegen diesen vollstreckbaren Titels, sofern die Bewilligung oder der Titel gegen den Erben wirksam ist.

§ 42. Bei einer Hypothek, über die ein Brief ertheilt ist, soll eine Eintragung nur erfolgen, wenn der Brief vorgelegt wird. Für die Eintragung eines Widerspruchs bedarf es der Vorlegung nicht, wenn die Eintragung durch eine einstweilige Verfügung angeordnet ist und der Widerspruch sich darauf gründet, daß die Hypothek oder die Forderung, für welche sie bestellt ist, nicht bestehe oder einer Einrede unterliege oder daß die Hypothek unrichtig eingetragen sei.

Der Vorlegung des Hypothekenbriefs steht es gleich, wenn in den Fällen der §§ 1162, 1170, 1171 des B. G. B. auf Grund des Ausschlußurtheils die Ertheilung eines neuen Briefes beantragt wird. Soll die Ertheilung des Briefes nachträglich ausgeschlossen oder die Hypothek gelöscht werden, so genügt die Vorlegung des Ausschlußurtheils.

§ 43. Die Vorschriften des § 42 finden auf die Grundschuld und die Rentenschuld entsprechende Anwendung. Ist jedoch das Recht für den Inhaber des Briefes eingetragen, so bedarf es der Vorlegung des Briefes nur dann nicht, wenn der Eintragungsantrag durch die Bewilligung eines nach § 1189 des B. G. B. bestellten Vertreters oder durch eine gegen ihn erlassene gerichtliche Entscheidung begründet wird.

§ 44. Bei einer Hypothek für die Forderung aus einer Schuldverschreibung auf den Inhaber, aus einem Wechsel oder einem anderen Papiere, das durch Indossament übertragen werden kann, soll eine Eintragung nur erfolgen, wenn die Urkunde vorgelegt wird; die Eintragung ist auf der Urkunde zu vermerken.

Diese Vorschrift findet keine Anwendung, wenn eine Eintragung auf Grund der Bewilligung eines nach § 1189 des B. G. B. bestellten Vertreters oder auf Grund einer gegen diesen erlassenen gerichtlichen Entscheidung bewirkt werden soll.

§ 45. Jede Eintragung soll den Tag, an welchem sie erfolgt ist, angeben und mit der Unterschrift des Grundbuchbeamten versehen werden.

§ 46. Sind in einer Abtheilung des Grundbuchs mehrere Eintragungen zu bewirken, so erhalten sie die Reihenfolge, welche der Zeitfolge der Anträge entspricht; sind die Anträge gleichzeitig gestellt, so ist im Grundbuche zu vermerken, daß die Eintragungen gleichen Rang haben. Werden mehrere Eintragungen, die nicht gleichzeitig beantragt sind, in verschiedenen Abtheilungen unter Angabe desselben Tages bewirkt, so ist im Grundbuche zu vermerken, daß die später beantragte Eintragung der früher beantragten im Range nachsteht.

Diese Vorschriften finden insoweit keine Anwendung, als ein Rangverhältniß nicht besteht oder das Rangverhältniß von dem Antragsteller abweichend bestimmt ist.

die Zustimmung des Dritten erforderlich. Steht das aufzuhebende Recht dem jeweiligen Eigenthümer eines anderen Grundstücks zu, so ist, wenn dieses Grundstück mit dem Rechte eines Dritten belastet ist, die Zustimmung des Dritten erforderlich, es sei denn, daß dessen Recht durch die Aufhebung nicht berührt wird. Die Zustimmung ist dem Grundbuchamt oder demjenigen gegenüber zu erklären, zu dessen Gunsten sie erfolgt; sie ist unwiderruflich.

---

§ 47. Die Löschung eines Rechtes oder einer Verfügungsbeschränkung erfolgt durch Eintragung eines Löschungsvermerkes.

Wird bei Uebertragung eines Grundstücks oder eines Grundstückstheils auf ein anderes Blatt ein eingetragenes Recht nicht mit übertragen, so gilt es in Ansehung des Grundstücks oder des Theiles als gelöscht.

§ 48. Soll ein Recht für Mehrere gemeinschaftlich eingetragen werden, so soll die Eintragung in der Weise erfolgen, daß entweder die Antheile der Berechtigten in Bruchtheilen angegeben werden oder das für die Gemeinschaft maßgebende Rechtsverhältniß bezeichnet wird.

§ 49. Werden mehrere Grundstücke mit einem Rechte belastet, so ist auf dem Blatte jedes Grundstücks die Mitbelastung der übrigen von Amtswegen erkennbar zu machen. Das Gleiche gilt, wenn mit einem an einem Grundstücke bestehenden Rechte nachträglich noch ein anderes Grundstück belastet oder wenn im Falle der Uebertragung eines Grundstückstheils auf ein anderes Grundbuchblatt ein eingetragenes Recht mitübertragen wird.

Soweit eine Mitbelastung erlischt, ist dies von Amtswegen zu vermerken.

§ 50. Werden Dienstbarkeiten und Reallasten als Leibgedinge, Leibzucht, Altentheil oder Auszug eingetragen, so bedarf es nicht der Bezeichnung der einzelnen Rechte, wenn auf die Eintragungsbewilligung Bezug genommen wird.

§ 51. Bei der Eintragung einer Hypothek für Theilschuldverschreibungen auf den Inhaber genügt es, wenn der Gesammtbetrag der Hypothek unter Angabe der Anzahl des Betrags und der Bezeichnung der Theile eingetragen wird.

Diese Vorschrift findet entsprechende Anwendung, wenn eine Grundschuld oder eine Rentenschuld für den Inhaber des Briefes eingetragen und das Recht in Theile zerlegt werden soll.

§ 52. Bei der Eintragung eines Vorerben ist zugleich das Recht des Nacherben und soweit der Vorerbe von den Beschränkungen seines Verfügungsrechts befreit ist, auch die Befreiung von Amtswegen einzutragen.

§ 53. Ist ein Testamentsvollstrecker ernannt, so ist dies bei der Eintragung des Erben von Amtswegen miteinzutragen, es sei denn, daß der Nachlaßgegenstand der Verwaltung des Testamentsvollstreckers nicht unterliegt.

§ 54. Ergiebt sich, daß das Grundbuchamt unter Verletzung gesetzlicher Vorschriften eine Eintragung vorgenommen hat, durch die das Grundbuch unrichtig geworden ist, so ist von Amtswegen ein Widerspruch einzutragen. Erweist sich eine Eintragung nach ihrem Inhalt als unzulässig, so ist sie von Amtswegen zu löschen.

Bei einer Hypothek, einer Grundschuld oder einer Rentenschuld bedarf es zur Eintragung eines Widerspruchs der Vorlegung des Briefes nicht, wenn der Widerspruch den in § 42 Abs. 1 Satz 2 bezeichneten Inhalt hat.

Diese Vorschrift findet keine Anwendung, wenn der Grundschuld- oder Rentenschuldbrief auf den Inhaber ausgestellt ist.

§ 55. Jede Eintragung soll dem Antragsteller und dem eingetragenen Eigenthümer sowie im Uebrigen allen aus dem Grundbuch ersichtlichen Personen bekannt gemacht werden, zu deren Gunsten die Eintragung erfolgt ist oder deren Recht durch sie betroffen wird. Auf die Bekanntmachung kann verzichtet werden.

879 Das Rangverhältniß unter mehreren Rechten, mit denen ein Grundstück belastet ist, bestimmt sich, wenn die Rechte in derselben Abtheilung des Grundbuchs eingetragen sind, nach der Reihenfolge der Eintragungen. Sind die Rechte in verschiedenen Abtheilungen eingetragen, so hat das unter Angabe eines früheren Tages eingetragene Recht den Vorrang; Rechte, die unter Angabe desselben Tages eingetragen sind, haben gleichen Rang.

Eine abweichende Bestimmung des Rangverhältnisses bedarf der Eintragung in das Grundbuch. Vergl. §§ 46 und 13 Satz 2 Grundbuch=Ord. Als Zeitpunkt des Einganges der Eintragungsanträge ist nicht der Augenblick anzusehen, in dem der Antrag dem Grundbuchbeamten in die Hand kommt und von ihm mit dem Eingangsvermerk versehen wird, sondern derjenige, in dem er ihm vorgelegt wird, so daß mehrere mit derselben Post eingehende Gesuche als gleichzeitig eingegangen zu behandeln und mit demselben Eingangsvermerk zu versehen sind.

880 Das Rangverhältniß kann nachträglich geändert werden. Zu der Rangänderung (früher Vorrechtseinräumung — Prioritätscession) ist die Einigung des zurücktretenden und des vortretenden Berechtigten und die Eintragung der Aenderung in das Grundbuch erforderlich, und wenn eine Hypothek, eine Grundschuld oder eine Rentenschuld zurücktreten soll, außerdem die Zustimmung des Eigenthümers.

881 Der Eigenthümer kann sich bei der Belastung des Grundstücks mit einem Rechte die Befugniß (durch Eintragung in das Grundbuch) vorbehalten, ein anderes, dem Umfange nach bestimmtes Recht mit dem Range vor jenem Rechte eintragen zu lassen, z. B. ein Bauunternehmer behält sich beim Eintrag der Hypothek für das Kaufgeld einer Bau-Stelle das Recht vor, für die Baukosten später eine Hypothek von 10000 Mk. zu erster Stelle eintragen zu lassen.

882 Wird ein Grundstück mit einem Rechte belastet, für welches nach § 92 des Reichsgesetzes über die Zwangsversteigerung und Zwangsverwaltung vom 24. März 1897 dem Berechtigten im Falle des Erlöschens durch den Zuschlag der Werth aus dem Erlöse zu ersetzen ist, so kann der Höchstbetrag des Ersatzes bestimmt und in das Grundbuch eingetragen werden z. B. bei einem Leibgeding.

883 Zur Sicherung eines (schon erworbenen, eines bedingten oder eines künftigen) Anspruchs auf Einräumung oder Aufhebung eines Rechtes an einem Grundstücke oder an einem das Grundstück belastenden Rechte, kann (solange die endgiltige Eintragung aus irgend welchem Grunde noch nicht möglich ist) eine Vormerkung — vorläufige Eintragung — in das Grundbuch eingetragen werden, z. B. die Vormerkung zur Erhaltung des Rechtes auf Auflassung, auf Bestellung einer Hypothek, auf Einräumung eines Nießbrauchs- oder Pfandrechts an einem eingetragenen Rechte, auf Löschung eines noch bestehenden dinglichen Rechtes, auf Aenderung des Rangverhältnisses oder Inhalts der eingetragenen Rechte u. s. w.

Durch eine solche Vormerkung wird für die endgiltige Eintragung die Stelle in der Reihenfolge der Eintragungen gesichert. Sie erfolgt entweder durch Vermittelung des Prozeßrichters auf Grund **885**
einer einstweiligen Verfügung oder auf die Bewilligung desjenigen, dessen Grundstück oder Recht von der Vormerkung getroffen wird, unmittelbar beim Grundbuchamt (§ 13 Abs. 2 Grundbuch-Ordnung).

Zum Erlasse einer einstweiligen Verfügung ist nicht erforderlich, daß eine Gefährdung des zu sichernden Anspruchs glaubhaft gemacht wird.

Ist im Grundbuche für Jemand ein Recht eingetragen, so wird **891**
vermuthet, daß ihm das Recht zustehe. Ist ein Recht gelöscht, so wird vermuthet, daß es nicht (mehr) bestehe. Es hat mithin derjenige, der sich auf den Inhalt des Grundbuchs beruft, dessen Richtigkeit nicht mehr zu beweisen, sondern der Gegner muß die Unrichtigkeit beweisen.

Das Grundbuch genießt öffentlichen Glauben; der Inhalt des- **892**
selben gilt zu Gunsten eines redlichen Erwerbes als richtig.

Die Ansprüche aus eingetragenen Rechten unterliegen, mit Aus- **902**
nahme von Rückständen wiederkehrender Leistungen und von Schadensersatzansprüchen, nicht der Verjährung.

III. Abschnitt. Eigenthum.

I. Titel. Inhalt des Eigenthums.

Der Eigenthümer einer Sache (vergl. 854) kann, soweit nicht das **903**
Gesetz oder Rechte Dritter entgegenstehen, mit der Sache nach Belieben verfahren und Andere von jeder Einwirkung ausschließen.

Für das Eigenthum an Grundstücken gelten hierbei jedoch folgende Beschränkungen und Regeln:

Das Grundstückseigenthum erstreckt sich auf den Raum über und **905**
den Erdkörper unter der Oberfläche; doch kann der Eigenthümer Einwirkungen nicht verbieten, die in solcher Höhe oder Tiefe vorgenommen werden, daß er kein Interesse mehr an denselben hat, wie z. B. an einer elektrischen oder sonstigen Leitung.

Der Eigenthümer muß die vom Nachbargrundstücke zugeführten Gase, **906**
Dämpfe, Gerüche, Rauch, Ruß, Wärme, Geräusch, Erschütterungen und dergl. dulden, wenn solche die Benutzung seines Grundstücks (das Wohnen in seinem Hause, das Arbeiten in seinem Zimmer u. s. w.) nicht wesentlich beeinträchtigen oder wenn diese Einwirkungen nach den örtlichen Verhältnissen gewöhnlich sind (z. B. wer in einem Fabrikviertel wohnt, muß den Rauch in der Nachbarschaft dulden). Mittelst

besonderer Leitung dürfen solche Einwirkungen jedoch nicht zugeführt werden.

907 Niemand darf auf seinem Grundstücke Anlagen herstellen oder halten, welche das Grundstück des Nachbars schädigen würden. Bäume und Sträucher rechnen aber nicht zu solchen Anlagen.

909 Ein Grundstück darf nicht in der Weise, ohne genügende anderweite Befestigung, vertieft werden, daß der Boden des Nachbargrundstücks die erforderliche Stütze verliert.

910 Der Eigenthümer kann die zu ihm herübergedrungenen Wurzeln des Nachbargrundstücks, wenn sie ihn beeinträchtigen, abhauen und behalten; von herüberragenden Zweigen gilt dasselbe, sofern der Nachbar eine ihm gestellte, angemessene Frist zur Beseitigung der Zweige unbeachtet ließ.

911 Fallen Früchte auf sein Grundstück von einem Baume des Nachbargrundstücks, so gehören sie ihm zu.

917
918 Fehlt einem Grundstücke die nothwendige Verbindung mit einem öffentlichen Wege, so hat der Nachbar, sofern der Zustand nicht willkürlich geschaffen ist, gegen eine Geldrente einen Nothweg zu gestatten.

919 Jeder Grundeigenthümer kann vom Nachbarn verlangen, daß er zur ortsüblichen Abmarkung und wenn nöthig, zur Wiederherstellung der Grenzzeichen auf gemeinschaftliche Kosten mitwirke.

920 Läßt sich im Falle einer Grenzverwirrung die richtige Grenze nicht ermitteln, so ist für die Abgrenzung der Besitzstand maßgebend.

921 Ein gemeinsamer Zwischenraum, Rain, Winkel, Graben, Mauer, Hecke, Planke oder andere Einrichtung zwischen zwei Grundstücken dient zur gemeinschaftlichen Benutzung, sofern nicht äußere Merkmale auf das Alleineigenthum eines der Nachbarn hinweisen.

923 Steht auf der Grenze ein Baum (oder Strauch), so gebühren die Früchte, und wenn der Baum gefällt wird, dieser den Nachbarn zu gleichen Theilen. Jeder der Nachbarn kann die Beseitigung des Baumes verlangen, wenn derselbe nicht etwa als unersetzbares Grenzzeichen dient.

II. Titel. Erwerb und Verlust des Eigenthums an Grundstücken.

925 Die zur Uebertragung des Eigenthums an einem Grundstücke nach 873 erforderliche Einigung des Veräußerers und des Erwerbers muß bei gleichzeitiger Anwesenheit beider Theile vor dem Grundbuchamt erklärt werden. Dieses Veräußerungsgeschäft heißt Auflassung. Durch Art. 143 Einf. Ges. ist jedoch für Gegenden, in denen diese Bestimmungen Schwierigkeiten bereiten würden, der Landesgesetzgebung vorbehalten, die Auflassung auch vor Gericht, oder vor anderen Behörden oder Beamten, wie z. B. vor dem Notar zuzulassen und von der gleichzeitigen Anwesenheit beider Theile abzusehen, wenn das Grundstück durch ein Gericht oder einen Notar versteigert worden ist und die Auflassung noch in dem Versteigerungstermine stattfindet.

Das Protokoll über die Auflassung (§ 29 Grundbuch-Ord.) enthält nur die Erklärung des eingetragenen Eigenthümers, daß er die Eintragung des neuen Erwerbers bewillige und die Erklärung des Erwerbers, daß er die Eintragung beantrage; doch ist eine bestimmte Formel für diese Erklärungen nicht vorgeschrieben.

Die Auflassung besteht selbstständig und ist nicht zu verwechseln mit dem der Veräußerung zu Grunde liegenden Rechtsgeschäfte, wie Verkauf u. s. w. und dem hierüber errichteten schriftlichen oder mündlichen Veräußerungsvertrage (Siehe 313). Die Auflassung hat nicht die Bedeutung des Veräußerungsvertrages; sie ersetzt nicht diesen, sondern gewissermaßen nur die (bei Veräußerung beweglicher Gegenstände nothwendige) Uebergabe. Ist Jemand zur Auflassung verurtheilt, so ersetzt das rechtskräftige Urtheil die Auflassungserklärung. Ist das Urtheil erst vorläufig vollstreckbar, so gilt dasselbe als Bewilligung zur Eintragung einer Vormerkung zur Erhaltung des Rechts auf Auflassung (§§ 894, 895 Civ.-Proz.-Ord.). Der Auflassung darf keine Bedingung oder Zeitbestimmung, also namentlich kein Eigenthumsvorbehalt angeknüpft werden. Anfalls- oder Rückfallsrechte können nur durch eine Vormerkung im Grundbuche sicher gestellt werden, z. B. der Vorbehalt des Eigenthums durch die Vormerkung des persönlichen Anspruchs auf Rückerwerb.

Im Zweifel ist anzunehmen, daß sich die Veräußerung auch auf das **926**
Zubehör des Grundstücks (97, 98) erstrecken soll.

Wer, ohne im Grundbuch eingetragen zu sein, 30 Jahre lang ein **927**
Grundstück im Eigenbesitz (872) hat, kann den Eigenthümer durch ein Aufgebotsverfahren ausschließen und sich dann auf Grund des Ausschlußurtheils im Grundbuche eintragen lassen, z. B. wenn Jemand ein Grundstück gekauft und übergeben erhalten hat, die Auflassung jedoch versäumt wurde und später wegen Todes oder Verschollenheit des Veräußerers und seiner Erben nicht mehr nachgeholt werden kann.

Gegen einen eingetragenen Eigenthümer ist das Aufgebotsverfahren jedoch erst dann zulässig, wenn dieser gestorben oder verschollen ist und seit 30 Jahren kein Grundbuch-Eintrag mit dessen Zustimmung mehr erfolgt ist.

Giebt Jemand sein Grundeigenthum auf, ohne es einem Anderen **928**
zu übertragen, so geschieht dieser Verzicht durch eine Erklärung vor dem Grundbuchamte. Das Eigenthum kann sich sodann der Fiskus (oder ein Kommunalverband Art. 126 Einf.-Ges.) aneignen.

III. Titel. Erwerb und Verlust des Eigenthums an beweglichen Sachen.

Eigenthum an beweglichen Sachen wird in der Regel erworben durch Uebergabe, doch kennt das Gesetz noch als Erwerbsarten die

Ersitzung, die Verbindung, Vermischung, Verarbeitung, den Erwerb von Erzeugnissen einer Sache, die Aneignung und den Fund.

I. Uebertragung.

929 Zur Uebertragung des Eigenthums an einer beweglichen Sache ist erforderlich:

a) daß der Eigenthümer die Sache dem Erwerber übergiebt;
b) daß beide darüber einig sind, daß das Eigenthum übergehen soll.

Ist der Erwerber schon im Besitze der Sache (z. B. auf Grund eines Leih- oder Mieths-Vertrages), so genügt die Einigung über den Uebergang des Eigenthums.

932 Werden Sachen veräußert und übergeben, die dem Veräußerer gar nicht gehören, so wird der Erwerber dennoch Eigenthümer, wenn er im guten Glauben sich befindet, d. h. wenn ihm unbekannt war, daß die Sache nicht dem Veräußerer gehört, auch diese seine Unkenntniß nicht auf grober Fahrlässigkeit beruht, z. B. wenn er nicht wissen konnte, daß der Veräußerer die Sache nur leihweise besaß. Der ursprüngliche Eigenthümer kann seine Sache nur vom unredlichen Erwerber zurückfordern.

935 Eine Ausnahme von dieser Regel tritt dann ein, und selbst ein gutgläubiger Erwerber wird nicht Eigenthümer, wenn die veräußerte Sache dem Eigenthümer gestohlen worden, verloren gegangen oder sonst abhanden gekommen war. Ein solches Gut kann von Jedem zurückverlangt werden.

Diese Ausnahme findet jedoch keine Anwendung auf Geld oder Inhaberpapiere, sowie auf Sachen, die öffentlich versteigert sind, die mithin in das Eigenthum eines gutgläubigen Erwerbers immer durch die Veräußerung übergehen und, wie oben, nur vom unredlichen Erwerber zurückgefordert werden können.

II. Ersitzung.

Aehnlich wie der Verlust von Ansprüchen durch Verjährung eintreten kann, so wird Eigenthum an beweglichen Sachen durch Ersitzung erworben. Wer eine bewegliche Sache 10 Jahre ununterbrochen und
937 im guten Glauben (932) im Eigenbesitze (872) hat, erwirbt das Eigenthum derselben (z. B. an gestohlenen oder verloren gegangenen Sachen).

Vergl. 927 für Grundstücke.

III. Verbindung. Vermischung. Verarbeitung.

946 Wird eine bewegliche Sache mit einem Grundstücke als wesentlicher Bestandtheil desselben (93, 94) verbunden, so erstreckt sich das Grundeigenthum auch auf diese Sache, z. B. es wird ein Haus gebaut, ein Baum gepflanzt, Korn eingesät u. a. Es verliert

somit der Erbauer des Hauses u. s. w. sein Eigenthum am Hause, am Baume, am Korn u. s. w. an den Grundeigenthümer.

Werden bewegliche Sachen zu einer einheitlichen, neuen Sache 947 dergestalt verbunden, daß sie wesentliche Bestandtheile (93) dieser neuen Sache bilden, so werden die bisherigen Eigenthümer Miteigenthümer der gemeinschaftlichen neuen Sache nach Verhältniß des Werthes, den die Sachen zur Zeit der Verbindung haben. Mehrere Handwerker verwenden z. B. ihre Holz- und Eisenvorräthe zum Bau einer Dreschmaschine. Ist jedoch eine der Sachen als die Hauptsache anzusehen, so erwirbt deren Eigenthümer das Alleineigenthum. Es liefert z. B. Jemand zu einem Gefährte den Wagen, der Andere nur das Lederdach. Es verliert hier der Lieferant des Lederdachs sein Eigenthum an den Eigenthümer des Wagens.

Dasselbe gilt, wenn Sachen miteinander so vermischt und vermengt 948 werden, daß dieselben nicht mehr oder nur mit unverhältnißmäßigen Kosten getrennt werden können. Es kommt dies z. B. vor bei Getreidehaufen, Kaffeesorten, Weinsorten, die gemischt werden.

Wer durch Verarbeitung oder Umbildung eines oder mehrerer 950 Stoffe eine neue, bewegliche Sache herstellt, erwirbt das Eigenthum an der neuen Sache, sofern nicht der Werth der Verarbeitung oder der Umbildung unverhältnißmäßig gering ist. Aus einem Stück Leder werden Schuhe, aus Lehm Backsteine, aus Garn ein Stück Tuch gefertigt. Als Verarbeitung gilt auch das Schreiben, Zeichnen, Malen, Drucken, Graviren oder eine ähnliche Bearbeitung der Oberfläche. In diesen Fällen verliert somit der Eigenthümer des Leders, des Lehms, des Garns sein Eigenthum.

Wer nun in Folge einer solchen Verbindung, Vermischung oder 951 Verarbeitung von Sachen sein Eigenthum verliert, kann nicht die Wiederherstellung des früheren Zustandes, sondern nur eine Geldvergütung nach den Vorschriften über die Herausgabe einer ungerechtfertigten Bereicherung fordern. Ist die Eigenthumsänderung durch eine unerlaubte Handlung bewirkt, so ist voller Schadensersatz zu gewähren.

Das Eigenthum an einem Schuldschein, sowie an Hypotheken-, Grund- 952 schuld- und Rentenschuldbriefen steht dem Gläubiger zu.

IV. Erwerb von Erzeugnissen und sonstigen Bestandtheilen einer Sache.

Erzeugnisse und sonstige Bestandtheile einer Sache (Früchte und 953 sonstige Nutzungen 94, 99, 100) gehören auch nach der Trennung dem Eigenthümer der Sache. Da dieselben jedoch zur rechtlich selbstständigen Sache werden, so gehen mit der Trennung in den Eigenthumsansprüchen an dieselben dem Eigenthümer der ursprünglichen und Hauptsache vor:

956 a) Der Aneignungsbesitzer, d. i. der Besitzer, welchem vom Eigen-
957 thümer (oder der gutgläubige Besitzer, welchem von einem Nichtberechtigten) die Aneignung der Bestandtheile gestattet ist. Ist dem Aneignungsbesitzer nicht der Besitz der Hauptsache überlassen, so erwirbt er das Eigenthum erst mit der Besitzergreifung.

955 b) Der gutgläubige Nutzungsbesitzer, d. i. derjenige, welcher die Hauptsache zum Zwecke der Ausübung eines Nutzungsrechts an ihr besitzt, z. B. der Pächter.

c) Der gutgläubige Eigenbesitzer der Hauptsache.

954 d) Der kraft eines dinglichen Rechts an der Hauptsache zum Bezug der Erzeugnisse und sonstigen Bestandtheile Berechtigte.

V. Aneignung.

958 Wer eine herrenlose, bewegliche Sache, also eine solche, die keinen Eigenthümer hat, in Eigenbesitz nimmt, erwirbt das Eigenthum, sofern die Aneignung nicht verboten ist oder das Aneignungsrecht eines Anderen nicht verletzt wird.

960 Wilde (d. h. nicht gezähmte) Thiere sind herrenlos, so lange sie sich in der Freiheit befinden. Ein gezähmtes Thier wird herrenlos, wenn es die Gewohnheit ablegt, an den ihm bestimmten Ort zurückzukehren, z. B. ein gezähmtes Reh. Unter den Begriff dieser Bestimmung fallen aber nicht etwa die Hausthiere, denn auf den Eigenthumsverlust dieser finden die gewöhnlichen Regeln Anwendung.

Die landesgesetzlichen Vorschriften über Jagd und Fischerei bleiben unberührt (Art. 69 Einf.-Ges.); ebenso diejenigen über das Recht zur Aneignung der im Freien betroffenen Tauben (Art. 130 Einf.-Ges.).

961 Zieht ein Bienenschwarm aus, so wird er herrenlos, wenn nicht der Eigenthümer ihn unverzüglich verfolgt oder wenn er die Verfolgung wieder aufgiebt.

962 Der Eigenthümer des Bienenschwarms darf bei der Verfolgung fremde Grundstücke betreten.

VI. Fund.

965 Wer eine verlorene Sache findet und an sich nimmt, hat dem Verlierer oder Empfangsberechtigten oder aber, wenn er diese nicht kennt und die Sache einen Werth von mehr als 3 Mk. hat, der
966 Polizei-Behörde unverzüglich Anzeige zu machen. Der Finder muß
968 die Sache unter Haftbarkeit für Vorsatz und grobe Fahrlässigkeit aufbewahren (vergl. 677 u. f.) oder bei drohendem Verderb oder bei unverhältnißmäßigen Aufbewahrungskosten unter Benachrichtigung der
967 Polizei-Behörde öffentlich versteigern lassen. Er ist berechtigt und auf Anordnung der Polizei-Behörde verpflichtet, dieselbe oder den Versteigerungserlös an die Polizei-Behörde abzuliefern. Er kann den
970 Ersatz der von ihm vernünftiger Weise für erforderlich gehaltenen Aufwendungen, sowie einen Finderlohn verlangen. Der Finder-

lohn beträgt bis zum Werthe von 300 Mk. fünf vom Hundert, vom **971**
Mehrwerthe eins vom Hundert; bei Thieren stets eins vom Hundert. Hat die Sache nur für den Empfangsberechtigten einen Werth, z. B. ein Notizbuch, so ist der Finderlohn nach billigem Ermessen zu bestimmen. Wer die Anzeigepflicht verletzt oder den Fund auf Nachfrage verheimlicht, macht sich leicht der Unterschlagung schuldig und erhält keinen Finderlohn.

Ist der Verlierer oder ein sonstiger Empfangsberechtigter ermittelt, **969**
so ist der Fund an diesen herauszugeben.

Bis zur Befriedigung wegen der Aufwendungen und des Finder- **972**
lohns kann der Finder die Sache zurückbehalten.

Ist trotz der Anzeige bei der Polizei-Behörde kein Empfangs- **973**
berechtigter bekannt geworden, so erwirbt der Finder nach Ablauf eines Jahres das Eigenthum an der Fundsache oder dem an die Stelle getretenen Versteigerungserlöse, und zwar bei Werthen sowohl unter wie über 3 Mk., jedoch vorbehaltlich eines noch 3 Jahre lang
bestehenden Anspruchs des Verlierenden gegen den Erwerber auf Heraus- **977**
gabe des Erlangten nach den Vorschriften über die Herausgabe einer ungerechtfertigten Bereicherung (Seite 66).

Die Polizei-Behörde darf die Sache oder den Erlös nur mit Zu- **975**
stimmung des Finders einem Empfangsberechtigten herausgeben.

Wer eine Sache in den Geschäftsräumen oder den Beförderungs- **978**
mitteln einer öffentlichen Behörde oder einer Verkehrsanstalt findet, z. B. im Gerichtssaale, im Eisenbahn- oder Postwagen u. s. w., und an sich nimmt, hat die Sache unverzüglich bei dieser Behörde abzuliefern, denn hier liegt kein Fund im Sinne des Gesetzes vor. Es kann daher auch kein Finderlohn beansprucht werden. Die Be-
hörde macht bekannt, verwahrt und versteigert die Sache und zieht **980**
nach 3 Jahren den Erlös für sich ein, wenn sich inzwischen kein **981**
Empfangsberechtigter meldet.

Wird ein verborgener Schatz entdeckt und in Besitz genommen, so **984**
gebührt das Eigenthum zur Hälfte dem Entdecker und zur Hälfte dem Eigenthümer der Sache, in welcher der Schatz verborgen war.

IV. Titel. Ansprüche aus dem Eigenthum.

Für Ansprüche, die der Eigenthümer auf Grund des Eigenthums gegen Dritte geltend machen kann, stehen ihm zweierlei Klagen zur Seite:

a) Im Falle der Entziehung oder Vorenthaltung einer Sache — **985**
wenn mithin gewöhnlich sein Eigenthum überhaupt geläugnet wird — kann der Eigenthümer mit der sog. Eigenthumsklage (früher Vindikation genannt) von dem Besitzer die Herausgabe der Sache verlangen, mit derselben auch die etwaigen Ansprüche auf Herausgabe der Nutzungen und auf Schadensersatz verbinden.

1004 b) Wird das Eigenthum in anderer Weise als durch Entziehung oder Vorenthaltung des Besitzes beeinträchtigt — also wohl gewöhnlich anerkannt, aber durch Eingriffe beschränkt, z. B. durch Anmaßung einer Dienstbarkeit, wie Zuleitung von Flüssigkeiten, Ueberfahrtsrecht u. a. — so kann der Eigenthümer mit der Eigenthumsfreiheitsklage (früher Negatorienklage genannt) von dem Störer die Beseitigung der Beeinträchtigung verlangen, auch, wenn weitere Beeinträchtigungen zu besorgen sind, auf Unterlassung klagen, vorausgesetzt, daß er nicht zur Duldung verpflichtet ist.

986 Der Besitzer kann die Herausgabe der Sache verweigern, wenn er dem Eigenthümer gegenüber zum Besitze berechtigt ist.

Bezüglich der Vorenthaltung der Nutzungen der Sache gelten folgende Unterscheidungen:

a) Läßt es der Besitzer einer fremden Sache zur Klage kommen, so hat
987 er alle nach Eintritt der Rechtshängigkeit (Klagezustellung) gezogenen und schuldvoller Weise nicht gezogenen Nutzungen dem Eigenthümer herauszugeben, bezw. zu ersetzen.

988 b) Die vor der Rechtshängigkeit gezogenen Nutzungen muß der gutgläubige Besitzer, falls er den Besitz unentgeltlich erlangt hat (z. B. durch Schenkung), nach den Vorschriften über die Heraus-
990 gabe einer ungerechtfertigten Bereicherung, der bösgläubige Besitzer aber voll herausgeben; letzterer ist auch für allen Schaden verantwortlich.

993 c) Die vor der Rechtshängigkeit gezogenen Nutzungen braucht der gutgläubige Besitzer, falls er den Besitz gegen Entgelt erlangt hat, nicht herauszugeben.

989 Eine Verletzung des Eigenthums liegt auch vor, wenn die Sache in Folge eines Verschuldens des Besitzers verschlechtert wird, untergeht oder aus einem anderen Grunde von ihm nicht mehr herausgegeben werden kann. Der gutgläubige Besitzer haftet in solchen Fällen vom Eintritte der Rechtshängigkeit an für den Schaden; der
990 bösgläubige dagegen ist vom Erwerbe an zur Herausgabe der Nutzungen und zum Schadensersatz verpflichtet.

992 Hat sich der Besitzer durch verbotene Eigenmacht oder durch eine strafbare Handlung den Besitz verschafft, so ist er dem Eigenthümer außerdem auch zum Schadensersatze wegen unerlaubter Handlung verpflichtet.

994 Auf der anderen Seite hat der Besitzer aber auch Gegenansprüche an den Eigenthümer für die nothwendigen Verwendungen, die er auf die Sache gemacht hat. Die gewöhnlichen Erhaltungskosten sind ihm jedoch für die Zeit, für welche ihm die Nutzungen verbleiben, nicht zu ersetzen.

998 Ist ein landwirthschaftliches Grundstück herauszugeben, so hat der Eigenthümer die Kosten, die der Besitzer auf die noch nicht getrennten,

jedoch nach den Regeln einer ordnungsmäßigen Wirthschaft vor dem Ende des Wirthschaftsjahrs zu trennenden Früchte verwendet hat, insoweit zu ersetzen, als sie einer ordnungsmäßigen Wirthschaft entsprechen und den Werth dieser Früchte nicht übersteigen.

Für die dem Besitzer zu ersetzenden Verwendungen hat dieser das **1000**
Zurückbehaltungsrecht, wenn er die Sache nicht durch eine vorsätzlich begangene unerlaubte Handlung erlangt hat.

Giebt der Besitzer die Sache dem Eigenthümer heraus, so erlischt **1002**
der Anspruch auf den Ersatz der Verwendungen mit dem Ablauf eines Monats, bei einem Grundstücke mit dem Ablaufe von sechs Monaten nach der Herausgabe, wenn nicht vorher die gerichtliche Geltendmachung erfolgt oder der Eigenthümer die Verwendungen genehmigt.

Zu Gunsten des Besitzers einer beweglichen Sache wird vermuthet, **1006**
daß er Eigenthümer sei. Dies gilt jedoch nicht einem früheren Besitzer gegenüber, dem die Sache gestohlen worden, verloren gegangen oder sonst abhanden gekommen ist, es sei denn, daß es sich um Geld oder Inhaberpapiere handelt. Auf Grund dieser Vermuthung ist der Besitzer im Falle des Bestreitens frei vom Beweise des Eigenthumserwerbes.

Der frühere Besitzer einer beweglichen Sache kann vom nicht gut- **1007**
gläubigen dermaligen Besitzer die Herausgabe der Sache verlangen. Eine dem früheren Besitzer gestohlene, verloren gegangene oder sonst abhanden gekommene Sache muß selbst der gutgläubige Besitzer zurückgeben, es sei denn, daß er Eigenthümer ist oder die Sache ihm selbst schon vor der Besitzzeit des früheren Besitzers abhanden gekommen war. Geld und Inhaberpapiere hat der gutgläubige Besitzer jedoch nicht herauszugeben.

V. Titel. Miteigenthum.

Steht das Eigenthum an einer Sache Mehreren nach Bruchtheilen **1008**
(zu ideellen Antheilen) zu, wie z. B. der Nachlaß der Eltern ihren
Kindern, so kann die gemeinschaftliche Sache doch zu Gunsten eines **1009**
Miteigenthümers belastet werden. Vergl. 741 u. f., Seite 61.

IV. Abschnitt. Erbbaurecht.

Ein Gebäude bildet keinen selbstständigen Gegenstand des Eigenthums, sondern nur einen wesentlichen Bestandtheil des Grundstücks, auf dem dasselbe errichtet ist. Es gehört daher dem Herrn des Grundstücks.
Es kann jedoch ein Grundstück in der Weise belastet werden, daß dem- **1012**
jenigen, zu dessen Gunsten die Belastung erfolgt, das veräußerliche und vererbliche dingliche Recht zusteht, auf oder unter der Oberfläche des Grundstücks ein Bauwerk zu haben (Erbbaurecht), z. B. ein Gebäude, Mauer, Keller, Brücke, Viaduct, Monument.

V. Abschnitt. Dienstbarkeiten.

Unter Dienstbarkeit (Servitut — Gerechtigkeit) versteht man ein dingliches Recht an einer fremden Sache, auf Grund dessen der Eigenthümer der Sache etwas zu dulden oder zu unterlassen hat. Unterschieden werden Grunddienstbarkeiten, Nießbrauch und beschränkte persönliche Dienstbarkeiten.

I. Titel. Grunddienstbarkeiten.

1018 Ein Grundstück kann zu Gunsten des jeweiligen Eigenthümers eines anderen Grundstücks belastet werden in folgender Weise:

a) daß dieser das Grundstück in einzelnen Beziehungen benutzen darf (er darf durch den Thorweg des Nachbars durchfahren; er hat das Recht, auf die Mauer des Nachbargrundstücks zu bauen oder zu gewissen Zeiten, wie der Ernte, von und zum eigenen Grundstück über dasjenige des Nachbars zu gehen und zu fahren oder aus des Nachbars Brunnen eine Wasserleitung nach seinem Hause zu halten);

b) daß auf dem Grundstücke gewisse Handlungen nicht vorgenommen werden dürfen (es darf dem Nachbar die Aussicht nicht verbaut werden oder kein Brunnen gegraben werden, der dem Nachbar das Wasser entzöge);

c) daß die Ausübung eines Rechts ausgeschlossen ist, das sich aus dem Eigenthume an dem belasteten Grnndstücke dem anderen Grundstücke gegenüber ergiebt (es darf kein Fabrikgeschäft auf dem belasteten Grundstück betrieben werden, die Zuführung von Rauch und Ruß ist zu unterlassen, es darf nicht höher gebaut werden).

Bei einer derartigen Last — Grunddienstbarkeit — hängt die Berechtigung ebenso mit dem Eigenthum an einem Grundstück — dem herrschenden — zusammen, wie die Verpflichtung zur Duldung oder Unterlassung mit dem Eigenthum eines anderen, dem belasteten oder dem — dienenden — zusammenhängt; beides ohne Rücksicht auf die Person der jeweiligen beiderseitigen Eigenthümer.

Eine Grunddienstbarkeit kann nur durch Vertrag oder Testament entstehen, nicht aber durch Ersitzung; ebensowenig aber einfach durch Nichtausübung erlöschen. (Vergl. jedoch 1028.) Zur Gültigkeit der Grunddienstbarkeit ist erforderlich, daß dieselbe im Grundbuch eingetragen werde (873); doch ist durch Art. 187 Einf.-Ges. für Grunddienstbarkeiten, die zur Zeit der Anlegung des Grundbuchs schon bestanden haben, die Eintragung vorerst noch nachgelassen; doch kann jeder Betheiligte auch hier die Eintragung verlangen.

1020 Bei der Ausübung einer Grunddienstbarkeit hat der Berechtigte das Interesse des Eigenthümers des belasteten Grundstücks thunlichst zu schonen. Hält er zur Ausübung der Dienstbarkeit auf dem belasteten Grundstück eine Anlage, so hat er sie in ordnungsmäßigem Zustande zu erhalten, soweit das Interesse des Eigenthümers es erfordert.

Wird eine Grunddienstbarkeit beeinträchtigt, so steht dem Berechtigten **1027**
die Klage gegen den Störer auf Beseitigung der Beeinträchtigung, und wenn weitere Beeinträchtigungen zu besorgen sind, auf Unterlassung zu.

Eine Grunddienstbarkeit, selbst wenn dieselbe im Grundbuche ein- **1028**
getragen ist, erlischt (allerdings nur mit Einschränkungen), wenn der Berechtigte auf dem belasteten Grundstücke eine Anlage, durch welche die Grunddienstbarkeit beeinträchtigt wird, 30 Jahre lang duldet, z. B., wenn sein Zufahrtsrecht durch Anlage eines Zaunes versperrt ist.

Wird der Besitzer eines Grundstücks (also z. B. der Miether oder **1029**
Pächter) in der Ausübung einer für den Eigenthümer (z. B. für den Vermiether oder Verpächter) eingetragenen Grunddienstbarkeit gestört, so steht ihm die Besitzklage nach 862 zu, sofern die Dienstbarkeit innerhalb eines Jahres vor der Störung, sei es auch nur einmal, ausgeübt worden ist.

II. Titel. Nießbrauch.

Der Nießbrauch ist eine Dienstbarkeit oder das unvererbliche Recht, die Früchte und Vortheile einer fremden Sache, die deren Gebrauch gewährt, zu ziehen. Ein solches Recht, dessen Gegenstand sowohl Sachen wie Rechte als auch ein ganzes Vermögen sein kann, entsteht nur durch Vertrag oder Testament oder nach 1033. (Die gesetzliche Nutznießung eines Ehemannes oder der Eltern rechnet nicht hierher.) Am häufigsten ist der testamentarisch u. s. w. angeordnete Nießbrauch eines überlebenden Ehegatten und die in Gutsübergabe-Verträgen bedungene Leibzucht. Zweck der Bestellung eines Nießbrauchrechts ist in der Regel eine lebenslängliche Versorgung.

I. Nießbrauch an Sachen.

Eine Sache kann in der Weise belastet werden, daß derjenige, zu **1030**
dessen Gunsten die Belastung erfolgt, berechtigt ist, die Nutzungen der Sache (nach der Art eines guten Hausvaters) zu ziehen (Nießbrauch), z. B. die Früchte eines Ackers, die Nutzungen eines Gebäudes, eines Waldes, einer Kuh.

Zur Bestellung eines Nießbrauchs an Grundstücken ist die Eintragung im Grundbuche erforderlich (873); zur Bestellung an beweglichen Sachen aber

a) die Uebergabe der belasteten Sache Seitens des Eigenthümers an den Erwerber des Nießbrauchrechts;
b) die Einigung beider, daß dem Erwerber der Nießbrauch zustehen soll.

Ein Nießbrauchsrecht an beweglichen Sachen kann außerdem durch **1033**
Ersitzung (937) erworben werden.

1035 Bei dem Nießbrauch an einem Inbegriff von Sachen (z. B. an einer Heerde oder einem Wirtschafts-Inventar), haben Nießbraucher und Eigenthümer, sofern der eine Theil solches verlangt, ein Verzeichniß der einzelnen Sachen mit Datum der Aufnahme und Unterschrift aufzustellen. Jeder Theil kann auf seine Kosten verlangen, daß die Unterzeichnung dieses Verzeichnisses öffentlich beglaubigt oder das Verzeichniß durch eine Behörde aufgenommen werde.

1036 Der Nießbraucher ist zum Besitze der Sache berechtigt, er darf
1037 sie aber nicht umgestalten oder wesentlich verändern und hat für die
1041 Erhaltung derselben in ihrem wirthschaftlichen Bestande zu sorgen. Er darf somit z. B. einen Wald nicht einfach umhauen oder ein Bergwerk nicht übermäßig ausbauen.

Ausbesserungen und Erneuerungen liegen ihm nur insoweit ob, als
1047 sie zu der gewöhnlichen Unterhaltung der Sache gehören. Der Nießbraucher hat die auf der Sache ruhenden gewöhnlichen öffentlichen Lasten und die Zinsen und Renten der schon bei der Bestellung des Nießbrauchs vorhandenen Hypothekenforderungen, Grundschulden und Rentenschulden zu tragen, ebenso die üblichen Brandschaden- und sonstigen Versicherungs-Beiträge.

1055 Nach Beendigung des Nießbrauchs ist die Sache zurückzugeben.

1053 Dem Eigenthümer einer mit einem Nießbrauch belasteten Sache steht zu seinem Schutze gegen den Nießbraucher nach erfolgloser Abmahnung die Klage auf Unterlassung eines unbefugten Gebrauchs und bei er-
1054 heblicher Verletzung selbst der Antrag auf Anordnung eines gerichtlichen Verwalters zu.

1057 Ersatzansprüche des Eigenthümers wegen Verschlechterungen und Ersatzansprüche des Nießbrauchers wegen der ihm nicht selbst obliegenden Verwendungen verjähren in 6 Monaten.

1059 Der Nießbrauch ist nicht übertragbar, seine Ausübung kann aber einem Anderen, z. B. einem Pächter oder Miether, überlassen werden.

1061 Der Nießbrauch erlischt mit dem Tode des Nießbrauchers oder durch
1063 Rechtsgeschäft oder endlich an einer beweglichen Sache, wenn er mit dem Eigenthum in derselben Person zusammentrifft. Der Nießbraucher kann das ihm zustehende Nutzungsrecht durch Klage auf Besitz-
1065 überlassung erzwingen, gegen Beeinträchtigungen aber sich durch Klage nach 1004 schützen.

1067 Sind verbrauchbare Sachen (92) Gegenstand des Nießbrauchs, so wird der Nießbraucher Eigenthümer der Sachen, er hat aber den Werth derselben nach Beendigung des Nießbrauchs zu ersetzen.

II. Nießbrauch an Rechten.

1068 Gegenstand des Nießbrauchs kann auch ein übertragbares Recht sein, insbesondere eine Forderung (eine Leibrente, ein Auszug), ferner eine Grund- oder Rentenschuld, ein Inhaber-Papier, ein Gesellschaftsantheil u. a. Im Allgemeinen finden hierauf die Vorschriften über den Nießbrauch an Sachen entsprechende Anwendung. Die Bestellung 1069 eines solchen Nießbrauchs erfolgt nach den für die Uebertragung des Rechts selbst geltenden Grundsätzen.

Ein dem Nießbrauch unterliegendes Recht kann durch Rechtsgeschäft 1071 nur mit Zustimmung des Nießbrauchers aufgehoben werden.

Ist eine auf Zinsen ausstehende Forderung Gegenstand des Nießbrauchs, so bezieht der Nießbraucher die Zinsen. Weder der Gläubiger 1077 einer solchen Forderung noch der Nießbraucher kann für sich allein das Kapital kündigen; die Zahlung kann nur an Beide gemeinschaftlich geschehen. Das zurückbezahlte Kapital muß wieder verzinslich angelegt und dem Nießbraucher hieran der Nießbrauch bestellt werden.

Ist ein Inhaberpapier oder ein Orderpapier, das mit Blanko- 1081 indossament versehen ist, Gegenstand des Nießbrauchs, so steht der Besitz des Papiers und des zu dem Papiere gehörenden Erneuerungsscheins dem Nießbraucher und dem Eigenthümer gemeinschaftlich zu. Der Besitz der zu dem Papiere gehörenden Zins-, Renten- oder Gewinnantheilscheine steht dem Nießbraucher zu.

Zur Bestellung des Nießbrauchs genügt an Stelle der Uebergabe des Papiers die Einräumung des Mitbesitzes.

III. Nießbrauch an einem Vermögen.

Der Nießbrauch an einem ganzen Vermögen, z. B. an einer ganzen 1085 Erbschaft als solcher, wird als Nießbrauch an den einzelnen zu dem Vermögen gehörenden Gegenständen (Sachen und Rechten) aufgefaßt und nicht als Nießbrauch an einer Gesammtheit und dementsprechend im Einzelnen verschieden behandelt.

Die Gläubiger des Bestellers eines solchen Nießbrauchs können, 1086 soweit ihre Forderungen vor der Bestellung entstanden sind, ohne Rücksicht auf den Nießbrauch Befriedigung aus den dem Nießbrauch unterliegenden Gegenständen verlangen. Es bedarf für sie demnach keiner Anfechtung der Bestellung des Nießbrauchs. Das Nähere hierüber siehe §§ 737, 738 Civ.-Proz.-Ord.

III. Titel. Beschränkte persönliche Dienstbarkeiten.

Ein Grundstück kann in der Weise belastet werden, daß derjenige, 1090 zu dessen Gunsten die Belastung erfolgt, berechtigt ist, das Grundstück in einzelnen Beziehungen zu benützen. Eine solche Last, beschränkte persönliche Dienstbarkeit genannt, unterscheidet sich von den Grunddienstbarkeiten nur dadurch, daß sie nicht zu Gunsten eines herrschenden Grundstücks (dessen jeweiligen Eigenthümer), sondern zu Gunsten einer bestimmten Person besteht. Dieselbe ist nicht übertragbar und kann daher auch nur nach Maßgabe des § 857 Abs. 3, 4 Civ.-Proz.-Ord. gepfändet werden. (Dem A. ist das dingliche Recht

eingeräumt, das zu seinem Gewerbe erforderliche Wasser aus dem
1093 Brunnen des B. zu holen.) Auch Wohnungsrechte zählen hierher. Auf diese finden im Wesentlichen die für den Nießbrauch geltenden Vorschriften entsprechende Anwendung. Der Wohnungsberechtigte ist befugt, seine Familie sowie die zur standesgemäßen Bedienung und zur Pflege erforderlichen Personen in die Wohnung aufzunehmen. Zur Vermiethung ist er in der Regel nicht berechtigt.

VI. Abschnitt. Vorkaufsrecht.

1094 Wird das Seite 43 gedachte Vorkaufsrecht hinsichtlich eines Grundstücks bestimmt und im Grundbuche eingetragen, so wird dasselbe dadurch zur dinglichen Last.

1098 Das Rechtsverhältniß zwischen dem Berechtigten und dem Verpflichteten ist dasselbe wie beim persönlichen Vorkaufsrechte. 504 u. f.

VII. Abschnitt. Reallasten.

Reallasten sind entweder öffentlich rechtliche, wie Steuern und sonstige öffentliche Abgaben, die alle der Eintragung in das Grundbuch nicht bedürfen oder aber privatrechtliche, deren Eintragung in der Regel geboten ist.

Nur von letzteren ist im bürgerl. Ges.-B. die Rede.

1105 Ein Grundstück kann in der Weise belastet werden, daß an eine bestimmte Person oder an den jeweiligen Eigenthümer eines anderen Grundstücks wiederkehrende Leistungen aus dem Grundstücke zu entrichten sind.

Die vielen Reallasten früherer Zeit sind durch Ablösung beseitigt und fällt jetzt eigentlich nur noch das Altentheil, der Altsitz, die Leibzucht und das Leibgeding unter diesen Begriff; ferner der in einigen Gegenden zulässige Rentenkauf.

1108 Für die während der Dauer seines Eigenthums fällig werdenden Leistungen haftet der Eigenthümer nicht nur mit dem Grundstücke, sondern auch persönlich, soweit nicht ein Anderes bestimmt ist.

VIII. Abschnitt. Hypothek. Grundschuld. Rentenschuld.

Unter Pfandrecht im weiteren Sinne versteht man ein dingliches Recht an einer Sache oder an einem Rechte, vermöge dessen die (verpfändete) Sache dem Berechtigten (dem Pfandgläubiger) für die Befriedigung einer Forderung haftet. Die Befriedigung erfolgt nöthigen Falles aus dem im Wege der Zwangsvollstreckung zu erzielenden Ertrag oder Erlöse der Sache. Während nun die Verpfändung beweglicher Sachen durch deren Uebergabe (1205) bewirkt wird, erfolgt die Verpfändung von Grundstücken zur Sicherheit einer Forderung durch Hypothek.

I. Titel. Hypothek.

Nach dem Gesagten bezeichnet man als Hypothek die Belastung eines Grundstücks in der Weise, daß an denjenigen, zu dessen Gunsten die Belastung erfolgt, eine bestimmte Geldsumme zur Befriedigung wegen einer ihm zustehenden Forderung aus dem Grundstücke zu zahlen ist, z. B. wegen eines Darlehens oder wegen eines gestundeten Kaufpreises. Neben dem persönlichen Schuldner haftet dem Gläubiger auch das verpfändete Grundstück ohne Rücksicht auf dessen jeweiligen Eigenthümer. Letzterer braucht aber, sofern er nicht zugleich der persönliche Schuldner ist, nur mit dem verpfändeten Grundstücke für die Forderung einzustehen. Eine Klage gegen ihn kann daher nicht auf Zahlung der Forderung, sondern nur auf Herausgabe des verpfändeten Grundstücks zur Zwangsversteigerung zwecks Befriedigung des Gläubigers gerichtet werden. Zur Begründung einer Hypothek ist eine Einigung des Eigenthümers mit dem Gläubiger und die Eintragung im Grundbuche erforderlich (Seite 72, 73, 74). Selbstverständlich fällt die Einigung weg bei Hypotheken, die im Zwangsvollstreckungsverfahren eingetragen werden (§§ 866, 867, 868 Civ.-Proz.-Ord.). **1113**

Bei der Eintragung der Hypothek müssen der Gläubiger, der Geldbetrag der Forderung und, wenn die Forderung verzinslich ist, der Zinssatz, wenn andere Nebenleistungen zu entrichten sind, ihr Geldbetrag im Grundbuch angegeben werden; im Uebrigen kann zur Bezeichnung der Forderung auf die Eintragungsbewilligung Bezug genommen werden. Bei der Eintragung der Hypothek für ein Darlehen einer Kreditanstalt, deren Satzung von der zuständigen Behörde öffentlich bekannt gemacht worden ist, genügt zur Bezeichnung der außer den Zinsen satzungsgemäß zu entrichtenden Nebenleistungen die Bezugnahme auf die Satzung. **1115**

Ueber die Hypothek wird dem Eigenthümer des Grundstücks ein Hypothekenbrief*) ertheilt (sog. Briefhypothek). Doch kann die Ertheilung des Briefes bei der Bestellung der Hypothek oder selbst später ausgeschlossen werden (sog. Buchhypothek). Zur Ausschließung ist die Einigung des Gläubigers und des Eigenthümers, sowie die Ein- **1116**

---

*) Die formellen Vorschriften bezüglich der Hypothekenbriefe giebt die Grundbuch-Ordnung vom 24. März 1897 (R.-G.-Bl. S. 139), wie folgt:

§ 56. Der Hypothekenbrief wird von dem Grundbuchamt ertheilt. Er muß die Bezeichnung als Hypothekenbrief enthalten, den Geldbetrag der Hypothek und das belastete Grundstück bezeichnen, sowie mit Unterschrift und Siegel versehen sein.

§ 57. Der Hypothekenbrief soll die Nummer des Grundbuchblatts angeben und einen Auszug aus dem Grundbuch enthalten.

tragung in das Grundbuch — daß die Ertheilung eines Hypothekenbriefes ausgeschlossen sei — erforderlich. Die Ausschließung der Ertheilung des Briefes kann gleichfalls durch Einigung von Gläubiger und Eigenthümer und die Eintragung im Grundbuche aufgehoben werden, worauf nachträgliche Ertheilung eines Hypothekenbriefes zu erfolgen hat.

1117 Bei der Briefhypothek erwirbt der Gläubiger die Hypothek erst, wenn ihm der Brief von dem Eigenthümer des Grundstücks übergeben wird.

Die Uebergabe des Briefes kann durch die Vereinbarung ersetzt werden, daß der Gläubiger berechtigt sein soll, sich den Brief von dem Grundbuchamte aushändigen zu lassen.

Mit dem Briefe ist das Recht aus der Hypothek in der Art verbunden, daß die Geltendmachung der Hypothek durch die Vorlegung des Briefes bedingt ist (1160—1162) und die Uebertragung des Rechtes durch die Uebergabe des Briefes vermittelt wird (1154).

Die Briefhypothek bildet die Regel, denn sie erleichtert den Hypothekenverkehr. Sie bietet dem Besteller stärkeren Schutz gegen die Gefahr, daß der Gläubiger die Hypothek vor Zahlung des Gegenwerthes oder nach Rückzahlung desselben an einen durch den öffentlichen Glauben des Grundbuchs geschützten Dritten abtritt und dem Besteller auf diese Weise die bezüglichen Einwendungen abschneidet. Nur bei der Brief-

---

In den Auszug sollen aufgenommen werden:

1. die Bezeichnung des Grundstücks nach dem Inhalte des Grundbuchs;
2. die Bezeichnung des Eigenthümers;
3. der Inhalt der die Hypothek betreffenden Eintragungen und, soweit zur Ergänzung einer Eintragung auf eine Urkunde Bezug genommen ist, auch der Inhalt dieser Urkunde; im Falle des § 1115 Abs. 2 des B. G.-B. braucht der Inhalt der Satzung nicht aufgenommen zu werden;
4. die kurze Bezeichnung des Inhalts der Eintragungen, welche der Hypothek im Range vorgehen oder gleichstehen. Der Auszug ist auf Antrag zu ergänzen, wenn sich der Inhalt des Grundbuchs ändert.

§ 58. Ist eine Urkunde über die Forderung, für welche eine Hypothek besteht, ausgestellt, so soll die Urkunde mit dem Hypothekenbriefe verbunden werden. Erstreckt sich der Inhalt der Urkunde auch auf andere Angelegenheiten, so genügt es, wenn ein öffentlich beglaubigter Auszug aus der Urkunde mit dem Hypothekenbriefe verbunden wird.

In den Fällen des Abs. 1 unterbleibt die im § 57 Abs. 2 Nr. 3 vorgesehene Aufnahme des Inhalts der Urkunde in den Hypothekenbrief.

Zum Nachweise, daß eine Schuldurkunde nicht ausgestellt ist, genügt eine darauf gerichtete Erklärung des Eigenthümers.

§ 59. Ueber eine Gesammthypothek soll nur ein Hypothekenbrief ertheilt werden.

Sind die belasteten Grundstücke in den Bezirken verschiedener Grundbuchämter belegen, so soll jedes Amt für die Grundstücke seines Bezirks einen besonderen Brief ertheilen; die Briefe sind mit einander zu verbinden.

§ 60. Der Hypothekenbrief ist dem Eigenthümer des Grundstücks, im Falle der nachträglichen Ertheilung dem Gläubiger auszuhändigen.

Auf eine abweichende Bestimmung des Eigenthümers oder des Gläubigers findet die Vorschrift des § 29 Satz 1 entsprechende Anwendung.

hypothek ist eine Uebertragung Zug um Zug gegen Zahlung des Gegenwerthes möglich, z. B. wenn die Hypothek für ein Darlehen bestellt wird. (Vergl. auch 1138, 1144, 1145, 1154.) Eine **Buchhypothek** dagegen, welche der Gläubiger mit der Eintragung erwirbt, erspart diesem die Aufbewahrung der Urkunde und die mit dem Verluste derselben verbundenen Unzuträglichkeiten. Auch gewährt sie ihm die Sicherheit, daß er von der Einleitung einer Zwangsversteigerung Nachricht erhält.

Im Uebrigen sind beide Formen der Hypothek ganz gleichwerthig.

Ein zu der Zeit, zu welcher das Grundbuch als angelegt anzusehen ist, an einem Grundstücke bestehendes Pfandrecht gilt von dieser Zeit an als eine Hypothek, für welche die Ertheilung des Hypothekenbriefs ausgeschlossen ist. Ist der Betrag der Forderung, für die das Pfandrecht besteht, nicht bestimmt, so gilt das Pfandrecht als Sicherungshypothek. Art. 192 Einf.-Ges. Durch Landesgesetz kann bestimmt werden, daß ein Pfandrecht, welches nach Art. 192 nicht als Sicherungshypothek gilt, als Sicherungshypothek oder als eine Hypothek gelten soll, für welche die Ertheilung des Hypothekenbriefes nicht ausgeschlossen ist, und daß eine über das Pfandrecht ertheilte Urkunde als Hypothekenbrief gelten soll. Art. 193 Einf.-Ges.

---

§ 61. Ein Theilhypothekenbrief kann von dem Grundbuchamt, einem Gericht oder einem Notar hergestellt werden. Der Theilhypothekenbrief muß die Bezeichnung als Theilhypothekenbrief, sowie eine beglaubigte Abschrift der im § 56 Satz 2 vorgesehenen Angaben des bisherigen Briefes enthalten, den Theilbetrag der Hypothek, auf den er sich bezieht, bezeichnen, sowie mit Unterschrift und Siegel versehen sein. Er soll außerdem eine beglaubigte Abschrift der sonstigen Angaben des bisherigen Briefes und der auf diesem befindlichen Vermerke enthalten. Eine mit dem bisherigen Briefe verbundene Schuldurkunde soll in beglaubigter Abschrift mit dem Theilhypothekenbriefe verbunden werden. Die Herstellung des Theilhypothekenbriefs soll auf dem bisherigen Briefe vermerkt werden.

§ 62. Eintragungen, die bei der Hypothek erfolgen, sind von dem Grundbuchamt auf dem Hypothekenbriefe zu vermerken; der Vermerk ist mit Unterschrift und Siegel zu versehen. In den Fällen des § 54 Abs. 1 hat das Grundbuchamt den Besitzer des Briefes zur Vorlegung anzuhalten. In gleicher Weise hat es, wenn in den Fällen des § 42 Abs. 1 Satz 2 und des § 54 Abs. 2 der Brief nicht vorgelegt ist, zu verfahren, um nachträglich den Widerspruch auf dem Briefe zu vermerken.

§ 63. Wird nach der Ertheilung eines Hypothekenbriefs mit der Hypothek noch ein anderes, in dem Bezirke desselben Grundbuchamts belegenes Grundstück belastet, so ist, sofern nicht die Ertheilung eines neuen Briefes über die Gesammthypothek beantragt wird, die Mitbelastung auf dem bisherigen Briefe zu vermerken und zugleich der Inhalt des Briefes in Ansehung des anderen Grundstücks nach § 57 zu ergänzen.

§ 64. Im Falle der Vertheilung einer Gesammthypothek auf die einzelnen Grundstücke ist für jedes Grundstück ein neuer Brief zu ertheilen.

1118 Kraft der Hypothek haftet das Grundstück auch für die gesetzlichen Zinsen der Forderung, insbesondere für die Verzugszinsen, die aus dem Grundbuche nicht, wie die eingetragenen rechtsgeschäftlichen Zinsen, ersichtlich sind; ferner für die Kosten der Kündigung und der die Befriedigung aus dem Grundstücke bezweckenden Rechtsverfolgung, wie Einklagung, Zwangsvollstreckung u. a. Selbstverständlich haftet für vertragsmäßige Zinsen das Grundstück nur, wenn diese mit eingetragen sind. (Aeltere als vierjährige Zinsen unterliegen übrigens der Verjährung. — 197.)

1119 Ist die Forderung unverzinslich oder zu einem niedrigeren Zinssatz als fünf vom Hundert eingetragen, so kann ohne Zustimmung der im Range gleich- oder nachstehenden Gläubiger ein Zinssatz bis zu fünf vom Hundert nachträglich bestimmt und eingetragen werden.

Die Hypothek erstreckt sich auf den ganzen Grundstückskörper in seinem jeweiligen Bestande (vergl. auch 94), sowie ferner:

1120 a) auf die von dem Grundstücke getrennten Erzeugnisse und sonstigen Bestandtheile, sowie das Zubehör, sofern diese Theile zur Zeit der Beschlagnahme sich noch im Eigenthum des Grundstückseigenthümers befinden und von dem Grundstücke noch nicht entfernt sind, nach Maßgabe der Bestimmungen 1120—1122;

1123 b) auf die etwa aus dem Grundstücke erwachsenen Mieth- und Pachtzinsforderungen nach Maßgabe der Bestimmungen 1123—1125;

---

§ 65. Tritt nach § 1177 Abs. 1 oder nach § 1198 des B. G.-B. eine Grundschuld oder eine Rentenschuld an die Stelle der Hypothek, so ist, sofern nicht die Ertheilung eines neuen Briefes beantragt wird, die Eintragung der Rechtsänderung auf dem bisherigen Briefe zu vermerken und eine mit dem Briefe verbundene Schuldurkunde abzutrennen.

Das Gleiche gilt, wenn nach § 1180 des B. G.-B. an die Stelle der Forderung, für welche eine Hypothek besteht, eine andere Forderung gesetzt wird.

§ 66. Stehen einem Gläubiger mehrere Hypotheken zu, die gleichen Rang haben oder im Range unmittelbar auf einander folgen, so ist ihm auf seinen Antrag mit Zustimmung des Eigenthümers über die mehreren Hypotheken ein Hypothekenbrief in der Weise zu ertheilen, daß der Brief die sämmtlichen Hypotheken umfaßt.

§ 67. Einem Antrage des Berechtigten auf Ertheilung eines neuen Briefes ist stattzugeben, wenn der bisherige Brief oder in den Fällen der §§ 1162, 1170, 1171 des B. G.-B. das Ausschlußurtheil vorgelegt wird.

§ 68. Wird ein neuer Brief ertheilt, so hat er die Angabe zu enthalten, daß er an die Stelle des bisherigen Briefes tritt.

Vermerke, die nach den §§ 1140, 1145, 1157 des B. G.-B. für das Rechtsverhältniß zwischen dem Eigenthümer und dem Gläubiger in Betracht kommen, sind auf den neuen Brief zu übertragen.

Die Ertheilung des Briefes ist im Grundbuche zu vermerken.

§ 69. Wird eine Hypothek gelöscht, so ist der Brief unbrauchbar zu machen; das Gleiche gilt, wenn die Ertheilung des Briefes über eine Hypothek nachträglich ausgeschlossen oder an Stelle des bisherigen Briefes ein neuer Hypothekenbrief, ein Grundschuldbrief oder ein Rentenschuldbrief ertheilt wird. Eine mit dem bisherigen Briefe verbundene Schuldurkunde ist abzutrennen und, sofern sie nicht mit dem neuen Hypothekenbriefe zu verbinden ist, zurückzugeben.

c) auf etwaige Ansprüche auf wiederkehrende Leistungen nach der näheren Bestimmung in 1126; 1126

d) auf die Forderungen aus der Versicherung von Gegenständen, welche dem Gläubiger kraft der Hypothek haften, sofern der versicherte Gegenstand nicht wieder hergestellt oder nicht Ersatz für ihn beschafft ist, nach den Bestimmungen in 1127—1130; 1127

e) auf Grundstücke, die dem mit der Hypothek belasteten zugeschrieben werden. 1131

Ist ein Gebäude versichert, so kann die Versicherungsanstalt die Versicherungssumme mit Wirkung gegen den Hypothekengläubiger an den Versicherten erst nach Ablauf eines Monats von der an den Hypothekengläubiger zu machenden Anzeige des Schadens zahlen. Der Hypothekengläubiger kann bis zum Ablaufe der Frist der Zahlung widersprechen. Die Haftung für die Hypothek setzt in den vorgedachten Fällen unter a. b. c. und d. eine rechtzeitige Beschlagnahme voraus, zu d. jedoch nicht bei Gebäudeversicherungen. 1128

Besteht für die Forderung eine Hypothek an mehreren Grundstücken (Gesammthypothek), so haftet jedes Grundstück für die ganze Forderung. Der Gläubiger kann die Befriedigung nach seinem Belieben aus jedem der Grundstücke ganz oder zu einem Theile suchen. Auf die Interessen der ihm nachstehenden Gläubiger braucht er keine Rücksicht zu nehmen. Vergl. auch 1182. 1132

Bei einer Gefährdung der Sicherheit der Hypothek durch Verschlechterung des Grundstücks oder des Zubehörs kann der Gläubiger eine angemessene Frist zur Beseitigung der Gefährdung bestimmen und nach fruchtlosem Ablauf dieser Frist sofort auf Befriedigung seiner Forderung klagen und den Zwangsverkauf des Grundstücks beantragen. 1133

Wirkt der Eigenthümer oder ein Dritter in einer der Hypothekensicherheit bedrohenden Weise auf das Grundstück ein, so kann der Gläubiger auf Unterlassung klagen. Geht die gefährdende Einwirkung von dem Eigenthümer aus, oder unterläßt dieser die erforderlichen Abwehr- und Schutzvorkehrungen, so hat das Gericht auf Antrag des Gläubigers die zur Abwendung der Gefährdung erforderlichen Maßregeln im Wege der einstweiligen Verfügung anzuordnen. 1134

Eine Verschlechterung des Grundstücks liegt auch vor, wenn die mitverhafteten Zubehörstücke verschlechtert oder den Regeln einer ordnungsmäßigen Wirthschaft zuwider von dem Grundstücke entfernt werden, wenn also z. B. die Fabrik- oder Hotel-Einrichtung entfernt oder das zum Betriebe des Landguts erforderliche Vieh verkauft wird. 1135

Die Vereinbarung einer Verpflichtung des Eigenthümers, das Grundstück nicht zu veräußern oder nicht weiter zu belasten, ist nichtig. 1136

Eine Hypothek ist gültig, auch wenn die Forderung, für welche sie bestellt ist, nicht zur Entstehung gelangt, aber sie steht in diesem Falle nicht dem eingetragenen Gläubiger, sondern dem Eigenthümer zu. (Siehe 1163 unter a.) Während nun über eine Briefhypothek der Gläubiger erst mit der Uebergabe des Briefes die Verfügungsbefugniß erhält und der Eigenthümer nach 1117 in der Lage ist, dem Gläubiger die Hypothek nur Zug um Zug gegen Zahlung des Darlehens zu verschaffen, kann der Gläubiger über die Buchhypothek schon unmittelbar nach der Eintragung verfügen und diese möglicherweise schon an einen gutgläubigen Dritten abtreten, ehe er die Darlehensvaluta gezahlt hat.
1139 Um den Eigenthümer hiergegen zu schützen, gestattet das Gesetz bei Darlehen innerhalb eines Monats von der Eintragung der Hypothek ab die Eintragung eines Widerspruchs — einer Vormerkung — daß die Hingabe des Darlehens unterblieben sei, und zwar auf den einseitigen Antrag des Eigenthümers an das Grundbuchamt. Wird der Widerspruch innerhalb des Monats eingetragen, so hat er die gleiche Wirkung, wie wenn er mit der Hypothek zugleich eingetragen worden wäre. Der Eigenthümer kann sodann zur Beseitigung eines derartigen Hypotheken-Eintrages einen Verzicht des eingetragenen Gläubigers verlangen.

1141 Die Kündigung einer Hypothekenforderung hat vom Gläubiger an den eingetragenen Eigenthümer oder umgekehrt zu erfolgen. Es genügt die Kündigung des oder an den persönlichen Schuldner, falls dieser nicht gleichzeitig der Eigenthümer sein sollte, somit nicht zur Geltendmachung der Hypothek.

Hat der Eigenthümer im Inlande keinen Wohnsitz oder ist er nach Person oder Aufenthalt unbekannt, so hat ihm das Amtsgericht, in dessen Bezirk das Grundstück liegt, auf Antrag des Gläubigers einen Vertreter zu bestellen, dem gegenüber sodann die Kündigung des Gläubigers erfolgen kann.

1143 Ist der Eigenthümer nicht der persönliche Schuldner, so geht, soweit er den Gläubiger befriedigt, die Forderung gegen den persönlichen Schuldner auf ihn über. Er kann gegen volle Befriedigung
1144 des Gläubigers die Aushändigung des Hypothekenbriefes und der sonstigen Urkunden Zug um Zug verlangen, die er bedarf, um über die Post verfügen, dieselbe auf seinen Namen umschreiben oder löschen lassen zu können.

1145 Bei einer nur theilweisen Befriedigung (z. B. bei Zahlung von Jahresraten eines Hauskaufpreises) kann der Eigenthümer anstatt der Aushändigung des Briefes nur verlangen, daß der Gläubiger die theilweise Befriedigung auf dem Briefe vermerke und den Brief zum Zwecke der Berichtigung des Grundbuchs oder der Theillöschung dem Grundbuchamte oder zur Herstellung eines Theilhypothekenbriefes der zuständigen Behörde vorlege.

Die (zwangsweise) Befriedigung des Gläubigers aus dem Grundstück erfolgt im Wege der Zwangsvollstreckung nach Maßgabe des Reichsgesetzes über die Zwangsversteigerung und die Zwangsverwaltung vom 24. März 1897 (R.=G.=Bl. S. 97). Die Zwangsversteigerung setzt einen vollstreckbaren Titel voraus. **1147**

Zur Verhütung wucherischer Ausbeutung ist es dem Gläubiger nicht gestattet, in der Zeit vor Fälligkeit seiner Forderung mit dem Eigenthümer eine Vereinbarung dahin zu treffen, daß das Eigenthum für den Fall nicht rechtzeitiger Befriedigung des Gläubigers zum Zwecke der Befriedigung auf ihn übertragen oder die Veräußerung des Grundstücks auf andere Weise als im Wege der gerichtlichen Zwangsvollstreckung bewirkt werden solle. **1149**

Wird die Forderung getheilt, so ist zur Aenderung des Rangverhältnisses der Theilhypotheken unter einander die Zustimmung des Eigenthümers nicht erforderlich. **1151**

Im Falle einer Theilung der Forderung kann bei Briefhypotheken ohne Zustimmung des Grundstückseigenthümers für jeden Theil ein Theilhypothekenbrief hergestellt werden. Der Theilhypothekenbrief tritt für den betreffenden Theil an die Stelle des bisherigen Briefes. **1152**

Eine Hypothekenforderung kann durch Rechtsgeschäft oder im Zwangsvollstreckungsverfahren auf einen Anderen übertragen werden. Mit der Uebertragung der Forderung geht die Hypothek auf den neuen Gläubiger über. Die Forderung kann nicht ohne die Hypothek, die Hypothek nicht ohne die Forderung übertragen werden. **1153**

Zur Abtretung der Hypothekenforderung ist Ertheilung der Abtretungserklärung (Cession) des Gläubigers in schriftlicher Form, oder auf Verlangen des neuen Gläubigers — auf des ersteren Kosten — in öffentlich beglaubigter Form, sowie die Uebergabe des Hypothekenbriefs erforderlich. Der neue Gläubiger erwirbt die Hypothek erst durch Empfang des Briefes. Die schriftliche Form der Abtretungserklärung kann dadurch ersetzt werden, daß die Abtretung in das Grundbuch eingetragen wird. **1154**

Bei einer Buchhypothek ist die Eintragung in das Grundbuch stets und unbedingt erforderlich.

Der Geltendmachung einer Briefhypothek kann widersprochen werden, wenn der Gläubiger nicht den Brief vorlegt; ist der Gläubiger nicht im Grundbuch eingetragen, so sind auch die öffentlich beglaubigten Abtretungs=Urkunden, gerichtlicher Ueberweisungsbeschluß, Erbeslegitimation u. s. w. zum Nachweise seiner Berechtigung mit vorzulegen. Auch eine Kündigung oder Mahnung ist ohne diese Papiere unwirksam, wenn der Eigenthümer die Mahnung aus diesem Grunde unverzüglich zurückweist. **1160**

Die Kündigung einer Buchhypothek bedarf natürlich derartiger Nachweise nicht weiter.

1162 Ist der Hypothekenbrief abhanden gekommen oder vernichtet, so kann er im Wege des Aufgebotsverfahrens für kraftlos erklärt werden.

Eine Hypothek — jedoch ohne die Forderung — gebührt dem Eigenthümer des Grundstücks selbst, bezw. geht auf ihn über in folgenden Fällen

1163 a) wenn die Forderung überhaupt nicht zur Entstehung gelangt (das in Aussicht gestellte Darlehen ist nicht gegeben u. s. w.);

b) wenn die Forderung erlischt (z. B. durch Tilgung Seitens des Eigenthümers, der zugleich persönlicher Schuldner ist);

c) bei Briefhypotheken, so lange der Brief nicht dem Gläubiger übergeben ist;

1168 d) wenn der Gläubiger auf die Hypothek verzichtet und dies in das Grundbuch eingetragen wird (z. B. wegen anderweiter Sicherheit);

1170 e) wenn der Gläubiger als unbekannt im Wege des Aufgebotsverfahrens mit seinem Rechte ausgeschlossen ist.

1177 Eine solche Hypothek, *Eigenthümerhypothek* genannt, hat die Natur einer Grundschuld, der Eigenthümer kann dieselbe, sofern er sie nicht löschen lassen will,[1] in eine Grundschuld umschreiben lassen und so bei einem neuen Gläubiger verwerthen. (Durch eine anderweite Ausnützung der Hypothek wird das Vorrücken der nachfolgenden Hypotheken, die doch eigentlich keinen Anspruch auf die erhöhte Sicherheit haben, verhindert.) Der Inhaber einer Eigenthümerhypothek kann aber nie selbst die Zwangsvollstreckung zum Zwecke seiner Befriedigung betreiben.

In den Fällen dagegen, in welchen die der Hypothek zu Grunde liegende Forderung trotz Befriedigung des Gläubigers bestehen bleibt und nur auf den übergeht, der die Zahlung geleistet hat, also bei der Befriedigung

a) durch einen Gesammtschuldner, der von den übrigen Schuldnern Ausgleichung verlangen kann (426 Abs. 2),

b) durch einen Bürgen (774),

c) durch den Eigenthümer, der nicht persönlicher Schuldner ist (1143),

d) durch eine sonst berechtigte Person

tritt die Grundschuldnatur nicht ein; doch kann die Hypothek, sofern sie nicht gelöscht werden soll, *als solche* weiter übertragen werden.

1164 Befriedigt der persönliche Schuldner den Gläubiger, so geht die Hypothek insoweit auf ihn über, als er von dem Eigenthümer oder einem Rechtsvorgänger des Eigenthümers Ersatz verlangen kann. Es hat z. B. der A. ein Grundstück an B. verkauft. Auf dem Grundstück ruht eine Hypothek von 3000 Mk., die der B. in Anrechnung auf den Kaufpreis mitübernommen hat. Er zahlt die Hypothek jedoch nach der Fälligkeit nicht ab, so daß A. in Folge dessen gerichtlich belangt wird und nun A. die Tilgung bewirkt. A. erlangt dadurch einen Ersatzanspruch an den B., für welchen die gedachte Hypothek ihm haftet.

Der Befriedigung des Gläubigers steht es gleich, wenn sich Forderung und Schuld in einer Person vereinigen, z. B. wenn der Gläubiger den Schuldner oder umgekehrt der Schuldner den Gläubiger beerbt.

Verzichtet der Gläubiger auf die Hypothek oder hebt er sie nach **1165** 1183 auf oder räumt er einem anderen Rechte den Vorrang ein, so wird der persönliche Schuldner insoweit frei, als ihm durch ein solches Preisgeben der Hypothekensicherheit der Ersatzanspruch verloren gegangen ist.

Ist der persönliche Schuldner berechtigt, von dem Eigenthümer Er- **1166** satz zu verlangen, falls er den Gläubiger befriedigt, so kann er, wenn der Gläubiger die Zwangsversteigerung des Grundstücks betreibt, ohne ihn unverzüglich zu benachrichtigen, die Befriedigung des Gläubigers wegen eines Ausfalls bei der Zwangsversteigerung insoweit verweigern, als er in Folge der Unterlassung der Benachrichtigung einen Schaden erleidet. Die Benachrichtigung darf unterbleiben, wenn sie unthunlich ist.

Ist der Gläubiger unbekannt, so kann er im Wege des Aufgebots- **1170** verfahrens mit seinem Rechte ausgeschlossen werden, wenn seit der letzten sich auf die Hypothek beziehenden Eintragung in das Grundbuch zehn Jahre verstrichen sind und das Recht des Gläubigers nicht innerhalb dieser Frist von dem Eigenthümer in einer nach 208 zur Unterbrechung der Verjährung geeigneten Weise anerkannt worden ist. Besteht für die Forderung eine nach dem Kalender bestimmte Zahlungszeit, so beginnt die Frist nicht vor dem Ablaufe des Zahlungstages. Der Hypothekenbrief wird kraftlos.

Der unbekannte Gläubiger kann im Wege des Aufgebotsverfahrens **1171** mit seinem Rechte auch dann ausgeschlossen werden, wenn der Eigenthümer zur Befriedigung des Gläubigers oder zur Kündigung berechtigt ist und den Betrag der Forderung für den Gläubiger unter Verzicht auf das Recht zur Rücknahme hinterlegt. Die Hinterlegung von Zinsen ist nur erforderlich, wenn der Zinssatz im Grundbuch eingetragen ist; Zinsen für eine frühere Zeit als das vierte Kalenderjahr vor der Erlassung des Ausschlußurtheils sind nicht zu hinterlegen.

Mit der Erlassung des Ausschlußurtheils gilt der Gläubiger als befriedigt, sofern nicht nach den Vorschriften über die Hinterlegung die Befriedigung schon vorher eingetreten ist. Der dem Gläubiger ertheilte Hypothekenbrief wird kraftlos. Das Recht des Gläubigers auf den hinterlegten Betrag erlischt mit dem Ablaufe von dreißig Jahren nach der Erlassung des Ausschlußurtheils, wenn nicht der Gläubiger sich vorher bei der Hinterlegungsstelle meldet; der Hinterleger ist zur Rücknahme berechtigt, auch wenn er auf das Recht zur Rücknahme verzichtet hat.

1172 Eine Gesammthypothek wird beim Erlöschen der Forderung und
1175 beim Verzicht des Gläubigers auf die ganze Hypothek von allen Eigenthümern der belasteten Grundstücke gemeinschaftlich erworben.

1173 Befriedigt nur der Eigenthümer eines der mitverhafteten Grundstücke den Gläubiger, so erwirbt er die Hypothek nur an seinem Grundstücke, während sie an den übrigen erlischt. Kann er aber von dem Eigenthümer eines der anderen Grundstücke Ersatz verlangen, so geht in Höhe des Ersatzanspruchs auch die Hypothek an diesem Grundstücke auf ihn über.

1174 Befriedigt der persönliche Schuldner den Gläubiger, dem eine Gesammthypothek zusteht, so geht die Hypothek nur an demjenigen Grundstück auf den Schuldner über, gegen dessen Eigenthümer ihm ein Ersatzanspruch zusteht, die Hypothek an den übrigen Grundstücken erlischt.

1179 Wenn der Eigenthümer einem Hypothekengläubiger bei der Eintragung dessen Rechtes den ersten Rang zusichert und sich verpflichtet, die voreingetragenen Rechte sobald wie möglich löschen zu lassen, so kann sich der Hypothekengläubiger gegen eine Ausnutzung der voreingetragenen Hypotheken- und Grundschuld-Posten durch den Eigenthümer nach ihrer Zahlung dadurch mit Wirkung gegen jeden Erwerber des Grundstücks sichern, daß er eine Vormerkung zur Sicherung des Anspruchs auf Löschung in das Grundbuch eintragen läßt.

1180 An die Stelle der Forderung, für welche die Hypothek besteht, kann eine andere Forderung gesetzt werden (selbstverständlich nicht zu einem höheren Betrage als die bisherige). Zu der Aenderung ist die Einigung des Gläubigers und des Eigenthümers, sowie die Eintragung in das Grundbuch erforderlich. Soll dabei an die Stelle des bisherigen Gläubigers ein anderer treten, so bedarf es auch der Zustimmung des bisherigen Gläubigers.

1181 Wird der Gläubiger aus dem Grundstücke (durch Zwangsversteigerung oder Zwangsverwaltung) befriedigt, so erlischt die Hypothek (1147).

Erfolgt eine derartige Befriedigung aus einem der mit einer Gesammthypothek belasteten Grundstücke, so werden auch die übrigen
1182 Grundstücke frei. Soweit hiebei der Eigenthümer des Grundstücks, aus dem der Gläubiger befriedigt wird, von den Eigenthümern der mitverhafteten Grundstücke Ersatz verlangen kann, geht die Hypothek an diesen Grundstücken auf ihn über.

Zur Aufhebung der Hypothek durch Rechtsgeschäft ist die Zustimmung des Eigenthümers erforderlich. Die Zustimmung ist dem Grundbuchamt oder dem Gläubiger gegenüber zu erklären; sie ist unwiderruflich. 1183

Eine besondere Art der Hypothek ist die Sicherungshypothek, weil bei einer solchen das Recht des Gläubigers aus der Hypothek sich nur nach der Forderung bestimmt und der Gläubiger sich zum Beweise der Forderung, falls diese bestritten wird, nicht auf die Eintragung berufen kann, wie bei der gewöhnlichen Hypothek, bei welcher die eingetragene Forderung die Vermuthung ihres Bestehens für sich hat. Die Sicherungshypothek wird entweder 1184

a) für eine Forderung von bestimmter Höhe oder

b) als sog. Kautionshypothek nur unter Angabe des Höchstbetrages, bis zu dem das Grundstück haften soll (unter Vorbehalt der Feststellung der Forderung), eingetragen.

Beispiel zu a. Der Eigenthümer eines Gutes hat seinem Bruder für den Fall der Begründung eines eigenen Geschäfts einen Beitrag von 5000 Mk. zu leisten und diese Leistung hypothekarisch sicher zu stellen.

Beispiel zu b. Einem Kaufmann oder Bauunternehmer ist von einer Bank ein Kredit in laufender Rechnung bis zur Höhe von 10000 Mk. eröffnet; das aus diesem Conto-Current-Verhältniß der Bank erwachsende Guthaben soll hypothekarisch sicher gestellt werden.

Bei der Sicherungshypothek ist die Ertheilung eines Hypothekenbriefes ausgeschlossen. 1185

Eine Sicherungshypothek kann in eine gewöhnliche Hypothek, eine gewöhnliche in eine Sicherungshypothek umgewandelt werden. Die Zustimmung der im Range gleich- oder nachstehenden Berechtigten ist nicht erforderlich. 1186

Besondere Fälle der Sicherungshypothek sind die Hypotheken für die Forderungen aus Schuldverschreibungen auf den Inhaber, aus Wechseln oder anderen indossabelen Papieren und die Judikats-Hypotheken. (Civ.-Proz.-Ord. §§ 866, 867, 868.) 1187

Bei einer Kautionshypothek muß der Höchstbetrag, bis zu welchem das Grundstück haften soll, in das Grundbuch eingetragen werden. Ist die Forderung verzinslich, so werden die Zinsen in den Höchstbetrag eingerechnet. 1190

Eine Sicherungshypothek muß im Grundbuche als solche bezeichnet werden. Nur bei einer Kautionshypothek oder einer Sicherungshypothek für Forderungen aus einer Schuldverschreibung auf den Inhaber, aus einem Wechsel oder aus einem anderen indossabelen Papiere bleibt der Charakter als Sicherungshypothek auch dann gewahrt, wenn diese im Grundbuche nicht als solche bezeichnet sind.

II. Titel. Grundschuld. Rentenschuld.

I. Grundschuld.

1191 Ein Grundstück kann in der Weise belastet werden, daß an denjenigen, zu dessen Gunsten die Belastung erfolgt, eine bestimmte Geldsumme mit oder ohne Zinsen aus dem Grundstück zu zahlen ist (Grundschuld). Der Unterschied zwischen einer Hypothek und einer Grundschuld besteht darin, daß bei der Hypothek sich die persönliche Haftung durch die Forderung bestimmt, zu deren Sicherheit dieselbe bestellt ist, während bei der Grundschuld der Besteller nicht an sich persönlich haftet und der Berechtigte sich nur an das Grundstück halten kann; mit anderen Worten: bei der Hypothek dient das verpfändete Grundstück als Sicherheit für eine Forderung, während die Grundschuld die Verpflichtung eines Grundstücks darstellt, eine bestimmte Geldsumme aus demselben zu gewähren, ohne einen Schuldgrund erkennen zu lassen. Die Grundschuld ist somit ein selbstständiges Recht und hat keine Forderung zur Voraussetzung. Es kann zwar in manchen Fällen wohl eine Forderung zu Grunde liegen, aber deren Bestehen ist für das Grundschuldrecht ohne jede Bedeutung. Beim Eintrag in das Grundbuch kann daher auch kein Schuldgrund (wie Darlehen, Kaufgeld u. s. w.) angegeben werden und ebensowenig dem Grundschuldbrief eine Schuldurkunde angeheftet werden.*) Der Eigenthümer eines Grundstücks kann nie eine Hypothek für sich selbst eintragen lassen, weil das persönliche Schuldverhältniß fehlt, wohl dagegen eine Grundschuld.

Der Eigenthümer haftet bei der Grundschuld nur mit dem Grundstück, nicht auch mit seinem übrigen Vermögen.

Bei der Hypothek ist immer ein persönlicher Schuldner vorhanden, der außer mit dem verpfändeten Grundstücke auch mit seinem ganzen übrigen Vermögen für die Schuld verhaftet ist.

1192 Auf die Grundschuld finden die Vorschriften über die Hypothek entsprechende Anwendung, soweit sich nicht daraus ein Anderes ergiebt, daß die Grundschuld nicht eine Forderung voraussetzt. Für Zinsen der Grundschuld gelten die Vorschriften über die Zinsen einer Hypothekenforderung.

1193 Das Kapital der Grundschuld wird erst nach vorgängiger Kündigung fällig. Die Kündigung steht sowohl dem Eigenthümer als dem Gläubiger zu. Die Kündigungsfrist beträgt sechs Monate.

Abweichende Bestimmungen sind zulässig.

1196 Eine Grundschuld kann auch für den Eigenthümer selbst bestellt werden, sog. Eigenthümergrundschuld.

1197 Ist der Eigenthümer der Gläubiger, so kann er nicht die Zwangsvollstreckung zum Zwecke seiner Befriedigung betreiben.

---

*) Auf den Grundschuldbrief finden die für den Hypothekenbrief gegebenen Vorschriften der Grundbuch-Ordnung entsprechende Anwendung.

Zinsen gebühren dem Eigenthümer nur, wenn das Grundstück auf Antrag eines Anderen zum Zwecke der Zwangsverwaltung in Beschlag genommen ist, und nur für die Dauer der Zwangsverwaltung.

Eine Hypothek kann in eine Grundschuld, eine Grundschuld kann **1198**
in eine Hypothek umgewandelt werden. Die Zustimmung der im Range gleich- oder nachstehenden Berechtigten ist nicht erforderlich.

II. Rentenschuld.

Als eine Unterart der Grundschuld gilt es, wenn die Bestellung **1199**
einer solchen in der Weise geschieht, daß in regelmäßig wiederkehrenden Terminen eine bestimmte Geldsumme aus dem Grundstück zu zahlen ist. Rentenschuld. Bei deren Bestellung ist der Betrag, durch dessen Zahlung die Rentenschuld abgelöst werden kann — die Ablösungssumme — zu bestimmen und im Grundbuch anzugeben. Von der gewöhnlichen Grundschuld unterscheidet sich die Rentenschuld nur insofern, als der Gläubiger regelmäßig nur die Renten, dagegen die Ablösungssumme erst dann fordern kann, wenn der Eigenthümer von dem ihm zustehenden Ablösungsrechte Gebrauch macht oder wenn in Folge einer Verschlechterung des Grundstücks die Sicherheit der Rentenschuld gefährdet wird und der Eigenthümer auf Verlangen des Gläubigers die Gefährdung nicht beseitigt.

Im Uebrigen kann der Gläubiger die Ablösung nicht verlangen. **1201**

Der Eigenthümer kann das Ablösungsrecht erst nach vorausgegangener **1202**
Kündigung ausüben. Die Kündigungsfrist beträgt, wenn nicht ein Anderes bestimmt ist, 6 Monate.

Eine Rentenschuld kann in eine Grundschuld, oder umgekehrt, um- **1203**
gewandelt werden.

IX. Abschnitt. Pfandrecht an beweglichen Sachen und an Rechten.

Wie schon im Eingange zum vorigen Abschnitte dargethan, sind nicht nur Grundstücke, sondern auch bewegliche Sachen und Rechte verpfändbar.

I. Titel. Pfandrecht an beweglichen Sachen.

Die Begründung eines solchen Pfandrechtes ist in dreifacher Weise denkbar:

a) durch Rechtsgeschäft, z. B. das Versetzen eines Schmuckes im Leihhause;
b) durch Gesetz, z. B. das Pfandrecht des Vermiethers einer Wohnung oder eines Gastwirths an den eingebrachten Sachen (559. 704 u. a.);
c) durch Pfändung, z. B. durch den Gerichtsvollzieher.

Das letztere Pfandrecht ist anderweit, insbesondere durch die Civ.-Proz.-Ord. und die Konkursordnung geregelt, so daß hier nur die unter a und b gedachten in Betracht kommen. Für diese beiden finden die nachfolgenden Vorschriften Anwendung.

1204 Durch Rechtsgeschäft kann zur Sicherung einer Forderung eine bewegliche Sache in der Weise belastet werden, daß der Gläubiger berechtigt ist, nöthigenfalls Befriedigung aus der Sache zu suchen (*Pfandrecht*).

1205 Zur Bestellung eines solchen Pfandrechts ist erforderlich:

a) daß der Eigenthümer (Verpfänder) die Sache (das Pfand) dem Gläubiger (Pfandgläubiger) *übergiebt*;

b) daß beide die Absicht haben und sich *einigen*, dem Gläubiger soll das Pfandrecht zustehen. Ohne Uebergabe wird somit kein Pfandrecht begründet. Ist der Gläubiger schon vorher im Besitze der Sache, so genügt die Einigung. Die Uebergabe einer im mittelbaren Besitze (868) des Eigenthümers befindlichen Sache kann dadurch ersetzt werden, daß der Eigenthümer den mittelbaren Besitz auf den Pfandgläubiger überträgt und die Verpfändung dem Besitzer anzeigt, z. B. wenn sich das Pfand bei der Verpfändung in unmittelbarem Besitze eines Miethers befindet.

1206 An Stelle der Uebergabe des Pfandes genügt die Einräumung des Mitbesitzes an den Pfandgläubiger in der Weise, daß das Pfand unter doppelten Verschluß gelegt wird und der Gläubiger und der Eigenthümer je einen Schlüssel erhält oder, falls das Pfand im Besitze eines Dritten ist, die Herausgabe nur an den Eigenthümer und den Gläubiger *gemeinschaftlich* erfolgen kann.

1209 Wird eine Sache mehrfach verpfändet (Nachverpfändung), so ist für den *Rang* der Pfandrechte die Zeit der Bestellung maßgebend, und zwar selbst dann, wenn es sich um eine künftige oder eine bedingte Forderung handelt.

1210 Das Pfand haftet für die Forderung *in deren jeweiligem* Bestand, insbesondere auch für die Zinsen und Vertragsstrafen, sodann aber auch für Ersatzansprüche wegen Verwendungen auf die Sache, für die Kosten der Kündigung, der Rechtsverfolgung und des Pfandverkaufs.

1212 Das Pfandrecht erstreckt sich auf die *Erzeugnisse*, die von dem Pfande getrennt werden (99).

1213 Zum *Gebrauche* und *Bezug der Nutzungen* (100) ist der Pfandgläubiger nur befugt, wenn das Pfandrecht in dieser Weise bestellt wird. Ist eine von Natur fruchttragende Sache dem Pfandgläubiger zum Alleinbesitz übergeben, so ist im Zweifel anzunehmen, daß der Pfandgläubiger zum Fruchtbezuge berechtigt sein soll, z. B. zum Bezug der Milch der verpfändeten Kuh.

In diesen Fällen ist der Pfandgläubiger verpflichtet, für die Ge- 1214
winnung der Nutzungen zu sorgen und dieselben auf die Kosten und Zinsen und weiter auf die Schuld selbst anzurechnen.

Der Pfandgläubiger ist zur Verwahrung des Pfandes verpflichtet, 1215
dagegen auch zum Anspruch auf Ersatz der Aufwendungen nach den
Vorschriften 677 u. f. berechtigt. Verletzt und verschlechtert er das 1217
Pfand, so kann der Verpfänder nach erfolgloser Abmahnung Ablieferung des Pfandes an die Hinterlegungsstelle oder an einen gerichtlichen Verwahrer verlangen, wenn nicht Befriedigung des Gläubigers gegen Rückgabe des Pfandes vorgezogen wird.

Droht Verderb oder wesentliche Verschlechterung des Pfandes, so 1218
ist dem Verpfänder hiervon, wenn möglich, unverzügliche Anzeige zu machen. Dieser kann sodann Rückgabe des Pfandes gegen anderweitige Sicherheitsleistung — jedoch nicht durch Bürgschaft — verlangen.
Der Pfandgläubiger dagegen kann bei Gefährdung der Sicherheit das 1219
Pfand nach vorausgegangener erfolgloser Androhung öffentlich ver- 1220
steigern lassen.

Hat das Pfand einen Börsen- oder Marktpreis, so kann der Pfand- 1221
gläubiger den Verkauf aus freier Hand durch einen zu solchen Verkäufen öffentlich ermächtigten Handelsmäkler oder durch eine zur öffentlichen Versteigerung befugte Person zum laufenden Preise bewirken.

Besteht das Pfandrecht an mehreren Sachen, so haftet jede für 1222
die ganze Forderung.

Der Pfandgläubiger ist verpflichtet, das Pfand nach dem Erlöschen 1223
des Pfandrechts dem Verpfänder zurückzugeben.

Der Verpfänder kann die Rückgabe des Pfandes gegen Befriedigung des Pfandgläubigers verlangen, sobald der Schuldner zur Leistung berechtigt ist.

Die Befriedigung des Pfandgläubigers durch den Verpfänder kann 1224
auch durch Hinterlegung oder durch Aufrechnung erfolgen.

Erfolgt keine anderweitige Befriedigung des Pfandgläubigers, so 1228
geschieht dieselbe durch den Verkauf des Pfandes. Ein vollstreckbarer Titel oder sonstige gerichtliche Verkaufsermächtigung ist hierzu nicht erforderlich, und bedarf es daher auch nicht der vorherigen gerichtlichen Einklagung der Forderung. Der Pfandgläubiger ist zum Verkaufe berechtigt, sobald seine Forderung ganz oder zum Theil fällig ist. Nur wenn der geschuldete Gegenstand nicht in Geld besteht, ist der Verkauf erst zulässig, wenn die Forderung in eine Geldforderung übergegangen (also in der Regel ein gerichtliches Verfahren vorausgegangen) ist.

1229 Eine vor der Fälligkeit der Forderung getroffene Vereinbarung, nach welcher dem Pfandgläubiger im Falle nicht rechtzeitiger Befriedigung das Eigenthum an dem Pfande zufallen soll, ist nichtig.

1233 Hat der Pfandgläubiger für sein Recht zum Verkauf einen vollstreckbaren Titel gegen den Eigenthümer des Pfandes erlangt, so kann er den Verkauf nach den für den Verkauf einer gepfändeten Sache geltenden einfacheren Formen der Civ.-Proc.-Ord. durch den Gerichtsvollzieher bewirken lassen. Fehlt ihm aber eine solche vollstreckbare Urkunde, so ist derselbe nach folgenden Vorschriften zu bewirken:

1234 Der Pfandgläubiger hat dem Eigenthümer den Verkauf zunächst nach Eintritt der Fälligkeit der Forderung unter Bezeichnung ihres Geldbetrags anzudrohen. Derselbe darf erst nach Ablauf eines Monats von der Androhung an, oder wenn diese unthunlich war (weil z. B. der Verpfänder unbekannt abwesend ist), von der Fälligkeit der Geldforderung an, erfolgen. (Ist der Pfandvertrag auf beiden Seiten ein Handelsgeschäft, so beträgt diese Frist nur eine Woche. Art. 368 Hand.-G.-B.)

1235 Der Verkauf ist im Wege öffentlicher Versteigerung (383 Abs. 3) zu bewirken. Hat das Pfand einen Börsen- oder Marktpreis, so findet 1221 Anwendung.

1236 Die Versteigerung hat an dem Orte zu erfolgen, an dem das Pfand aufbewahrt wird. Ist von einer Versteigerung an dem Aufbewahrungsort ein angemessener Erfolg nicht zu erwarten, so ist das Pfand an einem geeigneten anderen Orte zu versteigern.

1237 Zeit und Ort der Versteigerung sind unter allgemeiner Bezeichnung des Pfandes öffentlich bekannt zu machen. Der Eigenthümer und Dritte, denen Rechte an dem Pfande zustehen, sind besonders zu benachrichtigen; die Benachrichtigung darf unterbleiben, wenn sie unthunlich ist.

1238 Das Pfand darf nur mit der Bestimmung verkauft werden, daß der Käufer den Kaufpreis sofort baar zu entrichten hat und seiner Rechte verlustig sein soll, wenn dies nicht geschieht.

1239 Der Pfandgläubiger und der Eigenthümer können bei der Versteigerung mitbieten. Erhält der Pfandgläubiger den Zuschlag, so ist der Kaufpreis als von ihm empfangen anzusehen.

Das Gebot des Eigenthümers darf zurückgewiesen werden, wenn nicht der Betrag baar erlegt wird. Das Gleiche gilt von dem Gebote des Schuldners, wenn das Pfand für eine fremde Schuld haftet.

1240 Gold- oder Silbersachen dürfen nicht unter dem Gold- oder Silberwerthe zugeschlagen werden.

Wird ein genügendes Gebot nicht abgegeben, so kann der Verkauf durch eine zur öffentlichen Versteigerung befugte Person aus freier Hand zu einem den Gold- oder Silberwerth erreichenden Preise erfolgen.

1241 Der Pfandgläubiger hat den Eigenthümer von dem erfolgten Verkaufe des Pfandes und dem Ergebniß unverzüglich zu benachrichtigen, sofern nicht die Benachrichtigung unthunlich ist.

Uebrigens können der Eigenthümer und der Pfandgläubiger eine von 1234—1240 abweichende Art des Pfandverkaufs vereinbaren, nur darf vor der Fälligkeit der Forderung nicht auf die Beobachtung der Vorschriften 1235, 1237 Satz 1 und 1240 verzichtet werden. 1245

Entspricht eine von den obigen Vorschriften abweichende Art des Verkaufs nach billigem Ermessen den Interessen der Betheiligten, so kann jeder von ihnen den Verkauf in dieser Art verlangen und Mangels einer Einigung gerichtliche Entscheidung anrufen (§ 166. Ges. über die Angelegenheiten der freiwilligen Gerichtsbarkeit). 1246

Das Pfandrecht erlischt:

a) mit der Forderung, für die es besteht (das Pfand ist alsdann zurückzugeben); 1252
b) durch bloße Rückgabe des Pfandes (der Vorbehalt der Fortdauer des Pfandrechts ist unwirksam); 1253
c) wenn bei einer Uebertragung der Forderung der Uebergang des Pfandrechts ausgeschlossen wurde; 1250
d) wenn dem Pfandgläubiger eine Einrede entgegensteht, durch welche die Geltendmachung des Pfandrechts dauernd ausgeschlossen ist (siehe aber über Einrede der Verjährung 223); 1254
e) durch rechtsgeschäftliche Aufhebung, zu welcher die einfache Erklärung des Pfandgläubigers genügt; 1255
f) in der Regel auch durch das Zusammentreffen des Pfandrechts mit dem Eigenthum in einer Person. 1256

Für das Pfandrecht an einem im Schiffsregister eingetragenen Schiffe gelten besondere Vorschriften. 1259

II. Titel. Pfandrecht an Rechten.

Verpfändbar sind nur solche Rechte, die übertragbar sind (also namentlich Forderungen, Hypotheken, Wechsel, Inhaber-Papiere u. s. w. dagegen somit nicht z. B. ein Nießbrauch, ein Anspruch auf Unterhalt gegen Verwandte, ein Anspruch auf Aussteuer). 1273

Auf ein derartiges Pfandrecht finden im Allgemeinen die Vorschriften über das Pfandrecht an beweglichen Sachen entsprechende Anwendung.

Eine wesentliche Abweichung ist die, daß, falls nichts Anderes bestimmt ist, der Pfandgläubiger seine Befriedigung aus dem Rechte nur auf Grund eines vollstreckbaren Titels im Wege der Zwangsvollstreckung suchen kann. 1277

Die Bestellung eines Pfandrechts an einem Rechte erfolgt nach denselben Vorschriften, die für die Uebertragung des betreffenden Rechts gegeben sind. Ist dabei die Uebergabe erforderlich, so kommt 1205 und für die Rückgabe 1253 in Anwendung. Ist zur Uebertragung eines Rechts eine Eintragung in das Grundbuch erforderlich, so bedarf es der Eintragung auch für die Verpfändung. 1274

1279 Für die Verpfändung von Forderungen, Grundschulden und Rentenschulden gelten noch einige besondere Vorschriften. Eine solche ist, falls ein einfacher Abtretungsvertrag zur Uebertragung genügen würde,
1280 nur wirksam, wenn der Pfandgläubiger die Verpfändung dem Schuldner der verpfändeten Forderung anzeigt. Ist dies geschehen, so hängt das Recht des Pfandgläubigers von der Vereinbarung zwischen ihm
1284 und seinem Schuldner — dem verpfändenden Forderungsgläubiger — ab.

Vereinbaren diese nichts, so kann der Schuldner nur an den Pfand-
1281 gläubiger und seinen Gläubiger gemeinschaftlich leisten oder auf Verlangen eines derselben hinterlegen.

1282 Ist die durch das Pfand gesicherte Forderung fällig, so ist der Pfandgläubiger zur Kündigung und Einziehung der verpfändeten Forderung berechtigt und kann der Schuldner nur an ihn allein leisten.

1289 Das Pfandrecht an einer Forderung erstreckt sich auch auf die Zinsen der Forderung. Der Pfandgläubiger hat es aber seinem Schuldner anzuzeigen, wenn er von seinem Einziehungsrechte Gebrauch macht.

1292 Wechsel oder andere indossable Papiere, sowie Inhaber-Papiere er-
1293 fordern außer der Vereinbarung stets die Uebergabe des Papiers an den Pfandgläubiger. Dieser hat alsdann das Recht die dem ver-
1294 pfändeten Papier zu Grunde liegende Forderung, schon bevor seine eigene Forderung fällig ist, zu kündigen und einzuziehen, Papiere aber, die einen Börsen- oder Marktpreis haben, sobald seine eigene Forderung fällig ist, nach 1221 verkaufen zu lassen.

1296 Das Pfandrecht an einem Werthpapier erstreckt sich auf die zu dem Papiere gehörenden Zins-, Renten- oder Gewinnantheilscheine nur dann, wenn sie dem Pfandgläubiger übergeben sind. Der Verpfänder kann, sofern nicht ein Anderes bestimmt ist, die Herausgabe der Scheine verlangen, soweit sie vor der Fälligkeit der sichergestellten Forderung fällig werden.

Viertes Buch. Familienrecht.

Erster Abschnitt. Bürgerliche Ehe.

I. Titel. Verlöbniß.

Aus einem Verlöbniß kann nicht auf Eingehung der Ehe geklagt 1297
werden. Auch das Versprechen einer Vertragsstrafe für den Fall, daß die Ehe aus irgend welchem Grunde nicht zu Stande komme, ist nichtig und somit ebensowenig klagbar.

Ein Verlöbnißbruch begründet nur einen beschränkten Anspruch auf 1298
Schadensersatz. Es hat nämlich der zurücktretende Theil dem anderen Verlobten, dessen Eltern und allen anderen Personen, welche an deren Stelle gehandelt haben, den wirklich entstandenen nachweisbaren Schaden zu ersetzen. Dieser Schadensanspruch geht nur soweit, als die in Erwartung der (nun vereitelten) Ehe

a) gemachten Aufwendungen (wie Beschaffung einer Aussteuer),
b) eingegangenen Verbindlichkeiten (wie z. B. Miethe einer Familienwohnung) oder
c) sonst getroffenen Maßnahmen (wie Aufgeben einer Stelle oder eines Berufs, Nichtannahme anderweitiger Versorgung u. a.)

den Umständen nach angemessen waren. (Es werden somit nicht die gemachten Aufwendungen selbst, sondern nur der durch dieselben verursachte Schaden ersetzt.) Die Ersatzpflicht tritt nicht ein, wenn ein wichtiger Grund für den Rücktritt (worüber das Gericht zu entscheiden hat) vorliegt.

Im gleichen Umfange ist auch derjenige Verlobte schadensersatzpflichtig, 1299
welcher den anderen Theil durch ein Verschulden, das einen wichtigen Grund für den Rücktritt bildet, zum Rücktritt veranlaßt, z. B. wenn er durch empörendes Verhalten den anderen Theil zum Rücktritte zwingt.

Der Anspruch auf Schadensersatz ist unabhängig davon, ob es im einzelnen Falle der Einwilligung der Eltern zur Eheschließung bedurfte oder nicht.

Hat eine unbescholtene Verlobte ihrem Verlobten die Beiwohnung 1300
gestattet, so kann sie neben den bisher besprochenen Ersatzforderungen eine billige Geldentschädigung für die nicht vermögensrechtlichen Nachtheile beanspruchen (z. B. eine Genugthuung für die erlittene Kränkung, für die verlorene Aussicht auf Versorgung. — Eine Schwängerung ist dabei nicht Voraussetzung).

1301 Unterbleibt die Eheschließung (mit oder ohne Verschulden), so kann jeder Verlobte von dem anderen die Geschenke nach den Vorschriften über die Herausgabe einer ungerechtfertigten Bereicherung (siehe Seite 66) zurückverlangen; nur wenn das Verlöbniß durch den Tod aufgelöst wird, ist die Rückforderung (im Zweifel) ausgeschlossen.

1302 Alle diese Ansprüche verjähren in zwei Jahren von der Auflösung des Verlöbnisses an.

II. Titel. Eingehung der Ehe.

1303 Ein Mann darf nicht vor seiner Volljährigkeit, eine Frau nicht vor vollendetem 16. Lebensjahre eine Ehe eingehen. Einer Frau kann jedoch Befreiung von dieser Vorschrift bewilligt werden (1322), einem Manne nicht, der übrigens durch Volljährigkeitserklärung von selbst ehemündig wird.

1304 Geschäftsunfähige (104) können keine Ehe schließen, in der Geschäftsfähigkeit beschränkte Personen (106, 114) bedürfen der Einwilligung ihres gesetzlichen Vertreters. Ist dieser ein Vormund, so kann die Einwilligung, wenn sie von ihm verweigert wird, auf Antrag des Mündels durch das Vormundschaftsgericht ertheilt werden, wenn die Eingehung der Ehe im Interesse des Mündels liegt.

1305 Ein eheliches Kind bedarf bis zur Vollendung des 21. Lebensjahres zur Eingehung einer Ehe der Einwilligung des Vaters. Ist der Vater gestorben, so tritt an dessen Stelle die Mutter. Ein uneheliches Kind bedarf bis ebendahin der Einwilligung der Mutter. Ein für ehelich erklärtes Kind (1723) bedarf der Einwilligung der Mutter nicht weiter, wenn der Vater gestorben ist.

1306 Ein an Kindesstatt angenommenes Kind bedarf der Einwilligung dessen, der es angenommen hat.

1307 Die elterliche Einwilligung kann nicht durch einen Vertreter ertheilt werden. Ist der Vater oder die Mutter in der Geschäftsfähigkeit beschränkt, so ist die Zustimmung des gesetzlichen Vertreters nicht erforderlich.

1308 Wird die elterliche Einwilligung einem für volljährig erklärten Kinde verweigert, so kann sie auf dessen Antrag durch das Vormundschaftsgericht ersetzt werden, wenn die Weigerung ohne wichtigen Grund geschieht.

1309 Niemand darf eine Ehe eingehen, bevor seine frühere Ehe aufgelöst oder für nichtig erklärt worden ist. Vergleiche § 171 Str.-Ges.-B.

1310 Eine Ehe darf nicht geschlossen werden:

a) zwischen Verwandten in gerader Linie (1589);
b) zwischen vollbürtigen und halbbürtigen Geschwistern;
c) zwischen Verschwägerten in gerader Linie (Stiefeltern und Stiefkindern, Schwiegereltern und Schwiegerkindern jeden Grades);

d) zwischen Personen, von denen die eine mit Eltern, Voreltern oder Abkömmlingen der anderen Geschlechtsgemeinschaft gepflogen hat;
e) zwischen einem unehelichen Kinde oder dessen Abkömmlingen mit dem Vater und dessen unter a b u. c genannten Verwandten;
f) zwischen Adoptiveltern und Adoptivkindern, solange das Adoptions- **1311** verhältniß besteht;
g) zwischen einem wegen Ehebruchs Geschiedenen und seinem Mit- **1312** schuldigen, wenn dieser Ehebruch in dem Scheidungsurtheil als Grund der Scheidung festgestellt ist.

Im Falle g kann Befreiung bewilligt werden (1322).

Ueber das Verbot der Ehe eines Vormundes mit seinem Mündel siehe 1795 und 181.

Eine Frau darf erst zehn Monate nach der Auflösung oder Nichtig- **1313** keitserklärung ihrer früheren Ehe eine neue Ehe eingehen, es sei denn, daß sie inzwischen geboren hat. Von dieser Vorschrift kann Befreiung bewilligt werden (1322).

Wer aus früherer Ehe ein minderjähriges oder bevormundetes Kind **1314** hat, darf eine Ehe erst eingehen, nachdem ihm das Vormundschaftsgericht ein Zeugniß darüber ertheilt hat, daß er die ihm nach 1493 Abs. 2. bezw. 1669 obliegenden Verpflichtungen (Inventarerrichtung und Auseinandersetzung) erfüllt hat, oder daß sie ihm nicht obliegen.

Militair-Personen dürfen nicht ohne die vorgeschriebene Erlaubniß **1315** eine Ehe eingehen, desgleichen nicht Landesbeamte und Ausländer, sofern diese nach dem Landesrechte einer Heirathserlaubniß bedürfen.

Der Eheschließung soll ein Aufgebot vorhergehen. Das Aufgebot **1316** verliert seine Kraft, wenn die Ehe nicht binnen sechs Monaten nach der Vollziehung des Aufgebots geschlossen wird. Das Aufgebot darf unterbleiben, wenn die lebensgefährliche Erkrankung eines der Verlobten den Aufschub der Eheschließung nicht gestattet. Von dem Aufgebote kann Befreiung bewilligt werden.

Im Uebrigen vergleiche §§ 44—50 des Reichsgesetzes über die Beurkundung des Personenstandes und die Eheschließung vom 6. Februar 1875 R.-G.-Bl. S. 23 und Art. 46. Einf.-Ges. z. B.-G.-B.

Die Ehe wird dadurch geschlossen, daß die Verlobten vor einem **1317** Standesbeamten persönlich und bei gleichzeitiger Anwesenheit erklären, die Ehe mit einander eingehen zu wollen. Der Standesbeamte muß zur Entgegennahme der Erklärung bereit sein. Die Erklärungen können nicht unter einer Bedingung oder einer Zeitbestimmung abgegeben werden.

Der Standesbeamte soll bei der Eheschließung in Gegenwart von zwei **1318** Zeugen an die Verlobten einzeln und nach einander die Frage richten, ob sie die Ehe mit einander eingehen wollen, und, nachdem die Verlobten die Frage bejaht haben, aussprechen, daß sie kraft dieses Gesetzes nunmehr rechtmäßig verbundene Eheleute seien. Als Zeugen sollen Personen, die der bürgerlichen Ehrenrechte für verlustig erklärt sind, während der Zeit, für welche die Aberkennung der Ehrenrechte erfolgt ist, sowie Minderjährige nicht zugezogen werden. Personen, die mit einem der Verlobten, mit dem Standesbeamten oder mit einander verwandt oder verschwägert sind, dürfen als Zeugen zugezogen werden. Der Standesbeamte soll die Eheschließung in das Heirathsregister eintragen.

1320 Die Ehe soll vor dem zuständigen Standesbeamten geschlossen werden. Zuständig ist der Standesbeamte, in dessen Bezirk einer der Verlobten seinen Wohnsitz oder seinen gewöhnlichen Aufenthalt hat. Hat keiner der Verlobten seinen Wohnsitz oder seinen gewöhnlichen Aufenthalt im Inland, und ist auch nur einer von ihnen ein Deutscher, so wird der zuständige Standesbeamte von der obersten Aufsichtsbehörde des Bundesstaates, dem der Deutsche angehört, und, wenn dieser keinem Bundesstaate angehört, von dem Reichskanzler bestimmt. Unter mehreren zuständigen Standesbeamten haben die Verlobten die Wahl.

1321 Auf Grund einer schriftlichen Ermächtigung des zuständigen Standesbeamten darf die Ehe auch vor dem Standesbeamten eines anderen Bezirks geschlossen werden.

1322 Für Bewilligung einer Befreiung von den Erfordernissen der Ehemündigkeit (1303), oder der zehnmonatlichen Wartezeit (1313), sowie von den Ehehindernissen des Ehebruchs (1312), endlich vom Erforderniß des Aufgebots (1316) sind die Landesregierungen zuständig.

Es ergehen deshalb über das Befreiungsrecht landesgesetzliche Sonderbestimmungen.

III. Titel. Nichtigkeit und Anfechtbarkeit der Ehe.

Die unter 1303—1315 besprochenen Ehehindernisse sind nun entweder:

a) aufschiebende, d. h. solche, welche nur der Zulassung der Eheschließung entgegenstehen, auf die Gültigkeit der gleichwohl geschlossenen Ehe aber ohne Einfluß sind und dieselbe höchstens strafbar machen, oder

b) trennende, d. h. solche, welche die Nichtigkeit oder Anfechtbarkeit der Ehe zur Folge haben. Alle Ehehindernisse nun, die nach den nachfolgenden Bestimmungen keine Nichtigkeit oder Anfechtbarkeit der Ehe begründen, haben nur eine aufschiebende Wirkung.

Nichtig ist eine Ehe (weil mit dem Wesen der Ehe und der öffentlichen Ordnung nicht vereinbar) nur dann:

1324 a) wenn die unter 1317 vorgeschriebene Form nicht beobachtet worden ist (Ausnahmen sind zugelassen);

1325 b) wenn einer der Ehegatten geschäftsunfähig war oder im Zustande der Bewußtlosigkeit oder vorübergehender Störung der Geistesthätigkeit sich befand (nachträgliche Bestätigung in geschäftsfähigem und geistesgesundem Zustande beseitigt diesen Mangel);

c) wenn bereits eine gültige Ehe besteht; **1326**
d) wenn Verwandtschaft oder Schwägerschaft in gerader **1327**
Linie (1589, 1590) oder das Verhältniß vollbürtiger oder halbbürtiger Geschwister vorliegt (1310 a b c);
e) wenn Ehebruch durch Scheidungsurtheil festgestellt ist (von **1328**
diesem Ehehinderniß ist jedoch Befreiung zulässig 1312).

Die Nichtigkeit kann nur durch eine Nichtigkeitsklage (§ 631 **1329**
Civ.=Proz.=Ord.) geltend gemacht werden. Ist jedoch bei einer Ehe nicht die oben unter a gedachte Form beobachtet und die Ehe nicht in das Heirathsregister eingetragen, so tritt die Wirkung der Nichtigkeit ohne Weiteres und ohne die Nichtigkeitsklage ein.

Anfechtbar ist eine Ehe durch denjenigen Ehegatten, dessen Interesse verletzt ist (d. h. der gerichtlichen Entscheidung unterstellbar, ob die Ehe bestehen bleiben solle), nur in folgenden Fällen;

a) wenn der in der Geschäftsfähigkeit beschränkte Ehegatte ohne **1331**
Einwilligung seines gesetzlichen Vertreters handelte;
b) wenn der Ehegatte nicht gewußt hat, daß es sich um eine **1332**
Eheschließung handele, oder wenn er eine Erklärung, die Ehe eingehen zu wollen, nicht abgeben wollte;
c) wegen eines für den Ehegatten wesentlichen Irrthums in der **1333**
Person oder über wichtige persönliche Eigenschaften des andern Ehegatten (hiezu dürfte rechnen: Verurtheilung zu einer entehrenden Strafe, Impotenz, Schwangerschaft von einem Dritten, ekelerregende Krankheit u. a.);
d) wegen arglistiger Täuschung über wichtige Umstände (ausgenommen **1334**
eine Täuschung über die Vermögensverhältnisse);
e) wegen widerrechtlicher Drohung durch den andern Theil oder **1335**
durch einen Dritten;
f) wegen Unkenntniß eines Ehegatten vom Leben seines früheren, **1350**
für todt erklärten Ehegatten.

Die Anfechtung ist ausgeschlossen: im Falle zu a, wenn der gesetz- **1337**
liche Vertreter die Ehe genehmigt oder der anfechtungsberechtigte Ehegatte nach erlangter Geschäftsfähigkeit die Ehe bestätigt; in den Fällen zu b, c, d und e, wenn der anfechtungsberechtigte Ehegatte nach der Entdeckung des Irrthums oder der Täuschung oder nach dem Aufhören der Zwangslage die Ehe (in irgend welcher Weise, z. B. durch Fortsetzung der Geschlechtsgemeinschaft) bestätigt. Die Anfechtung **1339**
kann nur binnen 6 Monaten von der Zeit an erfolgen, in welcher die Eingehung oder die Bestätigung der Ehe dem gesetzlichen Vertreter bekannt wird oder der Ehegatte die unbeschränkte Geschäftsfähigkeit erlangt, bezw. zu welcher der Irrthum oder die Täuschung entdeckt wird oder die Zwangslage aufhört.

Die Anfechtung erfolgt durch Erhebung der Anfechtungsklage **1341**
(§ 606 u. f. Civ.=Proz.=Ord.), ist jedoch die Ehe schon durch den Tod **1342**

des andern Ehegatten aufgelöst, nur durch öffentlich beglaubigte Erklärung an das Nachlaßgericht.

1343 Eine Ehe ist bis zur erfolgten Anfechtung als gültig, nach der Anfechtung aber als von Anfang an als nichtig anzusehen.

IV. Titel. Wiederverheirathung im Falle der Todeserklärung.

Wird von Jemand eine neue Ehe geschlossen, weil der Tod des früheren Ehegatten auf Grund einer Sterbeurkunde, welche sich hinterher als unrichtig herausstellte, als gewiß angenommen worden ist, so
1348 ist die zweite Ehe nichtig. Anders dagegen liegt die Sache, wenn im Falle der Verschollenheit eines Ehegatten der zurückgebliebene eine neue Ehe eingeht. Die neue Ehe ist gültig, auch wenn der für todt erklärte Ehegatte noch lebt. Die frühere Ehe dagegen bleibt aufgelöst.

V. Titel. Wirkungen der Ehe im Allgemeinen.

1353 Die Ehegatten sind einander zur ehelichen Lebensgemeinschaft verpflichtet. Stellt sich jedoch das Verlangen eines Ehegatten nach Herstellung dieser Gemeinschaft als Mißbrauch seines Rechtes dar (worüber der Richter entscheidet), oder liegt ein Grund zur Klage auf Scheidung vor, so braucht der andere Ehegatte keine Folge zu leisten.

1354 Der Mann entscheidet alle das gemeinschaftliche eheliche Leben betreffenden Angelegenheiten, er bestimmt insbesondere Wohnort und Wohnung. Die Frau hat diesen Entscheidungen Folge zu leisten, es sei denn, daß der Mann sein Recht mißbraucht.

1355 Die Frau erhält den Familiennamen des Mannes. Sie ist nicht
1356 nur berechtigt, sondern auch verpflichtet, das gemeinschaftliche Hauswesen zu leiten; sie hat aber nicht nur in diesem, sondern auch, soweit üblich, im Geschäfte des Mannes thätig zu sein.

1357 Die Frau ist berechtigt, innerhalb ihres häuslichen Wirkungskreises die Geschäfte des Mannes für diesen zu besorgen und ihn zu vertreten. **(Schlüsselgewalt.)** Diese Schlüsselgewalt steht der Frau stets ohne alle Rücksicht auf die Art des in der Ehe bestehenden Güterrechts zu. Es gelten daher Rechtsgeschäfte, welche sie innerhalb des gedachten Wirkungskreises vornimmt (wie Anschaffungen für den Haushalt, von Kleidern, Gesindemiethe, Kosten der Kindererziehung u. a.) als im Namen des Mannes und für dessen Rechnung vorgenommen, wenn nicht aus den Umständen sich ein Anderes ergiebt. Es ist gleichgültig, ob die Frau dabei in ihrem Namen oder dem des Mannes aufgetreten ist. Der Mann kann die Schlüsselgewalt der Frau aus zureichenden Gründen beschränken oder ganz ausschließen. Erscheint eine derartige Einschränkung jedoch als eine mißbräuchliche, so kann die Frau das Vormundschaftsgericht (nicht Prozeßgericht) um Aufhebung der Maßregel anrufen. Vergl. § 53 Ges. über Angelegenh. d. freiw. Gerichtsbarkeit. Einem Dritten (Gläubiger) gegenüber ist die Beschränkung oder Aufhebung der Schlüsselgewalt nur dann wirksam, wenn dieselbe in das Güterrechtsregister (1558) eingetragen ist, oder dem Dritten sonst bekannt war.

Abgesehen von der Schlüsselgewalt gelten bezüglich der Verfügungs- und Vertretungs-Befugnisse der Frau lediglich die Vorschriften des ehelichen Güterrechts.

Eine Ehefrau ist zwar als solche in ihrer Geschäftsfähigkeit nicht beschränkt; verpflichtet sie sich jedoch einem Dritten gegenüber zu einer **1358**
von ihr in Person zu bewirkenden Leistung, welche die ehelichen Interessen beinträchtigt, so kann der Mann nach Einholung der Ermächtigung des Vormundschaftsgerichts, das Rechtsverhältniß, sofern dasselbe ohne seine Zustimmung eingegangen war, ohne jede Kündigungsfrist kündigen und damit für die Zukunft aufheben; wenn z. B. die Frau unter Vernachlässigung des Hauswesens und der Kindererziehung in die Fabrik geht, Wartedienste übernimmt, als Nätherin arbeitet u. a.

Umgekehrt, sind solche Rechtsverhältnisse der Frau durch ihr eigenes Interesse oder durch das der Familie, z. B. zur Beschaffung des nothwendigen Unterhalts geboten, so kann die Zustimmung des Mannes durch eine Zustimmung des Vormundschaftsgerichts ersetzt werden, wenn der Mann durch Krankheit oder Abwesenheit hieran verhindert und mit dem Aufschube Gefahr verbunden ist, oder wenn derselbe seine Zustimmung mißbräuchlich verweigert. § 53 Ges. über Angel. d. freiw. Gerichtsbarkeit. Einer Zustimmung des Mannes bedarf es übrigens nicht, wenn die Eheleute nicht in häuslicher Gemeinschaft leben.

Der Mann hat der Frau nach Maßgabe seiner Lebensstellung, seines **1360**
Vermögens und seiner Erwerbsfähigkeit Unterhalt zu gewähren, und zwar ohne Rücksicht auf das in der Ehe bestehende Güterrechtsverhältniß.

Ist er aber außer Stande, sich selbst zu unterhalten — aber nur dann — hat die Frau ihrerseits dem Manne den seiner Lebensstellung entsprechenden Unterhalt nach Maßgabe ihres Vermögens und ihrer Erwerbsfähigkeit in der durch die eheliche Lebensgemeinschaft gebotenen Weise zu gewähren. Im Weiteren finden auf die gegenseitige Unterhaltungspflicht die für Verwandte gegebenen desfallsigen Bestimmungen 1605, 1613—1615 entsprechende Anwendung.

Leben die Ehegatten getrennt, so tritt auf so lange als die Rückkehr **1361**
mit Recht verweigert wird (1353), an Stelle der Naturalleistung eine Geldrente (760). In solchem Falle hat der Mann der Frau noch außerdem die zur Führung eines abgesonderten Haushalts erforderlichen Sachen aus dem gemeinschaftlichen Haushalte zum Gebrauche herauszugeben, es sei denn, daß die Sachen für ihn unentbehrlich sind, oder daß sich solche Sachen in dem der Verfügung der Frau unterliegenden Vermögen befinden.

Die Unterhaltungspflicht des Mannes kann sich übrigens auf einen Beitrag beschränken oder selbst ganz wegfallen, wenn dies der Billigkeit entspricht. Die Unterhaltungspflicht der Frau tritt, wie oben schon gesagt, überhaupt immer nur dann ein, wenn der Mann sich selbst zu unterhalten außer Stande ist.

In Folge der Ehe findet der Regel nach eine Vermischung der den Ehegatten gehörenden beweglichen Sachen statt. Es wird nun im
1362 Streitfalle (bis zum Beweise des Gegentheils) vermuthet, daß die ausschließlich zum persönlichen Gebrauche der Frau bestimmten Sachen, insbesondere Kleider, Schmucksachen und Arbeitsgeräthe, auch wirklich der Frau gehören. Hinsichtlich aller übrigen beweglichen Sachen, insbesondere auch der Inhaberpapiere, wird zum Schutze der Gläubiger des Mannes — also nicht auch im Verhältnisse der Ehegatten zu einander — vermuthet (und zwar bis zum Beweise des Gegentheils durch die Frau), daß die Sachen dem Manne gehören. Vergl. § 45 Konk.=Ord.

Die Bestimmungen dieses Titels sind auch maßgebend für alle vor dem 1. Januar 1900 geschlossenen Ehen. Art. 199 Einf.=Ges.

VI. Titel. Eheliches Güterrecht.

Der Darstellung des ehelichen Güterrechts ist vorauszuschicken, daß nach Art. 200 Einf.=Ges. für den Güterstand aller vor dem 1. Januar 1900 geschlossenen Ehen die bisherigen Vorschriften weiter maßgebend bleiben. Dies gilt namentlich auch von den erbrechtlichen Wirkungen des bisherigen Güterstandes, und so lange dieser besteht, von der an ihn oder an die Ehe in den bisherigen Gesetzen geknüpften Beschränkung der Geschäftsfähigkeit der Ehefrau. Es bleibt jedoch den Ehen alten Rechts unbenommen, freiwillig ihren Güterstand nach den Vorschriften des bürgerl. Gesetzbuchs durch einen Ehevertrag (1434) zu regeln, und zwar auch in solchen Gebieten, in denen bisher ein Ehevertrag nach Eingehung der Ehe unzulässig war. Ferner ist zur beschleunigten Durchführung der güterrechtlichen Vorschriften des bürgerl. Gesetzbuches der Landesgesetzgebung vorbehalten, eine Ueberleitung der vorhandenen alten Güterstände in das neue Reichsrecht herbeizuführen. Hierüber ergehen die erforderlichen Bestimmungen in den Ausführungsgesetzen der einzelnen Bundesstaaten.

Die Vorschriften dieses Titels finden nach dem Gesagten somit ohne Weiteres nur Anwendung auf alle diejenigen Ehen, die nach dem 1. Januar 1900 geschlossen werden, und ist daher hier ferner nur noch von solchen die Rede.

Schließen die Ehegatten über ihre güterrechtlichen Verhältnisse keinen Ehevertrag, so tritt für sie von selbst **„das gesetzliche Güter=**

recht" in Kraft, sie mögen ihren Wohnsitz nehmen, wo sie wollen. Es ist jedoch allen Eheleuten gestattet, sowohl vor wie auch nach der Eheschließung, ihre vermögensrechtlichen Beziehungen durch einen Ehevertrag nach ihren eigenen Wünschen und Bedürfnissen zu regeln, so daß für sie sodann das vereinbarte **„das vertragsmäßige Güterrecht"** maßgebend wird.

I. Gesetzliches Güterrecht.

1. Allgemeine Vorschriften.

Als gesetzliches Güterrecht gilt nur die Verwaltungsgemeinschaft. Das Wesen der Verwaltungsgemeinschaft besteht darin, daß das Vermögen der beiden Ehegatten nicht gemeinschaftliches Gut wird, sondern jedem derselben verbleibt; das Vermögen der Frau aber wird für die Dauer der Ehe mit demjenigen des Mannes der Ver- **1363**
waltung und Nutznießung des Mannes unterworfen. Der Mann bezieht somit alle Früchte aus dem Vermögen seiner Frau (Zinsen u. s. w.), wogegen er auch die Lasten der Ehe allein zu tragen hat. Er allein trägt die Gefahr, ihm allein gebührt auch der Gewinn. Es hat deshalb die Frau auch keinen Antheil an der Errungenschaft. Die Erträgnisse des beiderseitigen Vermögens und der beiderseitigen Arbeit haben den Zwecken der Ehe, d. h. zur Bestreitung der ehelichen Lasten zu dienen. Das Vermögen nun, das die Frau in der beschriebenen Weise in die Ehe einbringt und damit der Verwaltung und Nutznießung des Mannes unterstellt, wird **eingebrachtes Gut** genannt. Zum eingebrachten Gute — und nicht etwa zur Errungenschaft — gehört aber nicht allein das Vermögen, das die Frau zur Zeit der Eheschließung besitzt, sondern auch alles bewegliche und unbewegliche Vermögen, das dieselbe während der Ehe erwirbt, z. B. durch Erbschaft oder Schenkung.

Neben dem eingebrachten Gute kann eine Frau auch außerdem **1365**
Vorbehaltsgut besitzen, d. h. solches Vermögen, auf welches sich die Verwaltung und Nutznießung des Mannes nicht erstreckt.

Zum Vorbehaltsgute gehören jedoch nur:

a) die ausschließlich zum persönlichen Gebrauche der Frau be- **1366**
stimmten Sachen, insbesondere Kleider, Schmucksachen und Arbeitsgeräthe (z. B. eine Nähmaschine), sei es, daß diese Sachen ihrer Natur nach oder auf Grund einer Vereinbarung mit dem Ehemanne oder auf Grund der Bestimmung des Zuwendenden für den Gebrauch der Frau bestimmt sind;

b) was die Frau durch ihre Arbeit oder durch den selbständigen **1367**
Betrieb eines Erwerbsgeschäfts erwirbt, ausgenommen, was die Frau durch ihre Thätigkeit im Hauswesen und ihre Hülfe im Geschäfte des Mannes erwirbt;

1368 c) was durch Ehevertrag für Vorbehaltsgut erklärt ist (vergl. 1434, 1435);

1369 d) der Erwerb durch Erbfolge, durch Vermächtniß oder als Pflichttheil (Erwerb von Todeswegen) oder durch Schenkung unter Lebenden, wenn der Erblasser oder Schenkgeber das Zugewendete ausdrücklich als Vorbehaltsgut erklärt hat (ohne diese Bestimmung würde das Erbe oder Geschenk eingebrachtes Gut werden);

1370 e) was die Frau aus ihrem Vorbehaltsgut oder als Ersatz desselben oder durch ein auf dasselbe sich beziehendes Rechtsgeschäft erwirbt, z. B. der Erlös aus einem Grundstücke des Vorbehaltsgutes, Brandentschädigungen u. a.

1371 Ueber das Vorbehaltsgut, auf welches die Grundsätze der Gütertrennung (1426 u. f. namentlich aber 1431) Anwendung finden, kann die Frau ohne Mitwirkung des Mannes selbständig verfügen, es mit Schulden belasten und die Nutzungen für sich einziehen. Zur Bestreitung des Haushalts hat sie aus dem Vorbehaltsgute nur beizusteuern, wenn der Mann nicht schon aus den Nutzungen des eingebrachten Gutes einen angemessenen Beitrag erhält.

1372 Zur Vermeidung von späteren Verdunkelungen und zur Ermöglichung der Beweisführung, z. B. beim Zugriff eines Gläubigers des Mannes auf das eingebrachte Gut, kann jeder Ehegatte verlangen, daß der Bestand des eingebrachten Gutes durch Aufnahme eines Verzeichnisses festgestellt wird. Das Verzeichniß ist mit der Angabe des Tages der Aufnahme zu versehen und von beiden Ehegatten zu unterschreiben. Jeder Theil kann auch verlangen, daß die Unterschrift öffentlich beglaubigt oder daß das Verzeichniß durch eine Behörde aufgenommen, endlich auch, daß der Zustand der einzelnen Sachen durch Sachverständige festgestellt werde.

2. Verwaltung und Nutznießung.

1373 Der Mann ist berechtigt, die zum eingebrachten Gute gehörenden Sachen in Besitz zu nehmen. Er wird damit Besitzer, Eigenthümer
1374 aber bleibt die Frau. Der Mann hat das eingebrachte Gut ordnungsmäßig zu verwalten und über den Stand der Verwaltung der Frau auf Verlangen Auskunft zu ertheilen. Förmliche Rechnungslegung während der Dauer der Verwaltung ist damit aber nicht gemeint, da solche erst bei Beendigung der Verwaltung zu erfolgen hat.

1375 Wenn der Mann nun auch das eingebrachte Gut für Rechnung der Frau zu verwalten hat, so ist er dennoch nicht (ohne besondere Vollmacht) befugt, die Frau durch Rechtsgeschäfte zu verpflichten. Er darf daher nicht die zur Verwaltung erforderlichen Verbindlichkeiten im Namen der Frau eingehen, z. B. kein Darlehen in ihrem Namen aufnehmen. Ebensowenig kann er über das eingebrachte Gut ohne Zustimmung der Frau verfügen, z. B. keine Auflassungen oder

Kapitalkündigungen vornehmen, keine Forderungen einziehen u. a. Vergl. 1395.

Ausnahmsweise ist die Zustimmung der Frau nicht erforderlich: 1376

a) bei einer Verfügung über baares Geld oder andere verbrauchbare Sachen der Frau;

b) zur Aufrechnung von Forderungen der Frau gegen solche an das eingebrachte Gut (387);

c) zur Tilgung von Verbindlichkeiten, die auf dem eingebrachten Gute haften, aus Mitteln desselben.

Das zum eingebrachten Gute gehörende Geld darf aber nicht etwa 1377
zu gewagten Unternehmungen u. s. w. verwendet werden, sondern ist, soweit es nicht zur Bestreitung von Ausgaben bereit gehalten werden muß, nach den für die Anlegung von Mündelgeldern geltenden Vorschriften (1807) für die Frau verzinslich anzulegen. Andere verbrauchbare Sachen darf der Mann auch für sich veräußern oder verbrauchen. Macht er von dieser Befugniß Gebrauch, so hat er den Werth der Sachen nach der Beendigung der Verwaltung und Nutznießung zu ersetzen; der Ersatz ist schon vorher zu leisten, soweit die ordnungsmäßige Verwaltung des eingebrachten Gutes es erfordert.

Gehört zum eingebrachten Gute ein Grundstück sammt Inventar, so 1378
kann der Mann über die einzelnen Stücke in wirthschaftlicher Weise verfügen. Er hat für den gewöhnlichen Abgang Ersatz zu beschaffen; die von ihm angeschafften Ersatzstücke gehen in das Inventar über.

Verweigert die Frau ohne ausreichenden Grund die Zustimmung zu 1379
einem Rechtsgeschäfte, das zur ordnungsmäßigen Verwaltung des eingebrachten Gutes erforderlich ist, so kann auf Antrag des Mannes die Zustimmung durch das Vormundschaftsgericht ersetzt werden. (Vergl. § 45 Ges. über Angel. freiw. Gerichtsbarkeit.) Dasselbe gilt bei Krankheit oder Abwesenheit der Frau, wenn mit dem Aufschub Gefahr verbunden ist.

Der Mann kann wohl ein zum eingebrachten Gute gehörendes Recht 1380
im eigenen Namen, also ohne Zustimmung der Frau gerichtlich geltend machen; das Urtheil wirkt jedoch für und gegen die Frau nur, wenn der Mann über das Recht ohne Zustimmung der Frau zu verfügen befugt ist.

Bewegliche Sachen (insbesondere Inhaberpapiere und Orderpapiere, 1381
die mit Blankoindossament versehen sind), welche der Mann mit Mitteln des eingebrachten Gutes anschafft, fallen in das Eigentum der Frau, es sei denn, daß der Mann nicht für Rechnung des eingebrachten Gutes erwerben will. Das Gleiche gilt für Rechte an beweglichen Sachen und für Rechte, zu deren Uebertragung der Abtretungsvertrag genügt, wie z. B. für Forderungen, deren Eintragung in das Grundbuch nicht erforderlich ist.

Haushaltungsgegenstände, die der Mann an Stelle der von der Frau 1382
eingebrachten, nicht mehr vorhandenen oder werthlos gewordenen Stücke

anschafft, werden eingebrachtes Gut, gleichviel, aus welchen Mitteln die Anschaffung geschieht. Ein Ersatz hiefür kann von der Frau nicht verlangt werden.

1383 Der Mann erwirbt die Nutzungen des eingebrachten Gutes in derselben Weise und in demselben Umfange wie ein Nießbraucher (siehe 1030 u. f.). Er ist somit berechtigt, das eingebrachte Gut innezuhaben und für sich zu nutzen. Es steht ihm aber nicht das Recht zu, den Stamm ohne Ersatzverbindlichkeit für die Zwecke der Ehe zu verwenden. Die Substanz ist vielmehr thunlichst zu erhalten, namentlich darf er aus dem Kapitalvermögen nur die Zinsen verwenden. Auf der anderen Seite aber hat der Mann die nachgenannten Lasten des eingebrachten Gutes zu tragen:

1384 a) alle Kosten der Gewinnung der Nutzungen, sowie die gewöhnlichen Unterhaltungskosten;

1385 b) alle der Frau obliegenden gewöhnlichen öffentlichen und die privatrechtlichen Lasten (1047), sowie Versicherungsprämien;

1386 c) die Zinsen der aus dem eingebrachten Gute zu tilgenden Schulden der Frau und die wiederkehrenden Leistungen anderer Art (Kaufpreiszieler, Leibrenten u. a.);

1387 d) die Kosten eines für das eingebrachte Gut geführten Rechtsstreites oder einer Vertheidigung der Frau in einem Strafverfahren, ebenso die Kosten eines Rechtsstreits, den die Frau führt, sofern nicht die Kosten dem Vorbehaltsgute zur Last fallen.

1388 In den Fällen b c und d haftet aber den Gläubigern gegenüber sowohl der Mann wie auch die Frau, beide als Gesammtschuldner.

1389 Den gesammten (standesgemäßen, nicht bloß den nothdürftigen) **ehelichen Aufwand** hat der Mann allein zu tragen (als Ersatz für die ihm zustehenden Nutzungen des eingebrachten Gutes). Er ist zwar bezüglich der Verwendung der Einkünfte, der Frau gegenüber, an sich nicht verantwortlich. Die Frau kann aber verlangen, daß der Mann den Reinertrag des eingebrachten Gutes zur Bestreitung des Unterhalts der Familie und nicht auf seine sonstigen Verpflichtungen verwende. Handelt der Mann gegen diese Pflicht, so kann die Frau ihre Ansprüche durch Klage (1394) geltend machen, ja unter Umständen auf Aufhebung der Verwaltung und Nutznießung klagen (1418).

1390 Macht der Mann zum Zwecke der Verwaltung (nicht zur Nutznießung) des eingebrachten Gutes Aufwendungen, die er den Umständen nach für erforderlich halten darf, so kann er hiefür von der Frau Ersatz verlangen, sofern nicht die Aufwendungen ihm selbst zur Last fallen.

1391 Wird durch das Verhalten des Mannes die Besorgniß begründet, daß das Eingebrachte oder die Ersatzansprüche der Frau (1377) in erheblicher Weise gefährdet werden, so kann die Frau von dem Manne

Sicherheitsleistung im Wege der Klage verlangen (232 u. f.). Diese Klage, wie diejenige auf Gewährung des standesgemäßen Unterhalts für **1394** die Familie aus dem Reinertrag des Eingebrachten (1389) kann schon während des Bestehens der Verwaltungsgemeinschaft erhoben werden, während alle übrigen Ansprüche der Ehegatten gegeneinander erst nach Aufhebung der Verwaltung und Nutznießung des eingebrachten Gutes geltend gemacht werden können, es wäre denn, daß die Voraussetzungen vorlägen, unter denen die Frau nach 1391 Sicherheitsleistung verlangen kann.

Wenn die Frau auch Eigenthümerin ihres eingebrachten Gutes ver= **1395** bleibt, so kann sie doch nur mit Einwilligung des Mannes über dasselbe verfügen. (Vergl. 1375 letzter Satz.) Verfügt sie ohne diese Einwilligung, so ist das betreffende Rechtsgeschäft

a) falls es ein einseitiges ist (z. B. eine Kapitalkündigung, Präsen= **1398** tation, Protesterhebung), von vornherein nichtig.

b) Ist das Geschäft ein Vertrag über Sachen oder Rechte des ein= **1396** gebrachten Gutes, also eine dingliche Verfügung über die Substanz (Kaufvertrag, Abtretung, Verzicht u. s. w.), so ist dasselbe ungiltig, wenn der Mann auf die Aufforderung des anderen Theils, sich zu erklären, diesem gegenüber seine Genehmigung entweder ausdrücklich oder durch Stillschweigen (innerhalb zwei Wochen) ablehnt oder wenn der andere Theil vor der Genehmigung zurücktritt. Der Rücktritt ist allerdings nur zulässig, wenn der **1397** Dritte die Frau für unverheirathet gehalten oder ihrer Angabe, der Mann sei einverstanden, vertraut hat. Erfolgt nachträglich die Genehmigung des Mannes, so wird der Vertrag dadurch wirksam.

Hat die Frau ein rechtsgeschäftliches Schuldverhältniß eingegangen, **1399** durch welches sie sich zu einer Leistung verpflichtet (nicht zu verwechseln mit einem Vertrage nach b oder einer persönlichen Leistung nach 1358), z. B. durch Aufnahme eines Darlehens oder zur Lieferung einer Sache, so ist die Zustimmung des Mannes dabei nicht erforderlich. Stimmt er nicht zu, so muß er doch dasjenige, um was das eingebrachte Gut durch das Geschäft bereichert worden ist, auf Erfordern herausgeben, im Weiteren ist das Geschäft ihm gegenüber unwirksam.

Die Frau kann zwar selbständig klagen und verklagt werden; führt **1400** sie aber einen Rechtsstreit ohne Zustimmung des Mannes, so ist derselbe für den Mann, abgesehen von den Prozeßkosten, unverbindlich. Es ist daher eine Klage, die gegen beide, bezw. gegen das eingebrachte Gut wirksam sein soll, gegen den Mann mit zu richten. Klagen um ein zum Eingebrachten gehörendes Recht kann die Frau nur mit Zustimmung des Mannes anstellen.

Die nach dem bisher Gesagten erforderliche Zustimmung des Mannes **1401** ist nachgelassen, wenn der Mann durch Krankheit oder Abwesenheit an der Zustimmung verhindert und mit dem Aufschube Gefahr verbunden ist.

1402 Verweigert der Mann ohne ausreichenden Grund die Zustimmung zu Rechtsgeschäften, die zur ordnungsmäßigen Besorgung der persönlichen Angelegenheiten der Frau erforderlich sind — also solche, die der ehelichen Gemeinschaft nicht unmittelbar angehören, wie z. B. Pflege von Familienbeziehungen, Kosten eines Strafverfahrens — so kann die Zustimmung auf Antrag der Frau durch das Vormundschaftsgericht ersetzt werden. (§ 45 Ges. über Angel. d. freiw. Gerichtsbarkeit.)

1403 Ein einseitiges Rechtsgeschäft, das sich auf das eingebrachte Gut bezieht, z. B. eine Kündigung, ist dem Manne gegenüber vorzunehmen. Handelt es sich hiebei aber um eine Verbindlichkeit der Frau, so ist es dieser, oder wenn das Geschäft gegen den Mann mit wirksam werden soll, beiden Ehegatten gegenüber vorzunehmen.

1405 Ertheilt der Mann der Frau die Einwilligung zum selbständigen Betriebe eines Erwerbsgeschäfts oder duldet er einen solchen einspruchslos, z. B. die Führung eines Ladengeschäfts, einer Putzmacherei, einer Wirthschaft, die Stellung als Fabrikarbeiterin, als Tagelöhnerin u. a., so bedürfen die einzelnen Geschäfte und Prozesse, die dieser Geschäftsbetrieb mit sich bringt, der Zustimmung des Mannes nicht weiter. Die fraglichen Geschäfte sind in Ansehung des eingebrachten Gutes auch dem Manne gegenüber unbedingt wirksam, so daß das eingebrachte Gut auch für die Geschäftsschulden der Frau mithaftet.

Einseitige Rechtsgeschäfte, die sich auf das Erwerbsgeschäft beziehen, sind der Frau gegenüber vorzunehmen.

Der Erwerb aus einem solchen Sondergeschäfte wird Vorbehaltsgut der Frau (1367).

Selbstverständlich greifen diese Bestimmungen nicht Platz, wenn die Frau nur im Geschäfte des Mannes zur Aushülfe thätig ist.

1406 Von der Vorschrift 1395, daß die Frau zu einer Verfügung über ihr eingebrachtes Gut der Zustimmung des Mannes bedürfe, giebt es folgende Ausnahmen, und bedarf es der ehemännlichen Zustimmung nicht:

a) zur Annahme oder Ausschlagung einer Erbschaft oder eines Vermächtnisses, zum Verzicht auf den Pflichttheil sowie zur Errichtung des Inventars über eine angefallene Erbschaft;
b) zur Ablehnung eines Vertragsantrags oder einer Schenkung;
c) zur Vornahme eines Rechtsgeschäfts gegenüber dem Manne;

1407 ferner nicht:

d) zur Fortsetzung eines zur Zeit der Eheschließung schwebenden Prozesses;
e) zur gerichtlichen Geltendmachung eines Rechts gegen den Mann oder auch gegen einen Dritten, wenn der Mann ohne die er-

forderliche Zustimmung der Frau über das Recht verfügt hat (z. B. zur Einklagung einer Forderung des eingebrachten Gutes, die der Schuldner ohne Zustimmung der Frau an den Mann gezahlt hat oder zur Klage auf Rückgabe einer zum eingebrachten Gute gehörenden Sache, die der Mann ohne Zustimmung der Frau veräußert hat);

f) zur gerichtlichen Geltendmachung eines Widerspruchsrechts gegenüber einer Zwangsvollstreckung (zur Interventionsklage).

Das Nutzungsrecht des Mannes an dem eingebrachten Gute ist nicht **1408**
übertragbar, mithin als solches nicht pfändbar. § 861. Civ.-Proz.-Ord.

Steht der Mann unter Vormundschaft, so vertritt ihn in der Ver- **1409**
waltung des eingebrachten Gutes sein Vormund. Vormund kann auch die Frau sein.

Abgesehen von den bisher dargestellten Beschränkungen in der Verfügungsfähigkeit über das eingebrachte Gut besitzt die Frau für ihre Person volle Geschäftsfähigkeit. (Siehe Seite 7.)

3. Schuldenhaftung.

Für Schulden des Mannes können seine Gläubiger keine Be- **1410**
friedigung aus dem eingebrachten Gute verlangen, denn die Frau hat ja keinen Antheil an dem Vermögen des Mannes und nicht einmal an der Errungenschaft, so daß ihr keine Haftung für des Mannes Schulden mit ihrem Eingebrachten und noch weniger mit ihrem Vorbehaltsgute zugemuthet werden kann. Wohl aber können die Gläubiger des Mannes sich an die Nutzungen des eingebrachten Gutes halten, da diese dem Manne gehören, z. B. die Zinsen von Kapitalien, Pachtgelder u. a.

Für Schulden der Frau haftet, abgesehen vom Vorbehaltsgute, **1411**
das Eingebrachte unbedingt dann, wenn diese Schulden vor der Ehe, bezw. vor der Verwaltungsgemeinschaft oder durch eine unerlaubte Handlung der Frau entstanden sind.

Hat der Mann verbrauchbare Sachen des Eingebrachten veräußert oder verbraucht und nach 1377 hiefür Ersatz an das eingebrachte Gut zu leisten, so können die Gläubiger der Frau sich an diese Ersatzansprüche halten und aus denselben sofortige Befriedigung verlangen. Weiter haftet das Vermögen des Mannes nicht für die Schulden seiner Frau.

Für Vertragsschulden, welche die Frau während der Ehe eingeht, **1412**
haftet das Eingebrachte nur, wenn diese Schulden mit Zustimmung des Mannes oder von der Frau innerhalb ihres Verfügungskreises gemacht worden sind.

Für Prozeßkosten der Frau haftet das eingebrachte Gut in allen
Fällen. Dagegen haftet es nicht für solche Schulden der Frau, die **1414**
nach Eingehung der Ehe in Folge eines zum Vorbehaltsgute gehörenden Rechtes oder des Besitzes einer dazu gehörenden Sache entstanden sind,

es sei denn, daß das Recht oder die Sache zu einem Erwerbsgeschäfte gehört, das die Frau mit Einwilligung des Mannes selbständig betreibt.

Neben der Frau haftet der Mann als Gesammtschuldner mit seinem Vermögen für die mit der Verwaltung des eingebrachten Gutes zusammenhängenden oder auf diesem nach 1385—1387 lastenden Verbindlichkeiten.

Für Schulden des Vorbehaltsguts ist der Mann nicht haftbar.

Wenn die Frau neben dem eingebrachten Gute Vorbehaltsgut besitzt, so haben diejenigen Gläubiger der Frau, denen auch das eingebrachte Gut haftet, die Wahl, ob sie aus diesem oder aus dem Vorbehaltsgute Befriedigung suchen wollen. Da aber als Regel gilt, daß alle
1417 Verbindlichkeiten aus demjenigen Gute zu decken sind, dem sie zur Last fallen, so ist gegenseitig Ersatz zu leisten für Berichtigungen, die etwa aus einem Gute für das andere geleistet sind.

Dem etwa vorhandenen Vorbehaltsgute und nicht dem Eingebrachten fallen — im Verhältnisse der Ehegatten zu einander, nicht im Verhältnisse zu den Gläubigern — zur Last:

1415 a) Verbindlichkeiten der Frau aus einer unerlaubten Handlung während der Ehe, einschließlich derjenigen des Strafverfahrens;
b) Verbindlichkeiten aus einem sich auf das Vorbehaltsgut beziehenden Rechtsverhältniß;
c) die Kosten eines Rechtsstreits über eine unter a und b genannte Verbindlichkeit;

1416 d) die Kosten eines Rechtsstreits zwischen den Ehegatten, soweit diese der Mann nicht zu tragen hat; ferner unter Umständen auch die Kosten eines Rechtsstreits der Frau gegen einen Dritten.

4. Beendigung der Verwaltung und Nutznießung.

Die Verwaltungsgemeinschaft endigt:

a) mit Auflösung der Ehe (durch Tod oder Scheidung);
b) durch Aufhebung mittelst eines Ehevertrags;
c) durch Konkurs oder Todeserklärung des Mannes (das eingebrachte Gut fällt nicht in die Konkursmasse des Mannes);
d) durch rechtskräftiges die Aufhebung aussprechendes Urtheil.

Ein einseitiger Verzicht des Mannes würde dagegen die Aufhebung noch nicht zur Folge haben.

1418 Die Frau kann auf Aufhebung der Verwaltung und Nutznießung klagen:

a) in allen Fällen, in denen sie nach 1391 auch auf Sicherheitsleistung zu klagen berechtigt ist;
b) wenn der Mann die ihm gegen die Familie obliegende Unterhaltungspflicht verletzt und für die Zukunft eine erhebliche Gefährdung des Unterhalts zu besorgen ist;

c) bei Entmündigung des Mannes oder Einsetzung einer Pflegschaft über sein Vermögen.

Nach der Beendigung der Verwaltungsgemeinschaft hat der Mann das eingebrachte Gut der Frau, bezw. deren Erben, namentlich den volljährigen Kindern herauszugeben und Rechnung zu legen (259). Die Rechnung umfaßt nur den Stamm des Eingebrachten, nicht die gezogenen Nutzungen und vom Manne zu tragenden Lasten und Verwaltungskosten. Ueber das gegenseitige Erbrecht der Eheleute siehe 1931 u. f. **1421**

Beim Tode der Frau hat der Mann diejenigen zur Verwaltung gehörenden Geschäfte, mit deren Aufschube Gefahr verbunden ist, zu besorgen, bis der Erbe anderweit Fürsorge treffen kann. **1424**

5. Gütertrennung.

Neben dem bisher besprochenen gesetzlichen Güterstand der Verwaltung und Nutznießung des Mannes besteht kraft Gesetzes für gewisse Fälle als außerordentlicher Güterstand derjenige der Gütertrennung. Bei dieser fällt die Verwaltung und Nutznießung des Vermögens der Frau durch den Mann weg. Das beiderseitige Vermögen bleibt nach Eigenthum, Nutznießung, Besitz und Verwaltung getrennt. Die Frau hat in Ansehung ihres Vermögens die Stellung einer unverheiratheten Person und bleibt in der Verwaltung desselben ganz selbständig. Vergl. aber 1354.

Die Gütertrennung tritt kraft Gesetzes ein: **1426**

a) in der Ehe mit einer in der Geschäftsfähigkeit beschränkten (also insbesondere einer minderjährigen) Frau, wenn die Ehe ohne Einwilligung ihres gesetzlichen Vertreters (Vater, Mutter, Vormund) geschlossen ist (siehe auch 1661);
b) wenn der gesetzliche Güterstand der Verwaltungsgemeinschaft oder die Errungenschaftsgemeinschaft durch ein rechtskräftiges Urtheil, durch Konkurs oder Todeserklärung des Mannes, oder wenn die allgemeine Gütergemeinschaft oder die Fahrnißgemeinschaft durch rechtskräftiges Urtheil aufgelöst ist;
c) in den Fällen 1436, also wenn die Verwaltung und Nutznießung des Mannes ohne Ersatz durch einen andern vertragsmäßigen Güterstand ausgeschlossen wird.

Im Einzelnen hat die Gütertrennung folgende Wirkungen:

Der Mann hat den ehelichen Aufwand zu tragen. Hiezu leistet die Frau einen angemessenen Beitrag aus den Einkünften — nicht aus dem Stamme — ihres Vermögens und ihres Erwerbes. Die desfallsigen Ansprüche des Mannes an seine Frau sind nicht übertragbar und daher als solche nicht pfändbar. **1427**

Ist eine erhebliche Gefährdung des Unterhalts der Familie bei dem Manne zu besorgen, oder wird dieser entmündigt oder sein Vermögen **1428** unter Pflegschaft gestellt, so kann die Frau ihren Beitrag zum ehelichen Aufwand zu ihrer eigenen Verfügung zurückbehalten.

1430 Ueberläßt die Frau ihr Vermögen ganz oder theilweise der Verwaltung des Mannes, so kann dieser alles dasjenige, was von den Einkünften nach Bestreitung der Ausgaben erspart wird, sofern die Frau darüber nicht anders verfügt, nach freiem Ermessen und auch für sich selbst verwenden; seine Gläubiger haben hierauf keinen Anspruch.

1431 Die Gütertrennung haben Dritte (die Gläubiger) nur dann gegen sich gelten zu lassen, wenn dieselbe in das Güterrechts-Register eingetragen ist. Ohne diesen Eintrag kann einem Gläubiger die Gütertrennung nur dann eingewendet werden, wenn ihm solche sonst bekannt war und ihm diese Kenntniß der Sachlage nachgewiesen zu werden vermag, denn der Gläubiger darf sonst annehmen, daß zwischen den Ehegatten das gesetzliche Güterrecht bestehe.

II. Vertragsmäßiges Güterrecht.

1. Allgemeine Vorschriften.

Entsprechen die bisher dargestellten Bestimmungen des gesetzlichen Güterrechtes aus irgend welchem Grunde nicht den Verhältnissen der Brautleute oder Ehegatten, und wünschen sie daher ihren Güterstand in einer anderen Weise geregelt, so können sie dies, wie schon früher ge-
1432 sagt, nur durch einen Vertrag (Ehevertrag) bewirken. Um solches den Betheiligten zu erleichtern und insbesondere, um durch einen kurzen und doch klaren Ehevertrag einen Güterstand wählen zu können, der in der betreffenden Gegend nach den bisherigen Gewohnheiten und Anschauungen im Wesentlichen dem Bedürfnisse mehr entspricht, hat das Gesetz neben dem gesetzlichen Güterstande die vier hauptsächlichsten anderen bisher in Deutschland üblich gewesenen Formen des ehelichen Güterrechts, nämlich 1. die allgemeine Gütergemeinschaft, 2. die Errungenschaftsgemeinschaft, 3. die Fahrnißgemeinschaft und 4. die Gütertrennung ebenfalls geordnet, so daß da, wo einem dieser vier Güterstände der Vorzug vor dem gesetzlichen gegeben wird, es möglich ist, an Stelle eines weitläufigen und dennoch unvollkommenen Ehevertrages, einfach in dem Ehevertrage zu verabreden, daß dieser oder jener Güterstand für die Ehe Geltung haben solle. Keiner derselben kommt kraft Gesetzes zur Anwendung, sondern immer nur durch Ehevertrag, auch nicht in Gegenden, in denen bisher einer derselben gesetzliche Kraft besaß. Nur das System der Gütertrennung hat insofern eine Doppelstellung, als diese Form auch in den oben unter 1426 genannten Fällen als gesetzliches Güterrecht Anwendung findet und deshalb schon beim gesetzlichen Güterrecht seine Regelung gefunden hat. Das Gesetz ermöglicht also durch Ehevertrag, wie z. B. „für die von uns beabsichtigte Ehe führen wir hierdurch die allgemeine Gütergemeinschaft des bürgerl. Gesetzbuches ein" das von den Betheiligten gewünschte Güterrecht zur Anwendung zu bringen. Natürlich kann, da volle Vertragsfreiheit be-

steht, das Güterrecht noch in jeder anderen Weise geregelt werden und unterliegt ein Ehevertrag immer nur den unter 1433—1436 besprochenen Einschränkungen. Auch der gesetzliche Güterstand kann durch Ehevertrag eingeführt oder ausgeschlossen werden. Es ist selbst nach Eingehung der Ehe und zu jeder Zeit gestattet, den bestehenden Güterstand aufzuheben oder zu ändern.

Der Güterstand kann nicht durch Verweisung auf ein nicht mehr **1433**
geltendes oder auf ein ausländisches Gesetz bestimmt werden. Es ist daher nicht zulässig, einen Ehevertrag dahin zu schließen, daß für das Güterrecht die Bestimmungen z. B. des preußischen allgemeinen Landrechts, des römischen Dotalrechts, der westfälischen Gütergemeinschaft, des französischen Rechts u. s. w. maßgebend sein sollen.

Der Ehevertrag muß bei gleichzeitiger Anwesenheit beider Theile vor **1434**
Gericht oder vor einem Notar geschlossen werden. Ohne diese Form geschlossene Eheverträge sind nichtig und tritt alsdann das gesetzliche Güterrecht ein. Ein Ehevertrag, der die Verwaltung und Nutznießung **1435**
des Mannes am Vermögen der Frau ausschließt oder ändert, muß um Dritten gegenüber wirksam zu sein, im Güterrechts-Register eingetragen oder dem Dritten sonst bekannt gewesen sein. Siehe hierüber 1431.

Wird durch Ehevertrag der gesetzliche Güterstand ausgeschlossen oder **1436**
die (vorher bestehende) allgemeine Gütergemeinschaft, die Errungenschaftsgemeinschaft oder die Fahrnißgemeinschaft aufgehoben und eine anderweite Regelung des Güterrechts nicht bewirkt, so tritt Gütertrennung ein, sofern sich nicht aus dem Vertrag ein Anderes ergiebt.

2. Allgemeine Gütergemeinschaft.

Ein Ehevertrag, durch den die allgemeine Gütergemeinschaft verein- **1437**
bart oder aufgehoben wird, kann nicht durch einen gesetzlichen Vertreter geschlossen werden. Ist einer der Vertragschließenden in der Geschäftsfähigkeit beschränkt (106, 114), so bedarf er der Zustimmung seines gesetzlichen Vertreters, bevormundete Mädchen oder Entmündigte aber bedürfen der Genehmigung des Vormundschaftsgerichts.

Das Vermögen des Mannes und das der Frau werden gemein- **1438**
schaftliches Vermögen beider Eheleute **(Gesammtgut).** Siehe 741 u. f. Beide haben nur ein Vermögen, das die Lasten der Ehe trägt und das der Mann verwaltet. Zum Gesammtgut gehört auch das Vermögen, das der Mann oder die Frau während der Gütergemeinschaft erwirbt. Die einzelnen Gegenstände werden ohne ein weiteres Rechtsgeschäft gemeinschaftlich; selbst der Berichtigung des Grundbuchs bedarf es nicht, doch kann jeder Theil diese verlangen. (Siehe auch § 860 Civ.-Proz.-Ord.)

Ausgeschlossen vom Gesammtgute sind nur:

1439 a) solche Gegenstände, die nicht durch Rechtsgeschäft übertragen werden können, z. B. Nießbrauch, Lehen, Fideikommiß;

1440 b) das Vorbehaltsgut. Solches kann in dem Ehevertrage ausbedungen werden oder bei einer Schenkung oder letztwilligen Zuwendung auf der Bestimmung des Schenkers oder Erblassers beruhen (1369, 1370).

1441 Das Vorbehaltsgut der Frau unterliegt den Grundsätzen der Gütertrennung, doch hat die Frau nur bei Unzulänglichkeit der Einkünfte des Gesammtguts zum ehelichen Aufwande entsprechend beizutragen.

1442 Kein Ehegatte kann über seinen Antheil am Gesammtgute und den einzelnen dazu gehörenden Gegenständen verfügen oder Theilung verlangen; Niemand, der zum Gesammtgute etwas schuldet, darf eine Forderung aufrechnen, die nicht aus dem Gesammtgute verlangt werden kann. Vergl. § 860 Civ.-Proz.-Ord.

1443 Das Gesammtgut unterliegt der Verwaltung des Mannes, er nimmt die dazu gehörigen Sachen in Besitz, verfügt über das Gesammtgut und führt dessen Rechtsstreitigkeiten im eigenen Namen. Die Frau wird durch all diese Verwaltungshandlungen nicht persönlich verpflichtet.

Der Mann bedarf jedoch der Einwilligung (182) der Frau:

1444 a) zu einer Verfügung über das Gesammtgut im Ganzen z. B. zu einem Uebertragsvertrage, Verpachtung u. a.;

1445 b) zu einer Verfügung über ein Grundstück z. B. zur Veräußerung, zur Belastung durch Hypothek u. s. w.;

1446 c) zu einer Schenkung aus dem Gesammtgute oder zu einem Schenkungsversprechen. Ausgenommen sind Schenkungen, die auf einer sittlichen oder einer Anstandspflicht beruhen.

1447 Verweigert die Frau zu einer unter a oder b gedachten Verfügung ihre Zustimmung ohne ausreichenden Grund, obwohl eine solche zur ordnungsmäßigen Verwaltung erforderlich ist, so kann die Zustimmung auf Antrag des Mannes durch das Vormundschaftsgericht ersetzt werden. Das Gleiche gilt bei einer Krankheit oder Abwesenheit der Frau im Falle einer Gefahr des Aufschubes.

1448 Nimmt der Mann ohne Einwilligung der Frau eines der vorgenannten Rechtsgeschäfte vor, so finden 1396, 1397 und 1398 entsprechende Anwendung. Fordert bei einem Vertrage der andere Theil den Mann auf, die Genehmigung der Frau zu beschaffen, so kann die Erklärung über die Genehmigung nur ihm gegenüber erfolgen; dies hat binnen zwei Wochen zu geschehen, wird sie nicht erklärt, so gilt sie als verweigert.

1449 Verfügt der Mann über ein zum Gesammtgute gehörendes Recht ohne Zustimmung der Frau, wo solche erforderlich ist, so kann die Frau das Recht ohne Mitwirkung des Mannes gegen Dritte gerichtlich geltend machen, z. B. die verschenkte Sache oder das veräußerte Grundstück zurückfordern (unbeschadet der Bestimmungen über den Schutz des guten Glaubens des Erwerbers). Siehe auch 1455.

Alle nothwendigen Rechtsgeschäfte und Rechtsstreitigkeiten kann im **1450**
Falle der Verhinderung des Mannes durch Krankheit oder Abwesenheit, sofern mit einem Aufschube Gefahr verbunden ist, die Frau selbst führen.

Für ein Rechtsgeschäft über persönliche Angelegenheiten der Frau **1451**
kann diese, wenn der Mann die erforderliche Zustimmung ohne ausreichenden Grund verweigert, solche vom Vormundschaftsgericht einholen.

Auf ein selbständiges Erwerbsgeschäft der Frau findet 1405 ent- **1452**
sprechende Anwendung.

Keiner Zustimmung des Mannes bedarf die Frau zur Annahme **1453**
oder Ausschlagung einer ihr angefallenen Erbschaft oder eines Vermächtnisses, zum Verzicht auf ihren Pflichttheil, zur Ablehnung eines Vertragsantrages oder einer Schenkung. Der Mann ist zu diesen Rechtshandlungen für die Frau nicht befugt. Die Frau darf auch ohne
Zustimmung des Mannes einen bei Eintritt der Gütergemeinschaft **1454**
schwebenden Prozeß fortsetzen.

Wird durch ein Rechtsgeschäft, das ein Ehegatte ohne die erforder- **1455**
liche Zustimmung des anderen vorgenommen hat, das Gesammtgut bereichert, so kann der Dritte die Herausgabe der Bereicherung (812) verlangen; wenn z. B. die Frau zum Besten des Gesammtgutes ein Darlehen aufgenommen hat.

Der Mann ist der Frau für die (gute oder schlechte) Verwaltung **1456**
des Gesammtgutes nicht verantwortlich; nur wenn er arglistig oder ohne die erforderliche Zustimmung der Frau handelt, hat er dem Gesammtgute den Schaden (aus seinem etwaigen Vorbehaltsgute oder bei der späteren Auseinandersetzung) zu ersetzen.

Steht der Mann unter Vormundschaft, so vertritt das Gesammtgut **1457**
der Vormund. Dies gilt auch, wenn die Frau Vormund ist.

Der eheliche Aufwand fällt dem Gesammtgute zur Last. **1458**

Alle Schulden des Mannes sind Gesammtgutsverbindlich- **1459**
keiten ohne persönliche Haftung der Frau. Seine sämmtlichen Gläubiger können aus dem Gesammtgute Befriedigung verlangen.

Die Schulden der Frau sind in der Regel gleichfalls Gesammtgutsverbindlichkeiten, für welche außer dem Gesammtgute der Mann auch persönlich als Gesammtschuldner mit seinem etwaigen sonstigen Vermögen haftet; (für solche, die bei der Beendigung der Gütergemeinschaft und Auseinandersetzung zu Lasten der Frau fallen, allerdings nur für die Dauer der Gütergemeinschaft).

Von dieser Regel ausgenommen sind solche nach Eintritt der Gütergemeinschaft entstandenen Schulden der Frau, die

1460 a) ohne Zustimmung des Mannes eingegangen sind, obgleich Zustimmung erforderlich war (für Prozeßkosten der Frau haftet das Gesammtgut auch dann, wenn das Urtheil dem Gesammtgute gegenüber nicht wirksam ist);

1461 b) aus Vorbehaltsgut herrühren, welches die Frau aus einer Erbschaft oder einem Vermächtnisse erworben hat;

1462 c) aus einem zu dem Vorbehaltsgute gehörenden Rechte oder dem Besitze einer dazu gehörenden Sache erwachsen sind, es sei denn, daß das Recht oder die Sache zu einem Erwerbsgeschäfte gehört, das die Frau mit Einwilligung des Mannes selbständig betreibt.

Für diese Sonderschulden der Frau haftet das Gesammtgut mithin nicht.

Im Verhältnisse der Ehegatten zu einander — nicht wie bisher im Verhältnisse zu den Gläubigern — fallen zur Last:

1463 A. folgende Gesammtgutsverbindlichkeiten demjenigen Ehegatten, in dessen Person sie entstehen:

a) die während der Gütergemeinschaft entstandenen Verbindlichkeiten eines Ehegatten aus einer unerlaubten Handlung, einschließlich derjenigen des etwaigen Strafverfahrens;

b) alle aus einem Vorbehaltsgute herrührenden Gesammtverbindlichkeiten;

c) die Kosten eines Rechtsstreits über eine unter a oder b bezeichnete Verbindlichkeit.

1464 B. Der Frau fallen zur Last die Kosten eines Rechtsstreits zwischen den Ehegatten, soweit nicht der Mann sie zu tragen hat, sowie für die Regel die Kosten eines Rechtsstreits zwischen ihr und einem Dritten.

1465 C. Dem Manne fällt zur Last eine Ausstattung, die derselbe einem gemeinschaftlichen Kinde versprochen oder gewährt hat, soweit diese das dem Gesammtgute entsprechende Maß übersteigt.

1466 Verwendungen des Mannes aus dem Gesammtgut in sein etwaiges Vorbehaltsgut, oder umgekehrt, sind zu ersetzen.

1467 Was ein Ehegatte zu dem Gesammtgut oder die Frau zu dem Vorbehaltsgute des Mannes an Ersatzansprüchen schuldet, ist erst nach Beendigung der Gütergemeinschaft zu leisten, da dann erst eine endgiltige Auseinandersetzung möglich. Soweit jedoch zur Berichtigung einer Schuld der Frau deren Vorbehaltsgut ausreicht, hat sie die Schuld schon vorher zu berichtigen. Was der Mann aus dem Gesammtgut zu fordern hat, kann er erst nach Beendigung der Gütergemeinschaft fordern.

1468 Klage auf Aufhebung der Gütergemeinschaft ist zulässig:

A. seitens eines jeden der beiden Ehegatten wegen erheb- 1469
licher Gefährdung seines späteren Erwerbes durch Ueberschuldung
des anderen;

B. seitens der Frau:

a) bei rechtswidriger einseitiger Verfügung des Mannes (1444 bis 1446) und dadurch herbeigeführter erheblicher Gefährdung der Zukunft der Frau;

b) bei arglistiger Verminderung des Gesammtgutes durch den Mann;

c) bei erheblicher Gefährdung des Unterhalts der Familie durch Pflichtvergessenheit des Mannes;

d) wenn durch Verschwendung des Mannes seine Entmündigung herbeigeführt oder das Gesammtgut erheblich gefährdet ist.

Die Aufhebung der Gütergemeinschaft tritt mit der Rechtskraft des 1470
Urtheils ein und hat Gütertrennung zur Folge. Gläubigern gegenüber wirkt die Aufhebung nur, wenn sie im Güterrechtsregister eingetragen oder dem Gläubiger sonst bekannt war.

Nach Beendigung der Gütergemeinschaft (durch Auflösung der 1471
Ehe, anderweiten Ehevertrag, Urtheil) findet in Ansehung des Gesammtgutes (sofern nicht der Fall der fortgesetzten Gütergemeinschaft eintritt 1483), die **Auseinandersetzung** statt, die von beiden Seiten bezw. den Erben des verstorbenen Ehegatten mit der Theilungsklage verlangt
werden kann. In der Zwischenzeit muß das Gesammtgut gemein- 1472
schaftlich und ordnungsmäßig verwaltet werden. (Siehe auch § 860 Abs. 2 Civ.-Proz.-Ord.) Was jetzt noch durch Arbeit oder durch Erbschaft erworben wird, gehört nicht mehr zum Gesammtgut.

Die Auseinandersetzung erfolgt, soweit nicht eine andere Vereinbarung 1474
getroffen wird, nach Berichtigung der Gesammtgutsverbindlichkeiten 1475
durch Theilung des Ueberschusses je zur Hälfte, ohne Rücksicht 1476
auf das frühere Beibringen der beiden Ehegatten. Fällt eine Gesammtgutsverbindlichkeit im Verhältnisse der Ehegatten zu einander einem der Ehegatten allein zur Last, so kann dieser die Berichtigung aus dem Gesammtgute nicht verlangen (selbstverständlich aber der Gläubiger).

Zur Schuldentilgung ist das Gesammtgut, soweit erforderlich, in Geld umzusetzen. Was einer der Ehegatten zum Gesammtgute zu ersetzen hat, muß er sich auf seinen Theil anrechnen lassen. Soweit die Ersatzleistung nicht durch Anrechnung erfolgt, bleibt er dem anderen Theile verpflichtet.

Die Theilung des Ueberschusses, nach Deckung der Schulden, erfolgt 1477
nach den Vorschriften über die Gemeinschaft (752 u. f.). Es hat aber jeder Ehegatte das Recht, die von ihm herrührenden Gegenstände und die ausschließlich zu seinem persönlichen Gebrauche bestimmten Sachen, insbesondere Kleider, Schmucksachen und Arbeitsgeräthe gegen

Ersatz ihres Werthes (zur Zeit der Auseinandersetzung) zu übernehmen.

1478 Im Falle der Ehescheidung kann der unschuldige Theil verlangen, daß nach Deckung der Gesammtschulden, vor der Halbscheidung, jedem Theile der Werth seines Eingebrachten zurückerstattet werde. Das hierzu etwa Fehlende hat jeder Theil zur Hälfte zu tragen. Dasselbe Recht steht auch dem wegen seiner Geisteskrankheit Geschiedenen zu.

1480 Nach der Auseinandersetzung haften beide Ehegatten persönlich für etwa unberichtigt gebliebene Gesammtgutsverbindlichkeiten den Gläubigern gegenüber als Gesammtschuldner weiter, jedoch derjenige Theil, in dessen Person diese Schulden nicht entstanden sind, nur soweit, als ihm Gegenstände aus dem Gesammtgut zugetheilt sind. Für die Haftung findet 1990, 1991 entsprechende Anwendung.

1481 Wegen einer unberichtigt gebliebenen Gesammtschuld, die nicht in der Person der Frau entstanden ist, hat der Mann dafür einzustehen, daß die Frau von dem Gläubiger nicht in Anspruch genommen wird; umgekehrt hat die Frau die gleiche Verpflichtung gegen den Mann wegen einer Gesammtschuld, die nach 1463 oder 1464 ihr zur Last fällt.

1482 Stirbt einer der Ehegatten ohne gemeinschaftlichen Abkömmling, so fällt sein Antheil am Gesammtgut als Nachlaß an seine Erben (1931 u. f.), soweit nicht durch Testament oder Ehevertrag ein Anderes (z. B. ein Rückfall) bestimmt ist. Ein Nießbrauchsrecht steht dem überlebenden Theil nicht zu.

1483 Sind bei dem Tode eines Ehegatten gemeinschaftliche Abkömmlinge vorhanden (minderjährige wie großjährige, selbst verheirathete), die zur gesetzlichen Erbfolge berufen sind, also nicht die Enkel, wenn noch die Kinder leben, so wird die Gütergemeinschaft zwischen ihnen und dem überlebenden Ehegatten fortgesetzt **(fortgesetzte Gütergemeinschaft).** Die Gemeinschaft bleibt weiter bestehen; an Stelle des verstorbenen Ehegatten treten die Abkömmlinge in dessen Antheil am Gesammtgute, der also nicht Nachlaß wird. Den Nachlaß des Verstorbenen bildet nur sein Vorbehaltsgut (1439, 1440), welches sich nach den allgemeinen Vorschriften 1922 u. f. vererbt.

Sind neben den gemeinschaftlichen Abkömmlingen andere Abkömmlinge vorhanden (halbbürtige Geschwister oder Abkömmlinge von solchen), so bestimmen sich ihr Erbrecht und ihre Erbtheile so, wie wenn fortgesetzte Gütergemeinschaft nicht eingetreten wäre, d. h. es wird der Antheil des Verstorbenen am Gesammtgute (und dessen etwaiges Vorbehaltsgut) ermittelt und daraus der Erbantheil der einseitigen Abkömmlinge berechnet und ausgeschieden. An Stelle der Einkindschaft, die das Gesetz nicht kennt, bietet Annahme an Kindesstatt oder ein Erbvertrag den Ersatz.

Der überlebende Ehegatte kann die Fortsetzung der Gütergemeinschaft 1484
nach den Formen 1943 u. f. ablehnen, worauf der Antheil des Verstorbenen sich nach den allgemeinen Vorschriften vererbt (1510).

Das Gesammtgut der fortgesetzten Gütergemeinschaft 1485
besteht:

a) aus dem bisherigen Gesammtgute, nach Abzug dessen, was etwa einem nicht gemeinschaftlichen Abkömmling nach 1483 ausgeschieden werden mußte;
b) aus dem Erbtheil, der dem überlebenden Ehegatten am etwaigen Vorbehaltsgute des verstorbenen (1931) zugefallen;
c) aus dem Erwerbe des überlebenden Ehegatten während der fortgesetzten Gütergemeinschaft;
d) aus den Erträgen des Gesammtguts.

Ausgeschlossen bleibt dagegen das beiderseitige Vorbehaltsgut, das etwaige Sondergut der gemeinschaftlichen Abkömmlinge und das Vermögen, das die Abkömmlinge nach Eintritt der fortgesetzten Gütergemeinschaft erwerben. 1438 letzter Satz findet entsprechende Anwendung.

Die Verwaltung des Gesammtguts führt der überlebende Ehe- 1487
gatte; der Mann wie bisher, die Frau in der rechtlichen Stellung, die der Mann vorher inne hatte. Die Kinder erhalten die Stellung, die bis dahin die Frau hatte.

Gesammtgutsschulden der fortgesetzten Gütergemeinschaft sind die aus 1488
der allgemeinen Gütergemeinschaft übernommenen und sämmtliche Schulden
des überlebenden Ehegatten. Der Ueberlebende haftet für diese alle 1489
persönlich; für die übernommenen jedoch, soweit dieselben früher für ihn nicht persönlich verbindlich waren, nur mit dem Bestande des Gesammtguts. Die antheilsberechtigten Abkömmlinge haften persönlich nicht; auch deren eigene Schulden berühren das Gesammtgut nicht.

Stirbt ein antheilsberechtigter Abkömmling, so gehört sein Antheil 1490
am Gesammtgute nicht zu seinem Nachlasse. Seine Nachkommen, die antheilsberechtigt sein würden, wenn er den verstorbenen Ehegatten nicht überlebt hätte, treten an seine Stelle in Fortsetzung der Gütergemeinschaft. Fehlt es an solchen Nachkommen, so wächst sein Antheil den übrigen Abkömmlingen zu; fehlen auch diese, so wird der überlebende Ehegatte Alleineigenthümer des Gesammtguts.

Ein Abkömmling kann auf seinen Antheil am Gesammtgute durch 1491
öffentlich beglaubigte Erklärung an das Nachlaßgericht verzichten. Das Gericht soll den Verzicht dem überlebenden Ehegatten und den übrigen Abkömmlingen (ohne Förmlichkeiten) mittheilen. Derselbe kann auch durch gerichtlichen oder notariellen Vertrag mit dem überlebenden Ehegatten und den übrigen Abkömmlingen erfolgen. Es bedarf der Verzicht der Genehmigung des Vormundschaftsgerichts, wenn der Verzichtende unter elterlicher Gewalt oder Vormundschaft steht. Der Antheil des Verzichtenden wächst dem der übrigen Abkömmlinge und wo

1492 solche fehlen, dem des überlebenden Ehegatten zu. In denselben Formen kann der überlebende Ehegatte jederzeit die fortgesetzte Gütergemeinschaft aufheben, worauf Auseinandersetzung folgt.

1493 Die fortgesetzte Gütergemeinschaft endigt kraft Gesetzes mit der Wiederverheirathung des überlebenden Ehegatten. Dieser hat, wenn ein antheilsberechtigter Abkömmling minderjährig ist oder bevormundet wird, die Absicht der Wiederverheirathung dem Vormundschaftsgericht anzuzeigen, ein Verzeichniß des Gesammtguts einzureichen, die Gütergemeinschaft aufzuheben und die Auseinandersetzung (1474 u. f.) herbeizuführen. Das Vormundschaftsgericht kann gestatten, daß die Aufhebung der Gütergemeinschaft bis zur Eheschließung unterbleibt und daß die Auseinandersetzung erst später erfolgt. Vergl. 1669.

1494 Beendigt wird die fortgesetzte Gütergemeinschaft auch mit dem Tode oder der Todeserklärung des überlebenden Ehegatten.

1495 Ein Abkömmling kann gegen den überlebenden Ehegatten auf Aufhebung der fortgesetzten Gütergemeinschaft klagen:

a) wenn Letzterer ein Rechtsgeschäft nach 1444—1446 ohne Zustimmung des Abkömmlings vorgenommen hat und die Zukunft des Abkömmlings erheblich gefährdet erscheint;
b) wegen arglistiger Verminderung des Gesammtgutes;
c) wenn der überlebende Ehegatte durch Pflichtvergessenheit den Unterhalt des Abkömmlings erheblich gefährdet;
d) wegen Verschwendung;
e) wegen Verwirkung der elterlichen Gewalt oder, wo diese nicht mehr besteht (wie bei Volljährigen), aus Gründen, welche diese verwirken würden.

1497 Nach Beendigung der fortgesetzten Gütergemeinschaft findet die Auseinandersetzung statt. In der Zwischenzeit wird die Verwaltung gemeinschaftlich nach 1442, 1472, 1473 geführt.

1498 Die Auseinandersetzung erfolgt wie bei Auflösung der allgemeinen Gütergemeinschaft nach 1475, 1476, 1477 Satz 1, 1480, 1481. An Stelle des Mannes tritt der überlebende Ehegatte, an Stelle der Frau treten die Abkömmlinge. Die 1476 letzter Satz bezeichnete Verpflichtung hat nur der überlebende Ehegatte. Nach Deckung der Gesammtschulden erhält der überlebende Ehegatte die Hälfte des Gesammtguts, die andere Hälfte fällt auf die Abkömmlinge nach Maßgabe ihres Erbrechts an den verstorbenen Ehegatten zur Zeit der Auflösung der fortgesetzten Gütergemeinschaft.

1499 Dem überlebenden Ehegatten fallen bei der Abrechnung allein zur Last:

a) alle Schulden des Gesammtguts, die er nach den Regeln der allgemeinen Gütergemeinschaft (1463—1467) gleichfalls allein zu tragen haben würde;

b) eine Ausstattung, die er einem antheilsberechtigten Abkömmling über das dem Gesammtgut entsprechende Maß hinaus oder einem nicht antheilsberechtigten überhaupt versprochen oder gewährt hat.

Die Abkömmlinge müssen sich dagegen alle Schulden und Ersatz- **1500**
ansprüche anrechnen lassen, welche der verstorbene Ehegatte bei der Auflösung der allgemeinen Gütergemeinschaft zu tragen gehabt haben würde (1463—1467).

Vor der Auseinandersetzung bezahlte Abfindungen an einen der **1501**
Abkömmlinge sind dem Gesammtgute zuzurechnen und sodann auf die den Abkömmlingen zukommende Hälfte anzurechnen d. h. abzuziehen. Es können jedoch von dieser Vorschrift abweichende Vereinbarungen schon vor Aufhebung der fortgesetzten Gütergemeinschaft durch gerichtlichen oder notariellen Vertrag getroffen werden.

Der überlebende Ehegatte (aber nicht sein Erbe) ist berechtigt, das **1502**
Gesammtgut oder einzelne Stücke gegen Ersatz des (Tax-) Werthes (z. B. bei Wiederverheirathung) zu übernehmen. Bei einer Auseinandersetzung auf Grund 1495 steht dieses Recht jedoch nicht dem überlebenden Ehegatten, sondern den Abkömmlingen gemeinschaftlich zu, diesen allerdings nur bezüglich der von dem verstorbenen Ehegatten herstammenden Gegenstände.

Mehrere antheilsberechtigte Abkömmlinge theilen die ihnen zufallende **1503**
Hälfte des Gesammtguts so, als wenn der verstorbene Ehegatte erst zur Zeit der Auflösung der fortgesetzten Gütergemeinschaft gestorben wäre und die Abkömmlinge als dessen gesetzliche Erben berufen sein würden.

Das Vorempfangene kommt nach 2050 u. f. zur Ausgleichung, soweit eine solche nicht schon bei der Theilung des Nachlasses des verstorbenen Ehegatten erfolgt ist. Ist einem Abkömmling, der auf seinen Antheil verzichtet hat, eine Abfindung aus dem Gesammtgute gewährt, so fällt sie den Abkömmlingen zur Last, denen der Verzicht zu Statten kommt.

Soweit beim Aufhören der fortgesetzten Gütergemeinschaft Gesammt- **1504**
gutsschulden nicht berichtigt sind, haften von da an für diese auch die Abkömmlinge persönlich. (Vergl. 1480.) Im Verhältnisse zu einander aber sind diese nur nach der Größe ihres Antheils an dem Gesammtgute — nicht im Verhältniß ihres Erbtheils — verpflichtet. Die Verpflichtung beschränkt sich auf die ihnen zugetheilten Gegenstände; für die Haftung findet 1990, 1991 entsprechende Anwendung.

Die erbrechtlichen Vorschriften über den Pflichttheil (2303, 2305) **1505**
finden zu Gunsten der Abkömmlinge und ebenso die Vorschriften 2339 **1506**

u. f. auf erbunwürdige Abkömmlinge wegen ihres Antheils am Gesammtgute entsprechende Anwendung.

1507 Das Nachlaßgericht hat dem überlebenden Ehegatten auf Antrag ein Zeugniß über die Fortsetzung der Gütergemeinschaft zu ertheilen. Die Vorschriften über den Erbschein (2353 u. f.) finden entsprechende Anwendung.

1508 Die Ehegatten können die Fortsetzung der Gütergemeinschaft durch Ehevertrag im Ganzen — nicht aber nur einzelne der gesetzlichen Bestimmungen — ausschließen. Es findet dabei 1437 Anwendung.
1509 Ebenso kann jeder Ehegatte für den Fall seines Todes die Fortsetzung der Gütergemeinschaft durch letztwillige Verfügung ausschließen, wenn ein Grund vorliegt, der ihn berechtigen würde, dem anderen Ehegatten den Pflichttheil zu entziehen (2335) oder auf Aufhebung der Güter-
1510 gemeinschaft zu klagen (1468, 1469). Auf die Ausschließung findet 2336 Anwendung. Im Falle 1508 wie 1509 tritt alsdann die persönliche Erbfolge ein.

Jeder Ehegatte kann ferner durch letztwillige Verfügung unter gerichtlich oder notariell beurkundeter Zustimmung des anderen (oder beide Ehegatten in einem gemeinschaftlichen Testamente):

1511 a) einen gemeinschaftlichen Abkömmling von der fortgesetzten Gütergemeinschaft ganz ausschließen;

1512 b) dessen Antheil am Gesammtgute auf die Hälfte herabsetzen;

1513 c) falls dem Abkömmling der Pflichttheil nach 2333 entzogen oder nach 2338 beschränkt werden darf, ihm seinen Antheil ganz entziehen bezw. beschränken;

1515 d) das Gesammtgut oder einzelne dazu gehörige Gegenstände gegen Ersatz des Werthes an die Theilungsmasse einem der Abkömmlinge übertragen (z. B. dem ältesten Sohne).

Im Falle a kann der ausgeschlossene Abkömmling, unbeschadet seines Erbrechts an den etwaigen anderweiten Nachlaß des verstorbenen Ehegatten, denjenigen Betrag aus dem Gesammtgute verlangen, der ihm sonst als Pflichttheil gebühren würde. Dieser Betrag wird den übrigen Abkömmlingen angerechnet (1500). Gehört im Falle d zu dem Gesammtgut ein Landgut, so kann angeordnet werden, daß das Landgut mit dem Ertragswerthe oder mit einem Preise, der den Ertragswerth mindestens erreicht, angesetzt werden soll. Es findet dabei 2049 Anwendung. Das Recht, das Landgut zu dem vorbezeichneten Werthe oder Preise zu übernehmen, kann auch dem überlebenden Ehegatten
1514 eingeräumt werden. Die im Falle b und c einem Abkömmling entzogenen Antheile fallen den übrigen antheilsberechtigten Abkömmlingen zu, doch können die Ehegatten das Entzogene (mit Ausnahme des nach c nur durch eine Beschränkung gemäß 2338 Entzogenen) auch einem Dritten durch letztwillige Verfügung zuwenden.

Ein von einem Abkömmling einem Ehegatten erklärter Verzicht auf **1517**
den Antheil am Gesammtgute der künftigen fortgesetzten Gütergemeinschaft bedarf der gerichtlichen oder notariellen Zustimmung des anderen Ehegatten. Es finden dabei 2346 u. f. Anwendung.

Anordnungen, die mit den Vorschriften 1483—1517 im Wider- **1518**
spruch stehen, können von den Ehegatten in keiner Weise getroffen werden und dürfen daher namentlich in keinen Ehevertrag, in welchem allgemeine Gütergemeinschaft vereinbart ist, aufgenommen werden, ebensowenig in eine letztwillige Verfügung.

3. Errungenschaftsgemeinschaft.

Vereinbaren die Eheleute an Stelle des gesetzlichen Güterstandes durch Ehevertrag die Errungenschaftsgemeinschaft, so heißt dies, daß alles, was die Ehegatten während der Ehe durch ihre Thätigkeit oder als Ertrag ihres eingebrachten Vermögens erwerben, gemeinsam ist, daß aber das Gleiche auch hinsichtlich der für diesen Erwerb erforderlichen Ausgaben sowie hinsichtlich der ehelichen Lasten gilt. Die bei Beendigung der Ehe vorhandenen Ueberschüsse dieser Errungenschaft fallen je zur Hälfte auf die Seite des Mannes und die der Frau.

In einer Ehe mit Errungenschaftsgemeinschaft sind vier verschiedene Vermögens-Massen denkbar:

A. das Gesammtgut, d. h. alles was der Mann und auch die **1519**
Frau während der Ehe bezw. während der Errungenschaftsgemeinschaft erwirbt. Dasselbe wird gemeinschaftliches Vermögen beider Ehegatten. Auf dieses Gesammtgut finden die für die allgemeine Gütergemeinschaft geltenden Vorschriften 1438, 1442—1453, 1455—1457 Anwendung.

B. Eingebrachtes Gut des Mannes.

C. Eingebrachtes Gut der Frau. Eingebrachtes Gut — also Sondergut — eines der Ehegatten ist:

a) alles was ihm beim Beginn der Ehe bezw. der Errungen- **1520**
schaftsgemeinschaft gehört;

b) was er von Todeswegen oder mit Rücksicht auf ein künftiges **1521**
Erbrecht (2050 u. f), durch Schenkung oder als Ausstattung erwirbt, ausgenommen ein Erwerb, der den Umständen nach zu den Einkünften (des Gesammtguts) zu rechnen ist;

c) Gegenstände, die nicht durch Rechtsgeschäft übertragen **1522**
werden können (1439), Rechte, die mit dem Tode erlöschen oder deren Erwerb durch den Tod eines der beiden Ehegatten bedingt ist, z. B. Lebensversicherungsbeträge (bei einer Ueberlebensversicherung dagegen unterliegt die Versicherungssumme den erbrechtlichen Bestimmungen);

d) alles was durch Ehevertrag für eingebrachtes Gut erklärt ist; **1523**

1524 e) alles was durch das eingebrachte Gut selbst oder an Stelle desselben erworben wird (1370), ausgenommen der Erwerb aus dem Betriebe eines Erwerbsgeschäfts, da dieser Gesammtgut wird.

1525 Alle Nutzungen des eingebrachten Guts fallen in das Gesammtgut (vergl. 1383—1388). Auf das eingebrachte Gut der Frau finden im Uebrigen die Vorschriften 1373—1383, 1390—1417 entsprechende Anwendung.

1526 D. Vorbehaltsgut der Frau ist, was durch Ehevertrag für Vorbehaltsgut erklärt ist oder von der Frau nach 1369 oder 1370 erworben wird.

Der Mann kann kein Vorbehaltsgut haben. Für das Vorbehaltsgut der Frau gilt das Gleiche wie für das Vorbehaltsgut bei der allgemeinen Gütergemeinschaft (1441).

1527 Im Falle des Bestreitens wird bis zum Gegenbeweise vermuthet, daß alles Vermögen der Eheleute Gesammtgut sei. Zur Ver-
1528 meidung von Verdunkelungen kann daher jeder Ehegatte verlangen, daß der Bestand seines eigenen und des dem anderen Ehegatten gehörenden, eingebrachten Guts durch Aufnahme eines Verzeichnisses unter Mitwirkung des anderen Ehegatten festgestellt wird; für ein solches Inventar gelten die Vorschriften 1035. Auch der Zustand der einzelnen Sachen kann durch Sachverständige festgestellt werden.

Das Gesammtgut hat die folgenden Verbindlichkeiten zu tragen:

1529 A. den ehelichen Aufwand;

B. alle Lasten des eingebrachten Gutes beider Ehegatten (da ja auch die Nutzungen in das Gesammtgut fallen) und zwar in demselben Umfange wie bei 1384—1387;

1530 C. die Gesammtgutsverbindlichkeiten, das sind:

a) alle Verbindlichkeiten des Mannes (1459) ohne Unterschied, daher auch seine vorehelichen und die auf seinem Eingebrachten haftenden Schulden;

b) folgende Verbindlichkeiten der Frau:

1531 1. alle Lasten ihres eingebrachten Guts, wie schon unter B. gesagt;

1532 2. die nach Eintritt der Errungenschaftsgemeinschaft aus einem Rechtsgeschäft entstandenen Schulden oder aus einem Rechtsstreit erwachsenen Kosten, sofern der Mann dabei zugestimmt hatte oder seine Zustimmung überhaupt nicht erforderlich war; (für voreheliche oder aus unerlaubten Handlungen entstandene Schulden der Frau haftet das Gesammtgut nicht);

1533 3. Schulden, die nach Eintritt der Errungenschaftsgemeinschaft in Folge eines der Frau zustehenden

Rechtes oder des Besitzes einer ihr gehörenden Sache entstehen, wenn das Recht oder die Sache zu einem mit Einwilligung des Mannes selbständig betriebenen Erwerbsgeschäfte gehört;

4. Schulden, die der Frau auf Grund der gesetzlichen Unterhaltungspflicht obliegen (1601). 1534

Für die unter b 1—4 genannten Gesammtschulden haftet der Mann auch persönlich, wenigstens so lange die Errungenschaftsgemeinschaft dauert, später allerdings nur noch wenn die betreffende Schuld im Verhältnisse der Ehegatten zu einander dem Gesammtgute zur Last fällt.

Bei der Abrechnung nach Beendigung der Errungenschaftsgemeinschaft (1541) fallen im Verhältnisse der Ehegatten zu einander — nicht im Verhältnisse zu den Gläubigern — an Verbindlichkeiten (soweit diese nicht Verwaltungskosten nach 1529 B. darstellen oder in dem Betriebe eines für das Gesammtgut arbeitenden Erwerbsgeschäfts entstanden sind) zur Last:

A. demjenigen Ehegatten, in dessen Person sie entstehen, alle von seinem eingebrachten oder von seinem Vorbehaltsgute herrührenden Gesammtgutsverbindlichkeiten; 1535

B. dem Manne allein: 1536

a) alle seine vor der Ehe entstandenen Schulden;

b) alle seine Verbindlichkeiten, die der Frau gegenüber aus der Verwaltung ihres eingebrachten Guts entstehen, soweit nicht das Gesammtgut bereichert ist;

c) seine Verbindlichkeiten aus einer während der Ehe begangenen unerlaubten Handlung.

Die Kosten eines Rechtsstreits über eine unter A und B gedachte Verbindlichkeit folgen der Hauptschuld.

Verspricht oder gewährt der Mann einem Kinde eine Ausstattung, so kommt 1465 in Anwendung. 1538

Bereicherungen des Gesammtguts durch das Eingebrachte eines Ehegatten oder umgekehrt des eingebrachten Guts durch das Gesammtgut sind gegenseitig zu ersetzen. 1539

Sind verbrauchbare Sachen, also namentlich Geld, aus dem Eingebrachten eines Ehegatten, nicht mehr vorhanden, so wird im Zweifel vermuthet, daß dieselben in das Gesammtgut verwendet worden seien und dieses dadurch bereichert sei. 1540

Was ein Ehegatte zu dem Gesammtgut, oder die Frau zu dem Eingebrachten des Mannes schuldet, ist erst nach Beendigung der Errungenschaftsgemeinschaft zu leisten; soweit jedoch zur Berichtigung einer Schuld der Frau ihr Eingebrachtes und ihr Vorbehaltsgut ausreichen, hat sie die Schuld schon vorher zu berichtigen. Die Forderungen des Mannes können erst nach Beendigung der Gemeinschaft verlangt werden. 1541

1542 Auf Aufhebung der Errungenschaftsgemeinschaft kann klagen:
a) die Frau unter den Voraussetzungen 1418 a c und 1468 B;
b) der Mann unter der Voraussetzung 1469.

Die Errungenschaftsgemeinschaft endigt abgesehen von der Auflösung durch Ehevertrag, Tod eines Ehegatten oder Scheidung:

1543 a) durch Eröffnung des Konkurses über das Vermögen des Mannes;
1544 b) mit der Todeserklärung eines Ehegatten;
c) durch Urtheil (1542).

1545 In allen drei Fällen tritt sodann Gütertrennung ein, den Gläubigern gegenüber jedoch nur wirksam nach 1435.

1546 Nach Beendigung der Errungenschaftsgemeinschaft findet die Auseinandersetzung des Gesammtguts und zwar, sofern nichts anderes vereinbart ist, nach den Grundsätzen der allgemeinen Gütergemeinschaft (1475—1477, 1479—1481) statt. Auf das Eingebrachte der Frau finden die Bestimmungen des gesetzlichen Güterstandes (1421—1424) Anwendung.

4. Fahrnißgemeinschaft.

Die bisher im Bereiche des französischen und badischen Rechts geltende Fahrnißgemeinschaft steht der allgemeinen Gütergemeinschaft näher als der Errungenschaftsgemeinschaft. Besitzt keiner der Ehegatten unbewegliches Vermögen, so trifft sie sogar mit der Gütergemeinschaft vollständig zusammen. Bei der Fahrnißgemeinschaft ist zu unterscheiden zwischen dem beweglichen und dem unbeweglichen Vermögen. Das unbewegliche Vermögen, welches die Ehegatten bei dem Eintritte der Fahrnißgemeinschaft haben oder während derselben durch Erbfolge, durch Vermächtniß oder mit Rücksicht auf ein künftiges Erbrecht durch Schenkung oder als Ausstattung erwerben, fällt nicht in die Gemeinschaft, sondern wird eingebrachtes Gut. Im Güterstande der Fahrnißgemeinschaft sind daher dieselben vier Gütermassen denkbar, wie bei der Errungenschaftsgemeinschaft.

A. Gesammtgut hier Fahrnißgemeinschaft genannt. Dazu gehört:

1549 a) das gesammte bewegliche Vermögen, das die beiden Ehegatten bei der Eheschließung (bezw. beim Eintritte dieses Güterstandes) besitzen und dasjenige, welches sie während der Dauer desselben erwerben;
b) diejenigen Grundstücke, welche sie während dieses Güterstandes gegen Entgelt erwerben.

Auf das Gesammtgut finden die Regeln der allgemeinen Gütergemeinschaft soweit Anwendung, als sich aus dem folgenden nicht ein Anderes ergiebt.

B. Eingebrachtes Gut des Mannes bezw. C. der Frau. Dazu gehört:

a) das unbewegliche Vermögen (Grundstücke nebst Zubehör, Rechte an fremden Grundstücken mit Ausnahme der Hypotheken, Grund- und Rentenschulden u. a.) das der Ehegatte, wie schon erwähnt, beim Eintritt der Fahrnißgemeinschaft hat oder während der Gemeinschaft unentgeltlich erwirbt; **1551**

b) Gegenstände, die nicht durch Rechtsgeschäft übertragen werden können (1439, 1522); **1552**

c) was durch Ehevertrag für eingebrachtes Gut erklärt ist; **1553**

d) der Erwerb beweglicher Sachen von Todeswegen oder durch Schenkung unter Lebenden, sofern die Bestimmung dahin getroffen ist, daß der Erwerb eingebrachtes Gut sein soll;

e) alles, was durch das eingebrachte Gut selbst oder an Stelle desselben erworben wird (1524, 1370). **1554**

Auf das eingebrachte Gut finden die bei der Errungenschafts- **1550**
gemeinschaft für das eingebrachte Gut geltenden Vorschriften Anwendung. (1525 u. f.). Die Nutzungen fallen somit in das Gesammtgut.

D. Vorbehaltsgut der Frau ist alles, was im Ehevertrage als solches bestimmt ist. Vorbehaltsgut des Mannes ist ausgeschlossen. **1555**

Fortgesetzte Fahrnißgemeinschaft mit den Kindern tritt nur **1557**
ein, wenn solche durch den Ehevertrag vereinbart ist; sie umfaßt aber nicht das eingebrachte Gut und das Vorbehaltsgut.

III. Güterrechtsregister.

Das Güterrechtsregister hat, wie das Handelsregister und das Vereinsregister, den Zweck, die Rechtssicherheit im geschäftlichen Verkehre aufrecht zu erhalten. Durch den Eintrag in dieses Register und die damit verbundene Veröffentlichung ist Jedermann, der sich rechtsgeschäftlich mit den Ehegatten einlassen will, die Möglichkeit geboten, von deren vermögensrechtlichen Verhältnissen Kenntniß zu nehmen. Was in das Güterrechtsregister eingetragen ist, gilt Dritten (namentlich den Gläubigern) gegenüber als bekannt. Ebenso kann Jeder auf die eingetragenen Thatsachen vertrauen.

Eintrag in das Güterrechtsregister erscheint insbesondere rathsam und geboten bei Ausschließung oder Beschränkung der Schlüsselgewalt der Frau (1357), bei Einspruch des Mannes gegen ein selbständiges Erwerbsgeschäft der Frau (1405), bei der Gütertrennung, bei Aufhebung der allgemeinen Gütergemeinschaft, der Errungenschaftsgemeinschaft oder der Fahrnißgemeinschaft. Von Ehegatten, deren Güterstand nicht in das Güterrechtsregister eingetragen ist, darf angenommen werden, daß dieselben dem gesetzlichen Güterstand (der Verwaltungsgemeinschaft) unterworfen seien (d. h. bei Ehen, die nach Beginn des Jahres 1900 geschlossen sind). Für ältere Ehen dürften landesgesetzliche Bestimmungen zu erwarten sein.

1558 Die Eintragungen haben beim Amtsgerichte des Wohnsitzes des Mannes zu geschehen und bei einer Wohnsitzverlegung auch beim Gericht
1560 des neuen Bezirks. Dieselben erfolgen nur auf öffentlich beglaubigten Antrag (129) und nur soweit der Antrag geht und zwar bei Aus-
1561 schließung oder Beschränkung der Schlüsselgewalt der Frau und beim Einspruch gegen ein selbständiges Erwerbsgeschäft der Frau auf Antrag des Mannes, in anderen Fällen auf Antrag beider Ehegatten.

Es genügt jedoch der Antrag eines der Ehegatten:

a) wenn eine Eintragung auf Grund und unter Vorlage eines Ehevertrags oder einer rechtskräftigen gerichtlichen Entscheidung erfolgen soll;

b) zur Wiederholung einer Eintragung in Folge einer Wohnsitzverlegung, wenn der frühere Eintrag in öffentlich beglaubigter Abschrift mitvorgelegt wird.

1562 Das Amtsgericht hat die Eintragung durch das für seine Bekanntmachungen bestimmte Blatt zu veröffentlichen. Bei Bekanntmachung einer Aenderung des Güterstandes wird der neue Güterstand lediglich nach dem Gesetz oder wenn die Aenderung von den gesetzlich geregelten Güterständen abweicht, nur im Allgemeinen bezeichnet.

1563 Die Einsicht des Registers ist Jedem gestattet und kann von den Eintragungen einfache oder beglaubigte Abschrift gefordert werden.

Siehe auch §§ 161, 162 R.-Ges. über Angel. freiw. Gerichtsbarkeit v. 17. Mai 1898.

VII. Titel. Scheidung der Ehe.

1564 Eine Ehe (die an sich gültig ist) kann nur durch gerichtliches Urtheil aufgelöst d. h. geschieden werden. Scheidungsklage ist jedoch nur zulässig:

1565 a) wegen Ehebruchs, Doppelehe oder widernatürlicher Unzucht des anderen Ehegatten;

1566 b) wegen Nachstellung nach dem Leben durch den Beklagten;

1567 c) wegen böslicher Verlassung von Seiten desselben;

1568 d) wenn die Ehe durch schwere Pflichtverletzung, wie z. B. grobe Mißhandlung, ehrloses oder unsittliches Verhalten des anderen Theils u. a. derartig tief zerrüttet ist, daß dem Kläger die Fortsetzung der Ehe nicht zugemuthet werden kann;

1569 e) wegen unheilbarer Geisteskrankheit, die während der Ehe schon drei Jahre gedauert hat.

Zu c. Böswillige Verlassung liegt erst dann vor, wenn ein Ehegatte, nachdem er zur Herstellung der häuslichen Gemeinschaft verurtheilt ist, ein Jahr lang dem Urtheil nicht Folge leistet. Es ist daher zunächst Klage auf Herstellung der häuslichen Gemeinschaft nothwendig. Nur wenn diese Klage wegen unbekannten Aufenthalts des weggegangenen Ehegatten öffentlich zugestellt werden müßte, kann die Scheidungsklage ohne den genannten Zwischenprozeß erhoben werden, falls der andere Ehegatte sich ein Jahr lang gegen den Willen des Klägers in böslicher Absicht von der häuslichen Gemeinschaft fern gehalten hat.

In den Fällen 1565—1568 erlischt das Klagerecht durch (aus- 1570
drückliche wie stillschweigende) Verzeihung; auch muß die Scheidungs-
klage binnen sechs Monaten von der erlangten Kenntniß des Scheidungs- 1571
grundes an erfolgen. Die Klage ist jedoch ausgeschlossen, wenn seit dem Eintritte des Scheidungsgrundes zehn Jahre verstrichen sind. (§ 606 u. f. Civ.-Proz.-Ord.) Die Frist läuft nicht, solange die häusliche Gemeinschaft aufgehoben ist. Wird der klageberechtigte Ehegatte von dem anderen zur Herstellung der häuslichen Gemeinschaft oder zur Klage aufgefordert, so läuft die Frist vom Empfange der Aufforderung an. Der Klageerhebung steht die Ladung zum Sühnetermine gleich. Diese Ladung verliert ihre Wirkung, wenn der klageberechtigte Ehegatte im Sühnetermin nicht erscheint oder nicht binnen drei Monaten nach dem Sühneverfahren klagt.

Wird eine Ehe aus einem der in 1565—1568 bestimmten Gründe 1574
geschieden, so ist in dem Urtheile auszusprechen, daß der Beklagte die Schuld an der Scheidung trägt, doch kann auf Widerklage oder Antrag auch der Kläger für schuldig erklärt werden.

Der Ehegatte, der einen Grund zur Scheidungsklage hat, kann statt 1575
auf Scheidung auf Aufhebung der ehelichen Gemeinschaft klagen. Eine solche Klage gilt als eine mildere Form der Scheidung; sie hat dieselben Wirkungen wie die Scheidung, nur kann keine neue Ehe eingegangen werden, die Getrennten sind immer noch Eheleute.

Auf Grund eines solchen die eheliche Gemeinschaft trennenden Urtheils 1576
kann jeder Ehegatte weiter auch die Scheidung beantragen, wenn nicht etwa inzwischen die eheliche Gemeinschaft wiederhergestellt worden ist.

Die geschiedene Frau behält den Familiennamen des Mannes, doch 1577
kann sie auch ihren Mädchennamen durch öffentlich beglaubigte Erklärung der zuständigen Behörde gegenüber wieder annehmen. Durch ebensolche Erklärung kann der Mann der Frau die Weiterführung seines Namens untersagen, wenn die Frau allein für schuldig erklärt ist. Die Behörde soll der Frau die Erklärung mittheilen.

Selbstverständlich tritt mit Auflösung der Ehe durch Scheidung auch Auflösung des ehelichen Güterstandes und damit Auseinandersetzung ein.

Der allein schuldige Ehegatte hat dem anderen Theile nach der 1578
Scheidung, soweit erforderlich und er im Stande ist, in bestimmten 1579
Grenzen standesgemäßen Unterhalt zu gewähren. Dies geschieht
in einer Geldrente (760). Liegt ein wichtiger Grund vor, so kann 1580
statt der Rente eine Kapitalabfindung verlangt werden. Im Uebrigen finden 1607, 1610, 1611 Satz 1. 1613 und im Falle des Todes des Berechtigten 1615 entsprechende Anwendung.

1581 Im Falle der Wiederverheirathung des Berechtigten erlischt die Unterhaltungspflicht; bei Wiederverheiratung des Verpflichteten findet 1604 entsprechende Anwendung.

1582 Die Unterhaltungspflicht geht beim Tode des Verpflichteten auf seine Erben über, unterliegt dann aber nicht mehr den Beschränkungen 1579. Der Berechtigte muß sich jedoch die Herabsetzung der Rente auf die Hälfte der Einkünfte des Vermögens des Erblassers gefallen lassen.

1583 Die gleiche Unterhaltungspflicht hat der Ehegatte, auf dessen Klage die Ehe wegen Geisteskrankheit geschieden ist.

Die Unterhaltungspflicht der Eltern gegenüber den Kindern wird durch die Scheidung nicht berührt, es haftet daher auch nach der Scheidung der Vater vor der Mutter für den Unterhalt der Kinder, sofern nicht etwa die elterliche Nutznießung an dem Vermögen der
1585 Kinder der Mutter zusteht (1606). Mindestens aber hat die Mutter (ob sie für den schuldigen Theil erklärt ist oder nicht) aus den Einkünften ihres Vermögens und dem Ertrag ihrer Arbeit einen angemessenen Beitrag zum Unterhalte der gemeinschaftlichen Kinder zu leisten, soweit nicht die fraglichen Kosten durch die dem Manne an dem Vermögen der Kinder zustehende Nutznießung gedeckt werden. Dieser Beitrag an den Vater ist nicht übertragbar. Vergl. § 851 Civ.-Proz.-Ord.

Steht der Frau die Sorge für die Person des Kindes zu und ist eine erhebliche Gefährdung des Unterhalts des Kindes zu besorgen, so kann die Frau den Beitrag zur eigenen Verwendung für den Unterhalt des Kindes zurückbehalten.

VIII. Titel. Kirchliche Verpflichtungen.

1588 Die kirchlichen Verpflichtungen in Ansehung der Ehe werden durch die Vorschriften dieses Abschnitts nicht berührt.

II. Abschnitt. Verwandtschaft.

I. Titel. Allgemeine Vorschriften.

1589 Personen, deren eine von der anderen abstammt, sind in gerader Linie (aufsteigend oder absteigend) verwandt (Eltern, Großeltern, Kinder und weitere Abkömmlinge). Personen, die nicht in gerader Linie verwandt sind, aber von derselben dritten Person abstammen, sind in der Seitenlinie verwandt (vollbürtige und halbbürtige Geschwister, Geschwisterkinder u. s. w.). Der Grad der Verwandtschaft bestimmt sich nach der Zahl der sie vermittelnden Geburten. Es sind somit Bruder und Schwester im zweiten, Oheim und Neffe im dritten Grade der Seitenlinie miteinander verwandt. Ein uneheliches Kind und dessen Vater gelten nicht als verwandt. Vergl. aber 1310 e und 1708.

Die Verwandten eines Ehegatten sind mit dem anderen Ehegatten **1590** verschwägert. Linie und Grad der Schwägerschaft bestimmen sich nach der Linie und dem Grade der sie vermittelnden Verwandtschaft. (Gerade Linie: Schwiegereltern, Schwiegerkinder. — Seitenlinie: Schwager, Schwägerin.) Die Schwägerschaft dauert fort (z. B. als Ehehinderniß), auch wenn die Ehe, durch die sie begründet wurde, aufgelöst ist.

II. Titel. Eheliche Abstammung.

Ein Kind, das nach Eingehung der Ehe geboren wird, gilt als **1591** ehelich:

a) wenn die Frau es vor oder während der Ehe empfangen und

b) der Mann innerhalb der Empfängnißzeit (d. i. vom 181ten bis zum 302ten Tage, beide Tage eingeschlossen, vor dem Tage der Geburt des Kindes) der Frau beigewohnt hat. Die Beiwohnung durch den Mann in der genannten Zeit, soweit diese nicht in die Zeit vor der Ehe fällt, wird aber vom Gesetze, bis zum Beweise des Gegentheils, stets vermuthet. Ein Kind ist dagegen nicht ehelich, wenn es den Umständen nach offenbar unmöglich ist, daß die Frau dasselbe von ihrem Manne empfangen hat.

Die Unehelichkeit eines während der Ehe oder innerhalb 302 Tagen **1593** nach Auflösung derselben geborenen Kindes kann nur geltend gemacht werden, wenn der Mann die Ehelichkeit durch Anfechtungsklage gegen das Kind bestritten hat oder, ohne das Anfechtungsrecht verloren zu haben, gestorben ist. Verloren geht das Anfechtungsrecht binnen Jahresfrist nach erlangter Kenntniß von der Geburt des Kindes sowie durch Anerkennung des Kindes.

III. Titel. Unterhaltspflicht.

Verwandte in gerader Linie (nicht aber Seitenverwandte, insbesondere **1601** nicht Geschwister) sind verpflichtet, einander im Falle der Bedürftigkeit Unterhalt zu gewähren.

Unterhaltsberechtigt (bedürftig) ist aber nur, wer außer Stande **1602** ist, sich selbst zu unterhalten, wer also vermögenslos und erwerbsunfähig ist. Ein minderjähriges, unverheirathetes Kind kann von seinen Eltern, auch wenn es eigenes Vermögen hat, den Unterhalt insoweit verlangen, als die Einkünfte seines Vermögens und der Ertrag seiner Arbeit nicht ausreichen.

Der Stamm des Vermögens des Kindes darf erst dann angegriffen werden, wenn die Eltern zum Unterhalte nicht weiter fähig sind.

Unterhaltspflichtig ist nur ein leistungsfähiger Verwandter, d. h. **1603** ein solcher, der entweder Vermögen besitzt oder erwerbsfähig ist; nicht also, wer bei Berücksichtigung seiner sonstigen Verpflichtungen ohne Gefährdung seines eigenen standesgemäßen Unterhalts hiezu außer Stande ist.

Wird vom Unterhaltspflichtigen seine Leistungsunfähigkeit behauptet, so hat er diese zu beweisen.

1604 Die Unterhaltsansprüche eines Verwandten der Frau oder eines
1605 minderjährigen Kindes gehen der Nutznießung des Mannes am eingebrachten Gute der Frau bezw. der Eltern am Vermögen des Kindes vor.

1606 Unterhaltspflichtig sind in erster Reihe für gewöhnlich der Ehegatte, sodann in zweiter Reihe die Kinder und Enkel unter einander nach der Erbfolgeordnung und nach Verhältniß ihrer Erbtheile, die bei einer Theilung des Nachlasses des Bedürftigen maßgebend sein würden. In letzter Reihe sind die Eltern, und zwar der Vater vor der Mutter und sodann die Großeltern heranzuziehen.

1607 Ist ein Ehegatte oder Verwandter in Folge seiner Mittellosigkeit von der Unterhaltspflicht befreit oder die Rechtsverfolgung gegen ihn in Deutschland ausgeschlossen oder erheblich erschwert, so hat der nach ihm haftende Verwandte den Unterhalt zu gewähren.

1610 Der zu gewährende Unterhalt muß standesgemäß sein. Er umfaßt den gesammten Lebensbedarf, insbesondere auch die Kosten der Erziehung und der Vorbildung zu einem Berufe.

1611 Wer durch sein sittliches Verschulden bedürftig geworden ist (durch Verschwendung, Trunk u. s. w.), oder sich in einer Weise gegen den Unterhaltspflichtigen verfehlt, welche diesen zur Entziehung des Pflichttheils berechtigen würde, kann nicht den standesgemäßen, sondern nur den nothdürftigen Unterhalt verlangen.

1612 Der Unterhalt ist in der Regel in einer Geldrente (760) zu reichen, doch kann der Verpflichtete aus besonderen Gründen verlangen, daß ihm eine andere Art, wie Verpflegung in der Familie, Naturalreichnisse u. a. gestattet werde.

Haben die Eltern einem unverheiratheten, volljährigen Kinde Unterhalt zu gewähren (weil dieses mit der Volljährigkeit die Fähigkeit, sich selbst zu unterhalten, noch nicht erlangt hat), so können sie bestimmen, in welcher Art (Naturalverpflegung im Hause u. s. w.) und für welche Zeit im voraus der Unterhalt gewährt werden soll.

In der elterlichen Gewalt befindliche, d. h. minderjährige Kinder, erhalten den Unterhalt in der Regel im elterlichen Haushalte.

Aus besonderen Gründen kann das Vormundschaftsgericht auf Antrag des volljährigen wie des minderjährigen Kindes die Bestimmung der Eltern ändern.

1613 Unterhalt kann nur für die zukünftige Zeit, Rückstände oder Schadenersatz dagegen nur vom Verzuge oder von der Rechtshängigkeit an gefordert werden.

1614 Für die Zukunft kann mit Rücksicht auf die öffentliche Armenpflege auf den Unterhalt nicht verzichtet werden. Durch Vorausleistungen über die fälligen hinaus wird der Verpflichtete bei erneuter Bedürftigkeit des Berechtigten nur in sehr beschränktem Maße von wiederholter Leistung befreit.

Der Unterhaltsanspruch erlischt mit dem Tode des Berechtigten oder 1615
des Verpflichteten; er kann daher weder von noch gegen Erben geltend gemacht werden. Nur Rückstände und Schadensersatz nach 1613 oder Beerdigungskosten, welche von den Erben nicht zu erlangen waren, sind noch zu leisten. (Wegen Pfändung von Diensteinkommen, Pensionen und ähnlichen Bezügen zur Deckung von Unterhaltsbeiträgen siehe auch § 850 Abs. 4. Civ.-Proz.-Ord.)

IV. Titel. Rechtliche Stellung der ehelichen Kinder.

I. Rechtsverhältniß zwischen den Eltern und dem Kinde im Allgemeinen.

Das Kind (auch ein volljähriges) ist, solange es dem elterlichen 1617
Hausstande angehört und von den Eltern erzogen oder unterhalten wird, verpflichtet, den Eltern in ihrem Hauswesen und Geschäfte ohne Anspruch auf Bezahlung Dienste zu leisten.

Macht ein dem elterlichen Hausstande angehöriges volljähriges 1618
Kind aus seinem eigenen Vermögen Aufwendungen in den Haushalt, so wird beim Mangel anderer Vereinbarung angenommen, daß dies
geschenkt sein soll. Ueberläßt es sein Vermögen (z. B. sein mütter- 1619
liches Erbe) der Verwaltung des Vaters, so kann dieser die Einkünfte (nicht den Stamm) des Vermögens nach Bestreitung der sich ergebenden Ausgaben, sofern das Kind keine abweichende Bestimmung trifft, nach freiem Ermessen verwenden. (Vergl. 1430.)

Der Vater (bezw. die Mutter) ist verpflichtet, einer Tochter im 1620
Falle ihrer Verheirathung zur Einrichtung des Haushalts eine angemessene Aussteuer zu gewähren, wenn:

a) die Tochter ein hiezu ausreichendes Vermögen nicht selbst besitzt;
b) der Vater ohne Gefährdung seines eigenen standesmäßigen Unterhalts dazu im Stande ist;
c) die Tochter die elterliche oder vormundschaftsgerichtliche Ein- 1621
willigung zur Heirath, sofern solche noch erforderlich ist, besitzt;
d) dieselbe sich keiner Verfehlung schuldig gemacht hat, die zur Entziehung des Pflichttheils berechtigen würde (2333);
e) dieselbe nicht schon für eine frühere Ehe von den Eltern eine 1622
Aussteuer erhalten hat;
f) der Anspruch nicht später als ein Jahr nach der Verheirathung 1623
erhoben wird.

Was einem Kinde (Sohn oder Tochter) mit Rücksicht auf seine Ver- 1624
heirathung oder sonstige Selbständigmachung von den Eltern zugewendet wird, Ausstattung (Heirathsgut u. a., nicht aber Aussteuer), gilt nicht

als Schenkung und unterliegt daher nicht den für solche gegebenen Vorschriften. Vergl. auch 2050.

II. Elterliche Gewalt.

1626 Das Kind steht, solange es minderjährig ist (nicht länger), unter elterlicher (nicht bloß väterlicher) Gewalt.

1. Elterliche Gewalt des Vaters.

1627 Die elterliche Gewalt umfaßt das Recht und die Pflicht, für die
1630 Person und das Vermögen des Kindes zu sorgen, soweit nicht etwa hiezu ein Pfleger bestellt ist. Dem Vater obliegt daher mit Ausnahme von Fällen nach 1795 die Vertretung des Kindes. Das Vormundschaftsgericht kann ihm jedoch bei einem erheblichen Gegensatze der Interessen von Vater und Kind die Vertretung entziehen.

1631 Der Vater hat das Kind zu erziehen, zu beaufsichtigen, seinen Aufenthalt zu bestimmen, die erforderlichen Zuchtmittel anzuwenden oder durch das Vormundschaftsgericht anwenden zu lassen. Er kann das Kind von
1632 Jedem herausverlangen, der es ihm widerrechtlich vorenthält.

1633 Bezüglich einer verheiratheten minderjährigen Tochter hat der Vater die Vertretung nur in den die Person (nicht das Vermögen) betreffenden Angelegenheiten.

Die Vermögensverwaltung über das etwaige eigene Vermögen des Kindes hat der Vater im Allgemeinen nach denselben Grundsätzen wie ein Vormund zu führen.

1640 Was beim Tode der Mutter an solchem vorhanden oder dem Kinde später zufällt, ist in ein Verzeichniß aufzunehmen, das Verzeichniß vom Vater mit der Versicherung der Richtigkeit und Vollständigkeit zu versehen und dem Vormundschaftsgerichte einzureichen. Bei Haushaltungsgegenständen genügt die Angabe des Gesammtwerths ohne Aufführung der einzelnen Sachen. Ist das eingereichte Verzeichniß ungenügend, so kann das Vormundschaftsgericht ein solches durch eine Behörde oder einen Beamten aufnehmen lassen, sofern dies nicht durch das Testament der Mutter untersagt ist.

1641 Der Vater darf aus dem Vermögen keine Schenkungen machen, abgesehen von sog. Pflicht- oder Anstandsgeschenken.

1642 Gelder sind, unbeschadet der Vorschrift 1653, und soweit solche nicht zu Ausgaben bereit zu halten sind, nach den für Mündelgelder gegebenen Vorschriften (1807, 1808) verzinslich anzulegen, doch kann das Vormundschaftsgericht dem Vater aus besonderen Gründen eine andere Anlegung gestatten.

1643 Der Vater bedarf der vormundschaftsgerichtlichen Genehmigung wie ein Vormund, zu Rechtsgeschäften der unter 1821 Nr. 1—3 und 1822 Nr. 1, 3, 5, 8—11 aufgeführten Art, ferner zur Ausschlagung einer Erbschaft oder eines Vermächtnisses und zum Verzicht auf einen

Pflichttheil; auch ein neues Erwerbsgeschäft im Namen des Kindes soll nicht ohne diese Genehmigung begonnen werden.

Die Vermögensverwaltung des Vaters endigt, wenn über dessen **1647** eigenes Vermögen der Konkurs eröffnet wird. Siehe 1681.

Die von ihm für Person und Vermögen des Kindes erforderlich ge- **1648** haltenen Aufwendungen sind ihm aus dem Kindesvermögen zu ersetzen, sofern solche ihm nicht selbst zur Last fallen.

Dem Vater steht kraft der elterlichen Gewalt auch die Nutznießung **1649** an dem Vermögen seines Kindes zu, soweit solches nicht zum sog. freien Vermögen gehört.

Freies Vermögen sind aber alle ausschließlich zum persönlichen **1650** Gebrauche des Kindes bestimmten Sachen, alles durch eigene Arbeit **1651** von ihm Erworbene, sowie alle Erbschaften und Schenkungen, die ihm mit dem Vorbehalt zugewendet sind, daß die Nutznießung entzogen sein soll.

An allem übrigen Vermögen des Kindes, selbst an demjenigen, das **1652** seiner Verwaltung entzogen ist und durch einen Pfleger verwaltet wird, erwirbt der Vater die Nutzungen wie ein Nießbraucher. (Siehe Seite 89.) Er darf verbrauchbare Sachen, vorbehaltlich der Erstattung **1653** des Werthes für sich veräußern oder verbrauchen, Geld allerdings nur mit Genehmigung des Vormundschaftsgerichts. Vergl. aber 1642.

Er hat aber auch alle Lasten und Gerichtskosten zu tragen. **1654**

Gehört zum Vermögen ein Erwerbsgeschäft, das der Vater im **1655** Namen des Kindes betreibt, so gebührt hieraus dem Vater nur der jährliche Reingewinn, nach Abzug der Verluste früherer Jahre.

Das Nutznießungsrecht des Vaters ist nicht übertragbar und daher **1658** als solches nicht pfändbar. Dasselbe steht den Ansprüchen der **1659** Gläubiger des Kindes nach. Hat der Vater verbrauchbare Sachen nach 1653 veräußert oder verbraucht, so ist er zwecks Befriedigung der Gläubiger zum sofortigen Ersatze verpflichtet.

Die Nutznießung endigt (vor Eintritt der Volljährigkeit), wenn sich **1661** das Kind mit elterlicher Einwilligung verheirathet oder wenn der Vater dem Vormundschaftsgerichte gegenüber in öffentlich beglaubigter **1662** Form auf die Nutzung verzichtet. Vergl. 1678, 1679.

Die Ausübung der elterlichen Gewalt unterliegt der Aufsicht des Vormundschaftsgerichts.

Dieses hat die erforderlichen Maßregeln zu treffen, wenn der Vater **1665** rechtlich oder thatsächlich verhindert ist, die mit der elterlichen Gewalt verbundenen Pflichten zu erfüllen und auch die Mutter nicht nach 1685 die Gewalt ausüben kann.

Wird das geistige oder leibliche Wohl des Kindes durch den Vater **1666** gefährdet, so kann das Vormundschaftsgericht entsprechende Maßregeln treffen, insbesondere das Kind zur Erziehung in eine geeignete Familie oder Anstalt unterbringen lassen. Dem Vater kann auch die Verwaltung und Nutznießung des Vermögens des Kindes entzogen werden, wenn eine erhebliche Gefährdung des Unterhalts des Kindes zu besorgen ist.

1667 Droht dem Vermögen des Kindes Gefahr durch pflichtwidriges Verhalten oder Vermögensverfall des Vaters, so hat das Vormundschaftsgericht gleichfalls einzuschreiten; es kann ein (neues) Vermögensverzeichniß nach 1640, sowie Rechnungslegung vom Vater fordern, ihm hinsichtlich der Werthpapiere und Kostbarkeiten dieselben Verpflichtungen wie einem Vormunde (1814—1816, 1818) auferlegen, ja selbst Sicherheitsleistung verlangen.

1669 Will der Vater eine neue Ehe eingehen, so hat er seine Absicht dem Vormundschaftsgerichte anzuzeigen, auf seine Kosten ein Verzeichniß des seiner Verwaltung unterliegenden Vermögens (seiner Kinder) einzureichen und soweit in Ansehung dieses Vermögens eine Gemeinschaft zwischen ihm und den Kindern besteht (z. B. wenn er und die Kinder seine erste Ehefrau beerbt haben), die Auseinandersetzung herbeizuführen. Das Vormundschaftsgericht kann gestatten, daß die Auseinandersetzung erst nach der Eheschließung erfolgt. Vergl. auch 1493.

1670 Als Zwangsmittel für seine Anordnungen hat das Vormundschaftsgericht vornehmlich die Befugniß zur Entziehung der Vermögens-
1673 verwaltung; doch soll es vor einer Entziehung oder Beschränkung der elterlichen Gewalt, wenn thunlich, den Vater und auch die Mutter oder Verschwägerte des Kindes hören.

1675 Der Gemeindewaisenrath hat dem Vormundschaftsgericht Anzeige zu machen, wenn ein Fall zu seiner Kenntniß gelangt, in welchem das Vormundschaftsgericht zum Einschreiten berufen ist.

1676 Die elterliche Gewalt des Vaters ruht, wenn dieser geschäftsunfähig
1677 oder beschränkt geschäftsfähig wird, wenn er wegen Gebrechens einen Pfleger erhält oder wenn das Vormundschaftsgericht feststellt, daß er auf längere Zeit an der Ausübung der Gewalt thatsächlich verhindert ist.

1678 Die Nutznießung am Vermögen des Kindes geht durch das Ruhen der Gewalt dem Vater jedoch in der Regel nicht verloren. Beendigt wird die elterliche Gewalt mit der Volljährigkeit des Kindes und damit auch die Verwaltung und Nutznießung des Vermögens.

Die Endschaft tritt jedoch schon früher ein, durch den Tod des
1679 Vaters oder des Kindes, durch Todeserklärung sowie durch Verwirkung
1680 der Gewalt wegen eines am Kinde verübten Verbrechens oder Vergehens.

1681 Endigt oder ruht die elterliche Gewalt des Vaters oder hört aus einem anderen Grunde seine Vermögensverwaltung auf, so hat er dem Kinde das Vermögen herauszugeben und Rechenschaft abzulegen

1682 Zur Fortführung der Geschäfte ist er noch so lange berechtigt, bis
1683 er von der Beendigung Kenntniß erlangt hat oder sie kennen muß.

Beim Tode des Kindes hat er eilige Geschäfte, die keinen Aufschub dulden, so lange zu besorgen, bis der Erbe anderweit Fürsorge treffen kann.

2. Elterliche Gewalt der Mutter.

Die elterliche Gewalt steht an Stelle des Vaters der Mutter zu, 1684
wenn der Vater gestorben oder für todt erklärt ist, ferner, wenn der Vater die Gewalt verwirkt hat und die Ehe aufgelöst ist. Eine Vormundschaft über die minderjährigen Kinder ist daher beim Tode des Vaters nicht einzuleiten, so lange die Mutter lebt und sich nicht wieder verheirathet.

Die Mutter übt die Gewalt (jedoch ohne die Nutznießung) auch aus, 1685
so lange der Vater thatsächlich verhindert ist oder dessen Gewalt ruht.

Die elterliche Gewalt der Mutter steht der des Vaters mit der 1686
Abweichung gleich, daß das Vormundschaftsgericht der Mutter einen 1687
Beistand zu bestellen hat:

a) wenn der Vater die Bestellung in einer letztwilligen Verfügung angeordnet hat;
b) wenn die Mutter selbst die Bestellung beantragt;
c) wenn das Vormundschaftsgericht aus besonderen Gründen, namentlich wegen umfangreicher oder schwieriger Vermögensverwaltung oder wegen Gefährdung der Person oder des Vermögens einen Beistand im Interesse des Kindes für nöthig erachtet.

Der Beistand kann für alle Angelegenheiten, für gewisse Arten 1688
von Angelegenheiten oder für einzelne Angelegenheiten bestellt werden. Ueber den Umfang seines Wirkungskreises entscheidet die Bestellung. Ist der Umfang nicht bestimmt, so fallen alle Angelegenheiten in seinen Wirkungskreis.

Hat der Vater die Bestellung angeordnet, so hat das Vormundschaftsgericht Bestimmungen, die er nach Maßgabe 1777 über den Umfang des Wirkungskreises getroffen hat, bei der Bestellung zu befolgen.

Der Beistand hat innerhalb seines Wirkungskreises die Mutter bei 1689
der Ausübung der elterlichen Gewalt zu unterstützen und zu überwachen; er hat dem Vormundschaftsgerichte jeden Fall, in welchem es zum Einschreiten berufen ist, unverzüglich anzuzeigen.

Die Genehmigung des Beistandes ist innerhalb seines Wirkungskreises 1690
zu jedem Rechtsgeschäft erforderlich, zu dem ein Vormund der Genehmigung des Vormundschaftsgerichts oder des Gegenvormundes bedarf. Ausgenommen sind Rechtsgeschäfte, welche die Mutter nicht ohne die Genehmigung des Vormundschaftsgerichts vornehmen kann. Die Vorschriften 1828—1831 finden entsprechende Anwendung.

Die Genehmigung des Beistandes wird durch die Genehmigung des Vormundschaftsgerichts ersetzt.

Das Vormundschaftsgericht soll vor der Entscheidung über die Genehmigung in allen Fällen, in denen das Rechtsgeschäft zu dem Wirkungskreise des Beistandes gehört, den Beistand hören, sofern ein solcher vorhanden und die Anhörung thunlich ist.

1691 Soweit die Anlegung des zu dem Vermögen des Kindes gehörenden Geldes in den Wirkungskreis des Beistandes fällt, finden die für die Anlegung von Mündelgeld geltenden Vorschriften 1809, 1810 entsprechende Anwendung.

1692 Hat die Mutter ein Vermögensverzeichniß einzureichen, so ist bei der Aufnahme des Verzeichnisses der Beistand zuzuziehen; das Verzeichniß ist auch von dem Beistande mit der Versicherung der Richtigkeit und Vollständigkeit zu versehen.

1693 Das Vormundschaftsgericht kann auf Antrag der Mutter dem Beistande die Vermögensverwaltung ganz oder theilweise übertragen; soweit dies geschieht, hat der Beistand die Rechte und Pflichten eines Pflegers.

1694 Für die Berufung, Bestellung und Beaufsichtigung des Beistandes, für seine Haftung und seine Ansprüche, für die ihm zu bewilligende Vergütung und für die Beendigung seines Amtes gelten die gleichen Vorschriften, wie bei dem Gegenvormunde. Sein Amt endigt auch dann, wenn die elterliche Gewalt der Mutter ruht.

1696 Ruht die elterliche Gewalt der Mutter wegen Minderjährigkeit, so hat die Mutter das Recht und die Pflicht, für die Person des Kindes zu sorgen; zur Vertretung des Kindes ist sie nicht berechtigt. Der Vormund des Kindes hat, soweit der Mutter die Sorge zusteht, die rechtliche Stellung eines Beistandes.

1697 Die Mutter verliert die elterliche Gewalt, wenn sie eine neue Ehe eingeht. Sie behält jedoch unter den 1696 bestimmten Beschränkungen das Recht und die Pflicht, für die Person des Kindes zu sorgen.

V. Titel. Rechtliche Stellung der Kinder aus nichtigen Ehen.

1699 Ein Kind aus einer nichtigen Ehe, das im Falle der Gültigkeit der Ehe ehelich sein würde, gilt als ehelich, sofern nicht beide Ehegatten die Nichtigkeit gekannt haben. Diese Vorschrift findet keine Anwendung, wenn die Nichtigkeit auf einem Formmangel beruht, und die Ehe nicht in das Heirathsregister eingetragen ist.

1700 Das Rechtsverhältniß eines solchen Kindes zu seinen Eltern ist, von einigen Ausnahmen abgesehen, wie das zu geschiedenen Ehegatten, die beide für schuldig erklärt sind.

VI. Titel. Rechtliche Stellung der unehelichen Kinder.

1705 Ein uneheliches Kind hat im Verhältnisse zu der Mutter und zu den Verwandten der Mutter (nicht auch zum Vater), die rechtliche Stellung eines ehelichen Kindes z. B. in Bezug auf die gegenseitige Unterhaltspflicht und das Erbrecht. An den Vater hat es keinerlei
1706 Erbrechte. Vergl. 1589. Es führt den Familien-Namen der Mutter,

und wenn letztere in Folge ihrer Verheirathung einen andern Namen hat, den Familien-Namen, den die Mutter vor ihrer Verheirathung geführt hat. Der Ehemann der Mutter kann unter Beitritt derselben und des gesetzlichen Vertreters des Kindes vor der zuständigen Behörde zu Protokoll oder in öffentlich beglaubigter Form dem Kinde seinen Namen ertheilen, und zwar auch, wenn er nicht der Vater ist. Eine solche Namensänderung begründet jedoch keinerlei rechtliche Folgen, namentlich kein Erbrecht.

Der Mutter steht nicht die elterliche Gewalt über das Kind zu, **1707**
daher auch nicht die Nutznießung an dessen etwaigem Vermögen. Sie hat nur für die Person des Kindes zu sorgen (Erziehungsrecht). Zur Vertretung dagegen erhält das Kind einen Vormund (der allerdings die Mutter selbst sein kann. 1778 Abs. 3). Dieser führt die Vermögensverwaltung und hat die Ansprüche des Kindes gegen den Vater geltend zu machen. In den Erziehungsfragen hat der Vormund die rechtliche Stellung eines Beistandes. 1688 u. f.

Der Vater des unehelichen Kindes ist verpflichtet, dem Kinde bis **1708**
zur Vollendung des sechszehnten Lebensjahrs (ohne Rücksicht auf die Bedürftigkeit des Kindes oder die Leistungsfähigkeit des Vaters) den der Lebensstellung der Mutter entsprechenden Unterhalt zu gewähren. Der Unterhalt umfaßt den ganzen Lebensbedarf sowie die Kosten der Erziehung und der Vorbildung zu einem Berufe. Der Erzeuger hat somit nicht etwa nur einen Beitrag, oder nur den nothdürftigsten, sondern den vollen, standesmäßigen Unterhalt zu reichen. Er ist hiezu vor der Mutter und deren Verwandten verpflichtet.

Ist das Kind zur Zeit der Vollendung des 16. Lebensjahrs in Folge körperlicher oder geistiger Gebrechen außer Stande, sich selbst zu unterhalten, so bleibt die Unterhaltspflicht des Vaters, wenn auch in beschränkterem Umfange, über diese Zeit hinaus weiter bestehen. Während nämlich der Unterhalt bis zum 16. Lebensjahre ohne jede Rücksicht auf die eigenen Verhältnisse des Vaters aufgebracht werden muß, trifft diesen die Unterhaltspflicht über das 16. Lebensjahr hinaus nur dann, wenn er bei Berücksichtigung seiner sonstigen Verpflichtungen ohne Gefährdung seines eigenen standesgemäßen Unterhalts hiezu im Stande ist.

Nach dem 16. Lebensjahre eintretende Gebrechlichkeit oder sonstige Hülfsbedürftigkeit begründet keine Ansprüche an den Vater mehr. Ueber Abänderung der Höhe der Leistungen bei später eintretender wesentlicher Aenderung der Verhältnisse siehe § 323 Civ.-Proz.-Ord.

Soweit die Mutter oder die Großeltern dem Kinde den Unterhalt **1709**
gewähren, geht der Anspruch des Kindes gegen den Vater auf diese über. Dieselben (nicht aber andere Personen) können daher selbständig (ohne den Vormund) ihre Ersatzforderung gegen den Vater geltend machen; doch gehen die Unterhaltsansprüche des Kindes bei etwaiger Konkurrenz den Forderungen der Mutter und Großeltern vor.

1710 Der Unterhalt ist durch Entrichtung einer Geldrente zu gewähren. Es steht dem Vater nicht etwa das Recht zu, selbst das Kind in Pflege zu nehmen. Die Geldrente ist für drei Monate an den Vormund vorauszuzahlen. Durch eine Vorausleistung für eine spätere Zeit als die drei Monate wird der Vater nicht von weiterer Zahlungspflicht befreit, falls der Unterhalt des Kindes etwa weitere Mittel erfordert. Hat das Kind den Beginn des Vierteljahrs erlebt, so gebührt ihm der volle auf das Vierteljahr entfallende Betrag.

Ueber Pfändung von Diensteinkommen, Pensionen u. a. zur Deckung von Unterhaltsbeiträgen siehe auch § 850 Abs. 4 Civ.-Proz.-Ord.

1711 Der Unterhalt kann auch für die Vergangenheit verlangt werden. Der Anspruch unterliegt als ein familienrechtlicher nicht der Verjährung (194). Die einzelnen Alimentenleistungen dagegen verjähren in vier
1712 Jahren (197). Der Unterhaltsanspruch erlischt nicht mit dem Tode des Vaters; er steht dem Kinde auch dann zu, wenn der Vater vor der Geburt des Kindes gestorben ist. Die Unterhaltspflicht geht als Nachlaßschuld auf die Erben des Vaters über. Der Erbe des Vaters ist berechtigt, das Kind mit dem Betrag abzufinden, der dem Kinde als Pflichttheil gebühren würde, wenn es ehelich wäre.

1713 Der Unterhaltsanspruch erlischt mit dem Tode des Kindes, soweit er nicht auf Erfüllung oder Schadensersatz wegen Nichterfüllung für die Vergangenheit oder auf solche im Voraus zu bewirkende Leistungen gerichtet ist, die zur Zeit des Todes des Kindes fällig sind. Die Kosten der Beerdigung hat der Vater zu tragen, soweit ihre Bezahlung nicht von dem Erben des Kindes zu erlangen ist.

1714 Ein Vertrag zwischen dem Vater und dem Vormund des Kindes über den Unterhalt für die Zukunft oder über eine Abfindungssumme bedarf der Genehmigung des Vormundschaftsgerichts.

Ein unentgeltlicher Verzicht auf den Unterhalt für die Zukunft ist nichtig.

1715 Der Vater ist sodann ferner verpflichtet, der Mutter die Kosten der Entbindung sowie die Kosten ihres Unterhalts für die ersten sechs Wochen nach der Entbindung und, falls in Folge der Schwangerschaft oder der Entbindung weitere Aufwendungen nothwendig werden z. B. durch Stellenlosigkeit, auch die dadurch entstandenen Kosten zu ersetzen. Den gewöhnlichen Betrag der zu ersetzenden Kosten kann die Mutter ohne Rücksicht auf den wirklichen Aufwand verlangen. Es bedarf somit des Beweisantritts nur für Kosten, welche über das Maß des Gewöhnlichen hinausgehen.

Der Anspruch steht der Mutter auch dann zu, wenn der Vater vor der Geburt des Kindes gestorben oder wenn das Kind todt geboren ist. Der Anspruch verjährt in vier Jahren. Die Verjährung beginnt mit dem Ablaufe von sechs Wochen nach der Geburt des Kindes.

Ueber etwaige sonstige Ansprüche der Mutter siehe 825.

Schon vor der Geburt des Kindes kann auf Antrag der Mutter **1716**
durch einstweilige Verfügung angeordnet werden, daß der Vater den für die ersten drei Monate dem Kinde zu gewährenden Unterhalt alsbald nach der Geburt an die Mutter oder an den Vormund zu zahlen und den erforderlichen Betrag angemessene Zeit vor der Geburt zu hinterlegen hat. In gleicher Weise kann auf Antrag der Mutter die Zahlung des gewöhnlichen Betrags der nach 1715 Abs. 1 zu ersetzenden Kosten an die Mutter und die Hinterlegung des erforderlichen Betrags angeordnet werden. Zur Erlassung der einstweiligen Verfügung ist nicht erforderlich, daß eine Gefährdung des Anspruchs glaubhaft gemacht wird. Siehe § 936 Civ.-Proz.-Ord.

Als Vater des unehelichen Kindes im Sinne der Bestimmungen **1717**
1708—1716 gilt, wer der Mutter innerhalb der Empfängnißzeit beigewohnt hat, es sei denn, daß auch ein Anderer ihr innerhalb dieser Zeit beigewohnt hat. Vergl. auch § 292 Civ.-Proz.-Ord.

Zur Klage auf Feststellung des Bestehens der unehelichen Vaterschaft des Beklagten (Vaterschaftsklage) ist legitimirt:

a) der Vormund des Kindes wegen der Ansprüche nach 1708;
b) die Mutter wegen der Ansprüche nach 1715;
c) jeder Dritte, der ein rechtliches Interesse hat, nach 1709 u. a.

Die Klage hat sich auf die Behauptung zu stützen, daß Beklagter der Mutter in der Empfängnißzeit beigewohnt und daß ein Anderer in dieser Zeit ihr nicht beigewohnt habe.

Der Beklagte dagegen kann die auf dieses Vorbringen gegründete gesetzliche Vermuthung seiner Vaterschaft durch die sog. Einrede der mehreren Zuhälter entkräften. Es steht ihm ferner die Einrede zu, daß seine Beiwohnung außer Betracht bleiben müsse, wenn es den Umständen nach offenbar unmöglich ist, daß die Mutter das Kind aus derselben empfangen hat; wenn z. B. die Mutter zur Zeit derselben schon schwanger war.

Als Empfängnißzeit gilt die Zeit vom 181ten bis 302ten Tage (beide Tage eingeschlossen) vor dem Tage der Geburt des Kindes.

Wer seine Vaterschaft nach der Geburt des Kindes in einer **1718**
öffentlichen Urkunde (§ 415 Civ.-Proz.-Ord.) anerkennt, verliert die Einrede der mehreren Zuhälter.

Die Verpflichtungen des Vaters werden nach den obigen Bestimmungen bezw. nach den Gesetzen des (nicht deutschen) Staates beurtheilt, dem die Mutter zur Zeit der Geburt des Kindes angehört, doch können nie weitergehende Ansprüche als die in vorstehendem Titel gemacht werden. Art. 21 Einf.-Ges.

VII. Titel. Legitimation unehelicher Kinder.

I. Legitimation durch nachfolgende Ehe.

Ein uneheliches Kind erlangt dadurch, daß sich der Vater (nicht **1719** eine andere Person) mit der Mutter verheirathet, mit der Eheschließung kraft Gesetzes die rechtliche Stellung eines ehelichen Kindes (bezüglich des Namens, Erbrechts u. s. w.). Siehe auch 1883.

II. Ehelichkeitserklärung.

1723 Ein uneheliches Kind kann auf Antrag seines Vaters durch eine Verfügung der Staatsgewalt im Gnadenwege nach den näheren Bestimmungen der einzelnen Landesregierungen für ehelich erklärt werden, z. B. wenn die Eheschließung zwischen dem Vater und der Mutter durch Tod, Verschollenheit oder Geisteskrankheit der Mutter oder sonstige Umstände unmöglich geworden ist. Zu einem derartigen Antrage des Vaters gehört:

1725 a) die Erklärung desselben, daß er das Kind als das seinige anerkenne;

1726 b) die Einwilligung des gesetzlichen Vertreters des Kindes und des Vormundschaftsgerichts und sofern das Kind über 14 Jahre alt ist, auch dessen eigene Einwilligung (für volljährige, geschäftsfähige Kinder fällt die Einwilligung eines Vertreters und des Vormundschaftsgerichts weg);

c) die Einwilligung der Mutter, sofern das Kind nicht das 21. Lebensjahr vollendet hat;

d) die Einwilligung der Ehefrau des Vaters.

Die Einwilligung zu c und d ist nicht erforderlich, wenn die Mutter bezw. die Ehefrau zur Abgabe derselben dauernd außer Stande oder unbekannt abwesend ist.

1730 Antrag und Einwilligungserklärungen sind gerichtlich oder notariell zu beurkunden.

1736 Durch die Ehelichkeitserklärung erlangt das Kind die rechtliche Stellung eines ehelichen Kindes, wie Name, Erbrecht u. s. w.

VIII. Titel. Annahme an Kindesstatt.

1741 Wer keine eigenen ehelichen Abkömmlinge hat, kann fremde Kinder an Kindesstatt annehmen (wie solches z. B. bei kinderlosen Eheleuten vorkommt). Die Annahme erfolgt durch einen Vertrag des Annehmenden mit dem Anzunehmenden, der sodann der amtsgerichtlichen Bestätigung bedarf. Siehe § 65 u. f. R.-Ges. über Angel. der freiw. G.

1744 Der Annehmende muß das 50. Lebensjahr vollendet haben und mindestens 18 Jahre älter sein als das Kind, doch sind Befreiungen von dieser Bestimmung durch den Staat gestattet.

1746 Wer verheirathet ist, kann nur mit Einwilligung seines Ehegatten an Kindesstatt annehmen oder angenommen werden.

1747 Ein Kind bedarf bis zur Vollendung des 21. Lebensjahrs der Einwilligung seiner Eltern bezw. wenn es unehelich ist, seiner Mutter.

Als gemeinschaftliches Kind kann ein Kind nur von einem Ehepaar angenommen werden. 1749

Der Annahme-Vertrag muß bei gleichzeitiger Anwesenheit beider Theile vor Gericht oder vor einem Notar geschlossen werden. Ebenso ist die Einwilligung des Ehegatten des Annehmenden und der Eltern des Kindes dem zuständigen Gerichte gegenüber in gerichtlicher oder notarieller Form abzugeben. Vertreter sind nicht zulässig; nur das Kind bedarf bis nach dem 14. Lebensjahre der Vertretung und von da bis nach zurückgelegtem 21. Lebensjahre der Zustimmung durch seinen gesetzlichen Vertreter. Außerdem ist bis zur Volljährigkeit des Kindes die Genehmigung des Vormundschaftsgerichts erforderlich. 1750 1751

Durch den gerichtlich bestätigten Annahme-Vertrag erlangt das Kind die rechtliche Stellung eines ehelichen Kindes des Annehmenden. Es erhält dessen Familiennamen, Unterhaltsanspruch und Erbrecht an denselben, umgekehrt aber der Annehmende kein Erbrecht an das angenommene Kind. 1757 1759

Der Annehmende hat über das Vermögen des Kindes, soweit es auf Grund der elterlichen Gewalt in seine Verwaltung übergeht, ein Verzeichniß aufzunehmen, mit seiner Versicherung der Richtigkeit und Vollständigkeit zu versehen und dem Vormundschaftsgerichte einzureichen. 1760

Die leiblichen Eltern verlieren die elterliche Gewalt. 1765

III. Abschnitt. Vormundschaft.*)

I. Titel. Vormundschaft über Minderjährige.

1. Anordnung der Vormundschaft.

Ein Minderjähriger erhält einen **Vormund**, wenn er nicht unter elterlicher Gewalt steht d. h. unter der Gewalt des Vaters oder der ehelichen Mutter oder wenn die Eltern weder in den die Person noch in den das Vermögen betreffenden Angelegenheiten zur Vertretung des Minderjährigen berechtigt sind (wenn z. B. die elterliche Gewalt ruht oder verwirkt ist). Ein Minderjähriger erhält einen Vormund auch dann, wenn sein Familienstand nicht zu ermitteln ist (Findelkind). 1773

*) Für das Verfahren in Vormundschaftssachen giebt der zweite Abschnitt des Reichsgesetzes vom 17. Mai 1898 über die Angelegenheiten der freiwilligen Gerichtsbarkeit (R.-G.-Bl. S. 189) die folgenden Vorschriften:

§ 35. Für die dem Vormundschaftsgericht obliegenden Verrichtungen sind die Amtsgerichte zuständig.

§ 36. Für die Vormundschaft ist das Gericht zuständig, in dessen Bezirke der Mündel zu der Zeit, zu welcher die Anordnung der Vormundschaft erforderlich wird, seinen Wohnsitz oder in Ermangelung eines inländischen Wohnsitzes seinen Aufenthalt hat. Wird die Anordnung einer Vormundschaft über Geschwister erforderlich, die in den Bezirken verschiedener Vormundschaftsgerichte ihren Wohnsitz oder ihren Aufenthalt haben, so ist, wenn für einen der Mündel schon eine Vormundschaft anhängig ist, das für diese zuständige Gericht, andernfalls dasjenige Gericht, in dessen Bezirke der jüngste Mündel seinen Wohnsitz oder seinen Aufenthalt hat, für alle Geschwister maßgebend.

1774 Das Vormundschaftsgericht hat die Vormundschaft von Amtswegen anzuordnen.

1775 Das Vormundschaftsgericht soll, sofern nicht besondere Gründe für die Bestellung mehrerer Vormünder vorliegen, für den Mündel und, wenn mehrere Geschwister zu bevormunden sind, für alle Mündel nur einen Vormund bestellen.

Ist der Mündel ein Deutscher und hat er im Inlande weder Wohnsitz noch Aufenthalt, so ist das Gericht zuständig, in dessen Bezirke der Mündel seinen letzten inländischen Wohnsitz hatte. In Ermangelung eines solchen Wohnsitzes wird das zuständige Gericht, falls der Mündel einem Bundesstaat angehört, von der Landesjustizverwaltung, anderenfalls von dem Reichskanzler bestimmt. Für die Vormundschaft über einen Minderjährigen, dessen Familienstand nicht zu ermitteln ist, ist das Gericht zuständig, in dessen Bezirke der Minderjährige aufgefunden wurde.

§ 37. Soll Jemand nach § 1909 B. G. B. einen Pfleger erhalten, so ist, wenn bei einem inländischen Gericht eine Vormundschaft über ihn anhängig ist, für die Pflegschaft dieses Gericht zuständig. Im Uebrigen finden auf die Pflegschaft die Vorschriften des § 36 Anwendung.

Für die Pflegschaft über einen Ausländer, für den bei einem inländischen Gericht eine Vormundschaft nicht anhängig ist, und der im Inlande weder Wohnsitz noch Aufenthalt hat, ist das Gericht zuständig, in dessen Bezirke das Bedürfniß der Fürsorge hervortritt.

§ 38. Auf die Zuständigkeit für die Pflegschaft über einen Gebrechlichen finden die Vorschriften des § 36 Abs. 1, 2 und des § 37 Abs. 2 entsprechende Anwendung.

§ 39. Für die Pflegschaft über einen Abwesenden ist das Gericht zuständig, in dessen Bezirke der Abwesende seinen Wohnsitz hat.

Hat der Abwesende im Inlande keinen Wohnsitz, so finden die Vorschriften des § 36 Abs. 2 und des § 37 Abs. 2 entsprechende Anwendung.

§ 40. Für die Pflegschaft über eine Leibesfrucht ist das Gericht zuständig, welches für die Vormundschaft zuständig sein würde, falls das Kind zu der Zeit, zu welcher das Bedürfniß der Fürsorge hervortritt, geboren wäre.

§ 41. Wird im Falle des § 1913 B.G.B. die Anordnung einer Pflegschaft für den bei einer Angelegenheit Betheiligten erforderlich, so ist das Gericht zuständig, in dessen Bezirke das Bedürfniß der Fürsorge hervortritt.

§ 42. Für die Pflegschaft zum Zwecke der Verwaltung und Verwendung eines durch öffentliche Sammlung zusammengebrachten Vermögens ist das Gericht des Ortes zuständig, an welchem bisher die Verwaltung geführt wurde.

§ 43. Die Zuständigkeit für eine Verrichtung des Vormundschaftsgerichts, die nicht eine Vormundschaft oder eine Pflegschaft betrifft, bestimmt sich, soweit sich nicht aus dem Gesetz ein Anderes ergiebt, nach den Vorschriften des § 36 Abs. 1, 2; maßgebend ist für jede einzelne Angelegenheit der Zeitpunkt, in welchem das Gericht mit ihr befaßt wird.

Ist für die Person, in Ansehung deren die Verrichtung des Vormundschaftsgerichts erforderlich wird, eine Vormundschaft oder eine Pflegschaft anhängig oder ist der Mutter, unter deren elterlicher Gewalt sie steht, ein Beistand bestellt, so ist das Gericht zuständig, bei welchem die Vormundschaft, Pflegschaft oder Beistandschaft anhängig ist.

§ 44. Für die in den §§ 1665, 1846 B. G. B. und im Art. 23 Abs. 2 des Einf.-G. z. B. G. B. bezeichneten Maßregeln ist auch das Gericht zuständig, in dessen Bezirke das Bedürfniß der Fürsorge hervortritt. Das Gericht soll, wenn eine Vormundschaft, Pflegschaft oder Beistandschaft anhängig ist, von den angeordneten Maßregeln dem nach § 43 Abs. 2 zuständigen Gerichte Mittheilung machen.

Als Vormünder sind in nachstehender Reihenfolge berufen: **1776**
1. wer von dem Vater des Mündels als Vormund benannt ist;
2. wer von der ehelichen Mutter des Mündels als Vormund benannt ist;
3. der Großvater des Mündels von väterlicher Seite;
4. der Großvater des Mündels von mütterlicher Seite.

Der Vater oder die Mutter können auf den Fall ihres Todes für ihre **1777** Kinder einen Vormund nur durch letztwillige Verfügung benennen.

Wer nach 1776 als Vormund berufen ist, darf ohne seine Zu- **1778** stimmung nur übergangen werden, wenn er nach 1780 bis 1784 nicht zum Vormunde bestellt werden kann oder soll oder wenn er an der Uebernahme der Vormundschaft verhindert ist oder die Uebernahme verzögert oder wenn seine Bestellung das Interesse des Mündels gefährden würde. Ist der Berufene nur vorübergehend verhindert, so hat ihn das Vormundschaftsgericht nach dem Wegfalle des Hindernisses auf seinen Antrag an Stelle des bisherigen Vormundes zum Vormunde zu bestellen.

---

§ 45. Wird in einer Angelegenheit, welche die persönlichen Rechtsbeziehungen der Ehegatten zu einander oder das eheliche Güterrecht betrifft, eine Verrichtung des Vormundschaftsgerichts erforderlich, so ist das Gericht zuständig, in dessen Bezirke der Mann seinen Wohnsitz oder in Ermangelung eines inländischen Wohnsitzes seinen Aufenthalt hat.

Ist der Mann ein Deutscher und hat er im Inlande weder Wohnsitz noch Aufenthalt, so finden die Vorschriften des § 36 Abs. 2 entsprechende Anwendung.

Hat der Mann die Reichsangehörigkeit verloren, die Frau sie aber behalten, so ist, wenn der Mann im Inlande weder Wohnsitz noch Aufenthalt hat, das Gericht zuständig, in dessen Bezirke die Frau ihren Wohnsitz oder in Ermangelung eines inländischen Wohnsitzes ihren Aufenthalt hat; hat sie im Inlande weder Wohnsitz noch Aufenthalt, so finden die Vorschriften des § 36 Abs. 2 entsprechende Anwendung.

Für die Zuständigkeit ist in Ansehung jeder einzelnen Angelegenheit der Zeitpunkt maßgebend, in welchem das Gericht mit ihr befaßt wird.

§ 46. Das Vormundschaftsgericht kann die Vormundschaft aus wichtigen Gründen an ein anderes Vormundschaftsgericht abgeben, wenn sich dieses zur Uebernahme der Vormundschaft bereit erklärt; nach der Bestellung des Vormundes ist jedoch dessen Zustimmung erforderlich. ....

§ 47.......

§ 48. Wird bei einem Standesbeamten der Tod einer Person, die ein minderjähriges Kind hinterlassen hat, oder die Geburt eines ehelichen Kindes nach dem Tode des Vaters oder die Geburt eines unehelichen Kindes oder die Auffindung eines Minderjährigen, dessen Familienstand nicht zu ermitteln ist, angezeigt oder wird vor einem Standesbeamten von einer Frau, die ein minderjähriges eheliches Kind hat, eine Ehe geschlossen, so hat der Standesbeamte hiervon dem Vormundschaftsgericht Anzeige zu machen.

§ 49. Erlangt der Gemeindewaisenrath von einem Falle Kenntniß, in welchem ein Vormund, ein Gegenvormund oder ein Pfleger zu bestellen ist, so hat er dem Vormundschaftsgericht Anzeige zu machen. Zugleich soll er die Person vorschlagen, die sich zum Vormunde, Gegenvormund oder Pfleger eignet.

§ 50. Wird die Anordnung einer Vormundschaft oder einer Pflegschaft in Folge eines gerichtlichen Verfahrens erforderlich, so hat das Gericht das zuständige Vormundschaftsgericht hievon zu benachrichtigen.

Für eine Ehefrau darf der Mann vor den nach 1776 Berufenen, für ein uneheliches Kind darf die Mutter vor dem Großvater zum Vormunde bestellt werden. Neben dem Berufenen darf nur mit dessen Zustimmung ein Mitvormund bestellt werden.

1779 Ist die Vormundschaft nicht einem nach 1776 Berufenen zu übertragen, so hat das Vormundschaftsgericht nach Anhörung des Gemeindewaisenraths den Vormund auszuwählen.

Das Vormundschaftsgericht soll eine Person auswählen, die nach ihren persönlichen Verhältnissen und ihrer Vermögenslage sowie nach den sonstigen Umständen zur Führung der Vormundschaft geeignet ist. Bei der Auswahl ist auf das religiöse Bekenntniß des Mündels Rücksicht zu nehmen. Verwandte und Verschwägerte des Mündels sind zunächst zu berücksichtigen.

1780 Zum Vormunde kann nicht bestellt werden, wer geschäftsunfähig oder wegen Geistesschwäche, Verschwendung oder Trunksucht entmündigt ist.

---

§ 51.......

§ 52.......

§ 53. Eine Verfügung, durch die auf Antrag die Ermächtigung oder die Zustimmung eines Anderen zu einem Rechtsgeschäft ersetzt oder dem Manne die im § 1358 Abs. 1 G. B. G. vorgesehene Ermächtigung zur Kündigung ertheilt oder durch welche die Beschränkung oder die Ausschließung der nach § 1357 B. G. B. der Frau zustehenden Rechte aufgehoben wird, tritt erst mit der Rechtskraft in Wirksamkeit. Das Gleiche gilt von einer Verfügung durch die auf Antrag des Kindes die Zustimmung der Mutter zur Ehelichkeitserklärung ihres Kindes ersetzt wird.

Bei Gefahr im Verzuge kann das Gericht die sofortige Wirksamkeit der Verfügung anordnen. Die Verfügung tritt mit der Bekanntmachung an den Antragsteller in Wirksamkeit.

§ 54. Liegen nach dem Ermessen des Vormundschaftsgerichts die Voraussetzungen vor, unter denen der Vormund, der Pfleger oder der Beistand zur Sicherheitsleistung angehalten werden kann, so ist das Gericht befugt, das Grundbuchamt um die Eintragung einer Sicherungshypothek an Grundstücken des Vormundes, des Pflegers oder des Beistandes zu ersuchen. Der Vormund, der Pfleger oder der Beistand soll soweit thunlich vorher gehört werden. Die Hypothek entsteht mit der Eintragung.....

§ 55. Eine Verfügung, durch welche die Genehmigung zu einem Rechtsgeschäft ertheilt oder verweigert wird, kann von dem Vormundschaftsgericht insoweit nicht mehr geändert werden, als die Genehmigung oder deren Verweigerung einem Dritten gegenüber wirksam geworden ist.

Eine Verfügung, durch welche die Zustimmung zu einer Ehelichkeitserklärung ersetzt wird, kann nicht mehr geändert werden, wenn die Ehelichkeitserklärung erfolgt ist.

§ 56. Die Volljährigkeitserklärung soll nur auf Antrag des Minderjährigen oder desjenigen gesetzlichen Vertreters des Minderjährigen erfolgen, welchem die Sorge für die Person zusteht.

Die Verfügung, durch welche der Minderjährige für volljährig erklärt wird, tritt erst mit der Rechtskraft in Wirksamkeit.

§ 57. Die Beschwerde steht, unbeschadet der Vorschriften des § 20 zu:

Zum Vormunde soll nicht bestellt werden: **1781**
1. wer minderjährig oder nach 1906 unter vorläufige Vormundschaft gestellt ist;
2. wer nach 1910 zur Besorgung seiner Vermögensangelegenheiten einen Pfleger erhalten hat;
3. wer in Konkurs gerathen ist, während der Dauer des Konkurses;
4. wer der bürgerlichen Ehrenrechte für verlustig erklärt ist, soweit sich nicht aus den Vorschriften des Strafgesetzbuchs ein Anderes ergiebt.

Zum Vormunde soll nicht bestellt werden, wer durch Anordnung **1782**
des Vaters oder der ehelichen Mutter des Mündels von der Vormundschaft ausgeschlossen ist. Die Mutter kann den von dem Vater als Vormund Benannten nicht ausschließen.

---

1. gegen eine Verfügung, durch welche die Anordnung einer Vormundschaft abgelehnt oder eine Vormundschaft aufgehoben wird, Jedem, der ein rechtliches Interesse an der Aenderung der Verfügung hat, sowie dem Ehegatten, den Verwandten und Verschwägerten des Mündels, es sei denn, daß die Verfügung eine vorläufige Vormundschaft betrifft;
2. gegen eine Verfügung, durch welche die Anordnung einer vorläufigen Vormundschaft abgelehnt oder eine solche Vormundschaft aufgehoben wird, denjenigen, welche den Antrag auf Entmündigung zu stellen berechtigt sind;
3. gegen eine Verfügung, durch welche die Anordnung einer Pflegschaft abgelehnt oder eine Pflegschaft aufgehoben wird, Jedem, der ein rechtliches Interesse an der Aenderung der Verfügung hat, in den Fällen der §§ 1909, 1910 B. G. B. auch dem Ehegatten sowie den Verwandten und Verschwägerten des Pflegebefohlenen; diese Vorschrift gilt jedoch im Falle des § 1910 nur dann, wenn eine Verständigung mit dem Pflegebefohlenen nicht möglich ist;
4. gegen eine Verfügung, durch welche die Einsetzung eines Familienraths abgelehnt oder der Familienrath aufgehoben wird, dem Ehegatten sowie den Verwandten und Verschwägerten des Mündels;
5. gegen eine Verfügung, durch die in den Fällen des § 1687 Nr. 1, 3 B. G. B. die Bestellung eines Beistandes der Mutter abgelehnt oder die Bestellung aufgehoben wird, dem Ehegatten sowie den Verwandten und Verschwägerten des Kindes;
6. gegen eine Verfügung, durch die ein Antrag des Gegenvormundes oder des Beistandes zurückgewiesen wird, gegen den gesetzlichen Vertreter wegen pflichtwidrigen Verhaltens einzuschreiten oder den Vormund oder den Pfleger aus einem der im § 1886 B. G. B. bezeichneten Gründe zu entlassen, dem Antragsteller;
7. gegen eine Verfügung, durch die dem Vormund oder dem Pfleger eine Vergütung bewilligt wird, dem Gegenvormunde;
8. gegen eine Verfügung, durch welche die Anordnung einer der in den §§ 1665—1667 B. G. B. vorgesehenen Maßregeln abgelehnt oder eine solche Maßregel aufgehoben wird, den Verwandten und Verschwägerten des Kindes;
9. gegen eine Verfügung, die eine Entscheidung über eine die Sorge für die Person des Kindes oder des Mündels betreffende Angelegenheit enthält, Jedem, der ein berechtigtes Interesse hat, diese Angelegenheit wahrzunehmen.

1783 Eine Frau, die mit einem Anderen als dem Vater des Mündels verheirathet ist, soll nur mit Zustimmung ihres Mannes zum Vormunde bestellt werden.

1784 Ein Beamter oder Religionsdiener, der nach den Landesgesetzen einer besonderen Erlaubniß zur Uebernahme einer Vormundschaft bedarf, soll nicht ohne die vorgeschriebene Erlaubniß zum Vormunde bestellt werden.

1785 Jeder Deutsche hat die Vormundschaft, für die er von dem Vormundschaftsgericht ausgewählt wird, zu übernehmen, sofern nicht seiner Bestellung zum Vormund einer der in 1780—1784 bestimmten Gründe entgegensteht.

1786 Die Uebernahme der Vormundschaft kann ablehnen:

Die Vorschrift des Abs. 1 Nr. 9 findet auf die sofortige Beschwerde keine Anwendung.

§ 58.......

§ 59. Ein unter elterlicher Gewalt stehendes Kind oder ein unter Vormundschaft stehender Mündel kann in allen seine Person betreffenden Angelegenheiten ohne Mitwirkung seines gesetzlichen Vertreters das Beschwerderecht ausüben. Das Gleiche gilt in Angelegenheiten, in denen der Mündel vor einer Entscheidung des Vormundschaftsgerichts gehört werden soll.

Diese Vorschriften finden auf Personen, die geschäftsunfähig sind oder nicht das 14. Lebensjahr vollendet haben, keine Anwendung.

§ 60. Die sofortige Beschwerde findet statt:

1. gegen eine Verfügung, durch die ein als Vormund, Pfleger, Gegenvormund, Beistand oder Mitglied des Familienraths Berufener übergangen wird;
2. gegen eine Verfügung, durch welche die Weigerung, eine Vormundschaft, Pflegschaft, Gegenvormundschaft oder Beistandschaft zu übernehmen, zurückgewiesen wird;
3. gegen eine Verfügung, durch die ein Vormund, Pfleger, Gegenvormund oder Beistand gegen seinen Willen entlassen wird;
4. gegen eine Verfügung, durch die der Familienrath aufgehoben oder ein Mitglied des Familienraths gegen seinen Willen entlassen wird;
5. gegen eine Verfügung, durch die ein Volljähriger unter vorläufige Vormundschaft gestellt wird;
6. gegen Verfügungen, die erst mit der Rechtskraft wirksam werden.

Die Frist beginnt in den Fällen des Abs. 1 Nr. 1 mit dem Zeitpunkt, in welchem der Beschwerdeführer von seiner Uebergehung Kenntniß erlangt, im Falle der Aufhebung des Familienraths mit dem Zeitpunkt, in welchem das Vormundschaftsgericht die bisherigen Mitglieder von der Aufhebung in Kenntniß setzt.

§ 61. Wird eine Verfügung, durch die ein Volljähriger unter vorläufige Vormundschaft gestellt ist, von dem Beschwerdegericht aufgehoben, so kann die Wirksamkeit der von oder gegenüber dem Volljährigen vorgenommenen Rechtsgeschäfte nicht auf Grund der aufgehobenen Verfügung in Frage gestellt werden.

§ 62. Soweit eine Verfügung nach § 55 von dem Vormundschaftsgerichte nicht mehr geändert werden kann, ist auch das Beschwerdegericht nicht berechtigt, sie zu ändern.

§ 63. Auf die weitere Beschwerde finden die Vorschriften der §§ 57—62 entsprechende Anwendung.

§ 64.......

1. eine Frau;
2. wer das sechzigste Lebensjahr vollendet hat;
3. wer mehr als vier minderjährige eheliche Kinder hat; ein von einem Anderen an Kindesstatt angenommenes Kind wird nicht gerechnet;
4. wer durch Krankheit oder durch Gebrechen verhindert ist, die Vormundschaft ordnungsmäßig zu führen;
5. wer wegen Entfernung seines Wohnsitzes von dem Sitze des Vormundschaftsgerichts die Vormundschaft nicht ohne besondere Belästigung führen kann;
6. wer nach 1844 zur Sicherheitsleistung angehalten wird;
7. wer mit einem Anderen zur gemeinschaftlichen Führung der Vormundschaft bestellt werden soll;
8. wer mehr als eine Vormundschaft oder Pflegschaft führt; die Vormundschaft oder Pflegschaft über mehrere Geschwister gilt nur als eine; die Führung von zwei Gegenvormundschaften steht der Führung einer Vormundschaft gleich.

Das Ablehnungsrecht erlischt, wenn es nicht vor der Bestellung bei dem Vormundschaftsgerichte geltend gemacht wird.

Wer die Uebernahme der Vormundschaft ohne Grund ablehnt, ist, **1787** wenn ihm ein Verschulden zur Last fällt, für den Schaden verantwortlich, der dem Mündel dadurch entsteht, daß sich die Bestellung des Vormundes verzögert.

Erklärt das Vormundschaftsgericht die Ablehnung für unbegründet, so hat der Ablehnende, unbeschadet der ihm zustehenden Rechtsmittel, die Vormundschaft auf Erfordern des Vormundschaftsgerichts vorläufig zu übernehmen.

Das Vormundschaftsgericht kann den zum Vormund Ausgewählten **1788** durch Ordnungsstrafen zur Uebernahme der Vormundschaft anhalten. Die einzelne Strafe darf den Betrag von dreihundert Mark nicht übersteigen. Die Strafen dürfen nur in Zwischenräumen von mindestens einer Woche verhängt werden. Mehr als drei Strafen dürfen nicht verhängt werden.

Der Vormund wird von dem Vormundschaftsgerichte durch Ver- **1789** pflichtung zu treuer und gewissenhafter Führung der Vormundschaft bestellt. Die Verpflichtung soll mittelst Handschlags an Eidesstatt erfolgen.

Bei der Bestellung des Vormundes kann die Entlassung für den **1790** Fall vorbehalten werden, daß ein bestimmtes Ereigniß eintritt oder nicht eintritt.

Der Vormund erhält eine Bestallung. **1791**

Die Bestallung soll enthalten den Namen und die Zeit der Geburt des Mündels, die Namen des Vormundes, des Gegenvormundes und der Mitvormünder sowie im Falle der Theilung der Vormundschaft die Art der Theilung. Ist ein Familienrath eingesetzt, so ist auch dies anzugeben.

1792 Neben dem Vormunde kann ein **Gegenvormund** bestellt werden.

Ein Gegenvormund soll bestellt werden, wenn mit der Vormundschaft eine Vermögensverwaltung verbunden ist, es sei denn, daß die Verwaltung nicht erheblich oder daß die Vormundschaft von mehreren Vormündern gemeinschaftlich zu führen ist. Ist die Vormundschaft von mehreren Vormündern nicht gemeinschaftlich zu führen, so kann der eine Vormund zum Gegenvormunde des anderen bestellt werden. Auf die Berufung und Bestellung des Gegenvormundes finden die für die Berufung und Bestellung des Vormundes geltenden Vorschriften Anwendung.

2. Führung der Vormundschaft.

1793 Der Vormund hat das Recht und die Pflicht, für die Person und das Vermögen des Mündels zu sorgen, insbesondere den Mündel zu vertreten.

1794 Das Recht und die Pflicht des Vormundes, für die Person und das Vermögen des Mündels zu sorgen, erstreckt sich nicht auf Angelegenheiten des Mündels, für die ein Pfleger bestellt ist.

1795 Der Vormund kann den Mündel nicht vertreten:

1. bei einem Rechtsgeschäfte zwischen seinem Ehegatten oder einem seiner Verwandten in gerader Linie einerseits und dem Mündel andererseits, es sei denn, daß das Rechtsgeschäft ausschließlich in der Erfüllung einer Verbindlichkeit besteht;
2. bei einem Rechtsgeschäfte, das die Uebertragung oder Belastung einer durch Pfandrecht, Hypothek oder Bürgschaft gesicherten Forderung des Mündes gegen den Vormund oder die Aufhebung oder Minderung dieser Sicherheit zum Gegenstande hat oder die Verpflichtung des Mündels zu einer solchen Uebertragung, Belastung, Aufhebung oder Minderung begründet;
3. bei einem Rechtsstreite zwischen den in Nr. 1 bezeichneten Personen sowie bei einem Rechtsstreit über eine Angelegenheit der in Nr. 2 bezeichneten Art.

Die Vorschrift 181 bleibt unberührt.

1796 Das Vormundschaftsgericht kann dem Vormunde die Vertretung für einzelne Angelegenheiten oder für einen bestimmten Kreis von Angelegenheiten entziehen. Die Entziehung soll nur erfolgen, wenn das Interesse des Mündels zu dem Interesse des Vormundes oder eines von diesem vertretenen Dritten oder einer der in 1795 Nr. 1 bezeichneten Personen in erheblichem Gegensatze steht.

Mehrere Vormünder führen die Vormundschaft gemeinschaftlich. Bei 1797
einer Meinungsverschiedenheit entscheidet das Vormundschaftsgericht, sofern nicht bei der Bestellung ein Anderes bestimmt wird. Das Vormundschaftsgericht kann die Führung der Vormundschaft unter mehrere Vormünder nach bestimmten Wirkungskreisen vertheilen. Innerhalb des ihm überwiesenen Wirkungskreises führt jeder Vormund die Vormundschaft selbständig.

Bestimmungen, die der Vater oder die Mutter für die Entscheidung von Meinungsverschiedenheiten zwischen den von ihnen benannten Vormündern und für die Vertheilung der Geschäfte unter diese nach Maßgabe 1777 getroffen hat, sind von dem Vormundschaftsgerichte zu befolgen, sofern nicht ihre Befolgung das Interesse des Mündels gefährden würde.

Steht die Sorge für die Person und die Sorge für das Vermögen 1798
des Mündels verschiedenen Vormündern zu, so entscheidet bei einer Meinungsverschiedenheit über die Vornahme einer sowohl die Person als das Vermögen des Mündels betreffenden Handlung das Vormundschaftsgericht.

Der Gegenvormund hat darauf zu achten, daß der Vormund 1799
die Vormundschaft pflichtmäßig führt. Er hat dem Vormundschaftsgerichte Pflichtwidrigkeiten des Vormundes sowie jeden Fall unverzüglich anzuzeigen, in welchem das Vormundschaftsgericht zum Einschreiten berufen ist, insbesondere den Tod des Vormundes oder den Eintritt eines anderen Umstandes, in Folge dessen das Amt des Vormundes endigt oder die Entlassung des Vormundes erforderlich wird. Der Vormund hat dem Gegenvormund auf Verlangen über die Führung der Vormundschaft Auskunft zu ertheilen und die Einsicht der sich auf die Vormundschaft beziehenden Papiere zu gestatten.

Das Recht und die Pflicht des Vormundes, für die Person des 1800
Mündels zu sorgen, bestimmt sich nach den für die elterliche Gewalt geltenden Vorschriften 1631 bis 1633.

Die Sorge für die religiöse Erziehung des Mündels kann dem 1801
Vormunde von dem Vormundschaftsgericht entzogen werden, wenn der Vormund nicht dem Bekenntniß angehört, in dem der Mündel zu erziehen ist.

Der Vormund hat das Vermögen, das bei der Anordnung der 1802
Vormundschaft vorhanden ist oder später dem Mündel zufällt, zu verzeichnen und das Verzeichniß, nach dem er es mit der Versicherung der Richtigkeit und Vollständigkeit versehen hat, dem Vormundschaftsgericht einzureichen. Ist ein Gegenvormund vorhanden, so hat ihn der Vormund bei der Aufnahme des Verzeichnisses zuzuziehen;

das Verzeichniß ist auch von dem Gegenvormunde mit der Versicherung der Richtigkeit und Vollständigkeit zu versehen.

Der Vormund kann sich bei der Aufnahme des Verzeichnisses der Hülfe eines Beamten, eines Notars oder eines anderen Sachverständigen bedienen.

Ist das eingereichte Verzeichniß ungenügend, so kann das Vormundschaftsgericht anordnen, daß das Verzeichniß durch eine zuständige Behörde oder durch einen zuständigen Beamten oder Notar aufgenommen wird.

1803 Was der Mündel von Todeswegen erwirbt oder was ihm unter Lebenden von einem Dritten unentgeltlich zugewendet wird, hat der Vormund nach den Anordnungen des Erblassers oder des Dritten zu verwalten, wenn die Anordnungen von dem Erblasser durch letztwillige Verfügung, von dem Dritten bei der Zuwendung getroffen worden sind. Der Vormund darf mit Genehmigung des Vormundschaftsgerichts von den Anordnungen abweichen, wenn ihre Befolgung das Interesse des Mündels gefährden würde. Zu einer Abweichung von den Anordnungen, die ein Dritter bei einer Zuwendung unter Lebenden getroffen hat, ist, solange er lebt, seine Zustimmung erforderlich und genügend. Die Zustimmung des Dritten kann durch das Vormundschaftsgericht ersetzt werden, wenn der Dritte zur Abgabe einer Erklärung dauernd außer Stande oder sein Aufenthalt dauernd unbekannt ist.

1804 Der Vormund kann nicht in Vertretung des Mündels Schenkungen machen. Ausgenommen sind Schenkungen, durch die einer sittlichen Pflicht oder einer auf den Anstand zu nehmenden Rücksicht entsprochen wird.

1805 Der Vormund darf Vermögen des Mündels nicht für sich verwenden.

1806 Der Vormund hat das zum Vermögen des Mündels gehörende Geld verzinslich anzulegen, soweit es nicht zur Bestreitung von Ausgaben bereit zu halten ist.

1807 Die 1806 vorgeschriebene Anlegung von Mündelgeld soll nur erfolgen:

1. in Forderungen, für die eine sichere Hypothek an einem inländischen Grundstücke besteht, oder in sicheren Grundschulden oder Rentenschulden an inländischen Grundstücken;
2. in verbrieften Forderungen gegen das Reich oder einen Bundesstaat sowie in Forderungen, die in das Reichsschuldbuch oder in das Staatsschuldbuch eines Bundesstaats eingetragen sind;
3. in verbrieften Forderungen, deren Verzinsung von dem Reiche oder einem Bundesstaate gewährleistet ist;

4. in Werthpapieren, insbesondere Pfandbriefen, sowie in verbrieften Forderungen jeder Art gegen eine inländische kommunale Körperschaft oder die Kreditanstalt einer solchen Körperschaft, sofern die Werthpapiere oder die Forderungen von dem Bundesrathe zur Anlegung von Mündelgeld für geeignet erklärt sind;
5. bei einer inländischen öffentlichen Sparkasse, wenn sie von der zuständigen Behörde des Bundesstaats, in welchem sie ihren Sitz hat, zur Anlegung von Mündelgeld für geeignet erklärt ist.

Die Landesgesetze können für die innerhalb ihres Geltungsbereichs belegenen Grundstücke die Grundsätze bestimmen, nach denen die Sicherheit einer Hypothek, einer Grundschuld oder einer Rentenschuld festzustellen ist.

Siehe hierüber die ergangenen landesgesetzlichen Ausführungsbestimmungen.

Kann die Anlegung den Umständen nach nicht in der 1807 be- **1808**
zeichneten Weise erfolgen, so ist das Geld bei der Reichsbank, bei einer Staatsbank oder bei einer anderen durch Landesgesetz dazu für geeignet erklärten inländischen Bank oder bei einer Hinterlegungsstelle anzulegen.

Der Vormund soll Mündelgeld nach 1807 Abs. 1 Nr. 5 oder **1809**
nach 1808 nur mit der Bestimmung anlegen, daß zur Erhebung des Geldes die Genehmigung des Gegenvormundes oder des Vormundschaftsgerichts erforderlich ist.

Der Vormund soll die in 1806 bis 1808 vorgeschriebene An- **1810**
legung nur mit Genehmigung des Gegenvormundes bewirken; die Genehmigung des Gegenvormundes wird durch die Genehmigung des Vormundschaftsgerichts ersetzt. Ist ein Gegenvormund nicht vorhanden, so soll die Anlegung nur mit Genehmigung des Vormundschaftsgerichts erfolgen, sofern nicht die Vormundschaft von mehreren Vormündern gemeinschaftlich geführt wird.

Das Vormundschaftsgericht kann aus besonderen Gründen dem Vor- **1811**
mund eine andere Anlegung als die in 1807, 1808 vorgeschriebene gestatten.

Der Vormund kann über eine Forderung oder über ein anderes **1812**
Recht, kraft dessen der Mündel eine Leistung verlangen kann, sowie über ein Werthpapier des Mündels nur mit Genehmigung des Gegenvormundes verfügen, sofern nicht nach 1819 bis 1822 die Genehmigung des Vormundschaftsgerichts erforderlich ist. Das Gleiche gilt von der Eingehung der Verpflichtung zu einer solchen Verfügung.

Die Genehmigung des Gegenvormundes wird durch die Genehmigung des Vormundschaftsgerichts ersetzt.

Ist ein Gegenvormund nicht vorhanden, so tritt an die Stelle der Genehmigung des Gegenvormundes die Genehmigung des Vormundschaftsgerichts, sofern nicht die Vormundschaft von mehreren Vormündern gemeinschaftlich geführt wird.

1813 Der Vormund bedarf nicht der Genehmigung des Gegenvormundes zur Annahme einer geschuldeten Leistung:

1. wenn der Gegenstand der Leistung nicht in Geld oder Werthpapieren besteht;
2. wenn der Anspruch nicht mehr als dreihundert Mark beträgt;
3. wenn Geld zurückgezahlt wird, das der Vormund angelegt hat;
4. wenn der Anspruch zu den Nutzungen des Mündelvermögens gehört;
5. wenn der Anspruch auf Erstattung von Kosten der Kündigung oder der Rechtsverfolgung oder auf sonstige Nebenleistungen gerichtet ist.

Die Befreiung nach Abs. 1 Nr. 2, 3 erstreckt sich nicht auf die Erhebung von Geld, bei dessen Anlegung ein Anderes bestimmt worden ist. Die Befreiung nach Abs. 1 Nr. 3 gilt auch nicht für die Erhebung von Geld, das nach 1807 Abs. 1 Nr. 1 bis 4 angelegt ist. (Zur Annahme aller sonstigen Schuldzahlungen bedarf somit der Vormund der Genehmigung des Gegenvormundes.)

1814 Der Vormund hat die zum Vermögen des Mündels gehörenden Inhaberpapiere nebst den Erneuerungsscheinen bei einer Hinterlegungsstelle oder bei der Reichsbank mit der Bestimmung zu hinterlegen, daß die Herausgabe der Papiere nur mit Genehmigung des Vormundschaftsgerichts verlangt werden kann. Die Hinterlegung von Inhaberpapieren, die nach 92 zu den verbrauchbaren Sachen gehören (also Papiergeld), sowie von Zins-, Renten- oder Gewinnantheilscheinen ist nicht erforderlich. Den Inhaberpapieren stehen Orderpapiere gleich, die mit Blankoindossament versehen sind.

1815 Der Vormund kann die Inhaberpapiere, statt sie nach 1814 zu hinterlegen, auf den Namen des Mündels mit der Bestimmung umschreiben lassen, daß er über sie nur mit Genehmigung des Vormundschaftsgerichts verfügen kann. Sind die Papiere von dem Reiche oder einem Bundesstaat ausgestellt, so kann er sie mit der gleichen Bestimmung in Buchforderungen gegen das Reich oder den Bundesstaat umwandeln lassen.

Sind Inhaberpapiere zu hinterlegen, die in Buchforderungen gegen das Reich oder einen Bundesstaat umgewandelt werden können, so kann das Vormundschaftsgericht anordnen, daß sie nach Abs. 1 in Buchforderungen umgewandelt werden.

1816 Gehören Buchforderungen gegen das Reich oder gegen einen Bundesstaat bei der Anordnung der Vormundschaft zu dem Vermögen des Mündels oder erwirbt der Mündel später solche

Forderungen, so hat der Vormund in das Schuldbuch den Vermerk eintragen zu lassen, daß er über die Forderungen nur mit Genehmigung des Vormundschaftsgerichts verfügen kann.

Das Vormundschaftsgericht kann aus besonderen Gründen den Vor- **1817**
mund von den ihm nach 1814, 1816 obliegenden Verpflichtungen entbinden.

Das Vormundschaftsgericht kann aus besonderen Gründen anordnen, **1818**
daß der Vormund auch solche zu dem Vermögen des Mündels gehörende Werthpapiere, zu deren Hinterlegung er nach 1814 nicht verpflichtet ist, sowie Kostbarkeiten des Mündels in der in 1814 bezeichneten Weise zu hinterlegen hat; auf Antrag des Vormundes kann die Hinterlegung von Zins-, Renten- und Gewinnantheilscheinen angeordnet werden, auch wenn ein besonderer Grund nicht vorliegt.

Solange die nach 1814 oder nach 1818 hinterlegten Werthpapiere **1819**
oder Kostbarkeiten nicht zurückgenommen sind, bedarf der Vormund zu einer Verfügung über sie und, wenn Hypotheken-, Grundschuld- oder Rentenschuldbriefe hinterlegt sind, zu einer Verfügung über die Hypothekenforderung, die Grundschuld oder die Rentenschuld der Genehmigung des Vormundschaftsgerichts. Das Gleiche gilt von der Eingehung der Verpflichtung zu einer solchen Verfügung.

Sind Inhaberpapiere nach 1815 auf den Namen des Mündes um- **1820**
geschrieben oder in Buchforderungen umgewandelt, so bedarf der Vormund auch zur Eingehung der Verpflichtung zu einer Verfügung über die sich aus der Umschreibung oder der Umwandlung ergebenden Stammforderungen der Genehmigung des Vormundschaftsgerichts.

Das Gleiche gilt, wenn bei einer Buchforderung des Mündels der in 1816 bezeichnete Vermerk eingetragen ist.

Der Vormund bedarf der Genehmigung des Vormundschaftsgerichts: **1821**

1. zur Verfügung über ein Grundstück oder über ein Recht an einem Grundstücke;
2. zur Verfügung über eine Forderung, die auf Uebertragung des Eigenthums an einem Grundstück oder auf Begründung oder Uebertragung eines Rechtes an einem Grundstück oder auf Befreiung eines Grundstücks von einem solchen Rechte gerichtet ist;
3. zur Eingehung der Verpflichtung zu einer der in Nr. 1, 2 bezeichneten Verfügungen;
4. zu einem Vertrage, der auf den entgeltlichen Erwerb eines Grundstücks oder eines Rechtes an einem Grundstücke gerichtet ist.

Zu den Rechten an einem Grundstück im Sinne dieser Vorschriften gehören nicht Hypotheken, Grundschulden und Rentenschulden.

Der Vormund bedarf der Genehmigung des Vormundschaftsgerichts: **1822**

1. zu einem Rechtsgeschäfte, durch das der Mündel zu einer Verfügung über sein Vermögen im Ganzen oder über eine ihm angefallene Erbschaft oder über seinen künftigen gesetzlichen Erbtheil oder seinen künftigen Pflichttheil verpflichtet wird, sowie zu einer Verfügung über den Antheil des Mündels an einer Erbschaft;
2. zur Ausschlagung einer Erbschaft oder eines Vermächtnisses, zum Verzicht auf einen Pflichttheil sowie zu einem Erbtheilungsvertrage;
3. zu einem Vertrage, der auf den entgeltlichen Erwerb oder die Veräußerung eines Erwerbsgeschäfts gerichtet ist, sowie zu einem Gesellschaftsvertrage, der zum Betrieb eines Erwerbsgeschäfts eingegangen wird;
4. zu einem Pachtvertrag über ein Landgut oder einen gewerblichen Betrieb;
5. zu einem Mieth- oder Pachtvertrag oder einem anderen Vertrage, durch den der Mündel zu wiederkehrenden Leistungen verpflichtet wird, wenn das Vertragsverhältniß länger als ein Jahr nach der Vollendung des 21. Lebensjahres des Mündels fortdauern soll;
6. zu einem Lehrvertrage, der für längere Zeit als ein Jahr geschlossen wird;
7. zu einem auf die Eingehung eines Dienst- oder Arbeitsverhältnisses gerichteten Vertrage, wenn der Mündel zu persönlichen Leistungen für längere Zeit als ein Jahr verpflichtet werden soll;
8. zur Aufnahme von Geld auf den Kredit des Mündels;
9. zur Ausstellung einer Schuldverschreibung auf den Inhaber oder zur Eingehung einer Verbindlichkeit aus einem Wechsel oder einem anderen indossablen Papiere;
10. zur Uebernahme einer fremden Verbindlichkeit, insbesondere zur Eingehung einer Bürgschaft;
11. zur Ertheilung einer Prokura;
12. zu einem Vergleich oder einem Schiedsvertrag, es sei denn, daß der Gegenstand des Streites oder der Ungewißheit in Geld schätzbar ist und den Wert von 300 Mark nicht übersteigt;
13. zu einem Rechtsgeschäfte, durch das die für eine Forderung des Mündels bestehende Sicherheit aufgehoben oder gemindert oder die Verpflichtung dazu begründet wird.

1823 Der Vormund soll nicht ohne Genehmigung des Vormundschaftsgerichts ein neues Erwerbsgeschäft im Namen des Mündels beginnen oder ein bestehendes Erwerbsgeschäft des Mündels auflösen.

1824 Der Vormund kann Gegenstände, zu deren Veräußerung die Genehmigung des Gegenvormundes oder des Vormundschaftsgerichts erforderlich ist, dem Mündel nicht ohne diese Genehmigung zur Erfüllung eines von diesem geschlossenen Vertrags oder zu freier Verfügung überlassen.

Das Vormundschaftsgericht kann dem Vormunde zu Rechtsgeschäften, **1825**
zu denen nach 1812 die Genehmigung des Gegenvormundes erforderlich ist, sowie zu den in 1822 Nr. 8—10 bezeichneten Rechtsgeschäften eine allgemeine Ermächtigung ertheilen. Die Ermächtigung soll nur ertheilt werden, wenn sie zum Zwecke der Vermögensverwaltung, insbesondere zum Betrieb eines Erwerbsgeschäfts, erforderlich ist.

Das Vormundschaftsgericht soll vor der Entscheidung über die zu einer **1826**
Handlung des Vormundes erforderliche Genehmigung den Gegenvormund hören, sofern ein solcher vorhanden und die Anhörung thunlich ist.

Das Vormundschaftsgericht soll den Mündel hören vor der Ent- **1827**
scheidung über die Genehmigung eines Lehrvertrags oder eines auf die Eingehung eines Dienst- oder Arbeitsverhältnisses gerichteten Vertrags und, wenn der Mündel das 14. Lebensjahr vollendet hat, über die Entlassung aus dem Staatsverbande.

Hat der Mündel das 18. Lebensjahr vollendet, so soll ihn das Vormundschaftsgericht, soweit thunlich, auch hören vor der Entscheidung über die Genehmigung eines der in 1821 und in 1822 Nr. 3 bezeichneten Rechtsgeschäfte sowie vor der Entscheidung über die Genehmigung des Beginns oder der Auflösung eines Erwerbsgeschäfts.

Das Vormundschaftsgericht kann die Genehmigung zu einem Rechts- **1828**
geschäfte nur dem Vormunde gegenüber erklären.

Schließt der Vormund einen Vertrag ohne die erforderliche Ge- **1829**
nehmigung des Vormundschaftsgerichts, so hängt die Wirksamkeit des Vertrags von der nachträglichen Genehmigung des Vormundschaftsgerichts ab. Die Genehmigung sowie deren Verweigerung wird dem anderen Theile gegenüber erst wirksam, wenn sie ihm durch den Vormund mitgetheilt wird.

Fordert der andere Theil den Vormund zur Mittheilung darüber auf, ob die Genehmigung ertheilt sei, so kann die Mittheilung der Genehmigung nur bis zum Ablaufe von zwei Wochen nach dem Empfange der Aufforderung erfolgen; erfolgt sie nicht, so gilt die Genehmigung als verweigert.

Ist der Mündel volljährig geworden, so tritt seine Genehmigung an die Stelle der Genehmigung des Vormundschaftsgerichts.

Hat der Vormund dem anderen Theile gegenüber der Wahrheit zu- **1830**
wider die Genehmigung des Vormundschaftsgerichts behauptet, so ist der andere Theil bis zur Mittheilung der nachträglichen Genehmigung des Vormundschaftsgerichts zum Widerrufe berechtigt, es sei denn, daß ihm das Fehlen der Genehmigung bei dem Abschlusse des Vertrags bekannt war.

Ein einseitiges Rechtsgeschäft, das der Vormund ohne die erforder- **1831**
liche Genehmigung des Vormundschaftsgerichts vornimmt, ist unwirksam.

Nimmt der Vormund mit dieser Genehmigung ein solches Rechtsgeschäft einem Anderen gegenüber vor, so ist das Rechtsgeschäft unwirksam, wenn der Vormund die Genehmigung nicht in schriftlicher Form vorlegt und der Andere das Rechtsgeschäft aus diesem Grunde unverzüglich zurückweist.

1832 Soweit der Vormund zu einem Rechtsgeschäfte der Genehmigung des Gegenvormundes bedarf, finden die Vorschriften 1828—1831 entsprechende Anwendung.

1833 Der Vormund ist dem Mündel für den aus einer Pflichtverletzung entstehenden Schaden verantwortlich, wenn ihm ein Verschulden zur Last fällt. Das Gleiche gilt von dem Gegenvormunde.

Sind für den Schaden Mehrere neben einander verantwortlich, so haften sie als Gesammtschuldner. Ist neben dem Vormunde für den von diesem verursachten Schaden der Gegenvormund oder ein Mitvormund nur wegen Verletzung seiner Aufsichtspflicht verantwortlich, so ist in ihrem Verhältnisse zu einander der Vormund allein verpflichtet.

1834 Verwendet der Vormund Geld des Mündels für sich, so hat er es von der Zeit der Verwendung an zu verzinsen.

1835 Macht der Vormund zum Zwecke der Führung der Vormundschaft Aufwendungen, so kann er nach den für den Auftrag geltenden Vorschriften 669, 670 von dem Mündel Vorschuß oder Ersatz verlangen. Das gleiche Recht steht dem Gegenvormunde zu.

Als Aufwendungen gelten auch solche Dienste des Vormundes oder des Gegenvormundes, die zu seinem Gewerbe oder seinem Berufe gehören.

1836 Die Vormundschaft wird unentgeltlich geführt. Das Vormundschaftsgericht kann jedoch dem Vormund und aus besonderen Gründen auch dem Gegenvormund eine angemessene Vergütung bewilligen. Die Bewilligung soll nur erfolgen, wenn das Vermögen des Mündels sowie der Umfang und die Bedeutung der vormundschaftlichen Geschäfte es rechtfertigen. Die Vergütung kann jederzeit für die Zukunft geändert oder entzogen werden.

Vor der Bewilligung, Aenderung oder Entziehung soll der Vormund und, wenn ein Gegenvormund vorhanden oder zu bestellen ist, auch dieser gehört werden.

3. Fürsorge und Aufsicht des Vormundschaftsgerichts.

1837 Das Vormundschaftsgerichts hat über die gesammte Thätigkeit des Vormundes und des Gegenvormundes die Aufsicht zu führen und gegen Pflichtwidrigkeiten durch geeignete Gebote und Verbote einzuschreiten.

Das Vormundschaftsgericht kann den Vormund und den Gegenvormund zur Befolgung seiner Anordnungen durch Ordnungsstrafen anhalten. Die einzelne Strafe darf den Betrag von 300 Mark nicht übersteigen.

Das Vormundschaftsgericht kann anordnen, daß der Mündel zum **1838**
Zwecke der Erziehung in einer geeigneten Familie oder in einer Erziehungsanstalt oder einer Besserungsanstalt untergebracht wird.

Steht dem Vater oder der Mutter die Sorge für die Person des Mündels zu, so ist eine solche Anordnung nur unter den Voraussetzungen 1666 zulässig.

Der Vormund sowie der Gegenvormund hat dem Vormundschafts- **1839**
gericht auf Verlangen jederzeit über die Führung der Vormundschaft und über die persönlichen Verhältnisse des Mündels Auskunft zu ertheilen.

Der Vormund hat über seine Vermögensverwaltung dem Vormund- **1840**
schaftsgerichte Rechnung zu legen.

Die Rechnung ist jährlich zu legen. Das Rechnungsjahr wird von dem Vormundschaftsgerichte bestimmt.

Ist die Verwaltung von geringem Umfange, so kann das Vormundschaftsgericht, nachdem die Rechnung für das erste Jahr gelegt worden ist, anordnen, daß die Rechnung für längere, höchstens dreijährige Zeitabschnitte zu legen ist.

Die Rechnung soll eine geordnete Zusammenstellung der **1841**
Einnahmen und Ausgaben enthalten, über den Ab- und Zugang des Vermögens Auskunft geben und, soweit Belege ertheilt zu werden pflegen, mit Belegen versehen sein.

Wird ein Erwerbsgeschäft mit kaufmännischer Buchführung betrieben, so genügt als Rechnung eine aus den Büchern gezogene Bilanz. Das Vormundschaftsgericht kann jedoch die Vorlegung der Bücher und sonstigen Belege verlangen.

Ist ein Gegenvormund vorhanden oder zu bestellen, so hat ihm der **1842**
Vormund die Rechnung unter Nachweisung des Vermögensbestandes vorzulegen. Der Gegenvormund hat die Rechnung mit den Bemerkungen zu versehen, zu denen die Prüfung ihm Anlaß giebt.

Das Vormundschaftsgericht hat die Rechnung rechnungsmäßig **1843**
und sachlich zu prüfen und, soweit erforderlich, ihre Berichtigung und Ergänzung herbeizuführen.

Ansprüche, die zwischen dem Vormund und dem Mündel streitig bleiben, können schon vor der Beendigung des Vormundschaftsverhältnisses im Rechtswege geltend gemacht werden.

Das Vormundschaftsgericht kann aus besonderen Gründen den **1844**
Vormund anhalten, für das seiner Verwaltung unterliegende Vermögen Sicherheit zu leisten. Die Art und den Umfang der Sicherheitsleistung bestimmt das Vormundschaftsgericht nach seinem Ermessen.

Das Vormundschaftsgericht kann, solange das Amt des Vormundes dauert, jederzeit die Erhöhung, Minderung oder Aufhebung der Sicherheit anordnen.

Bei der Bestellung, Aenderung oder Aufhebung der Sicherheit wird die Mitwirkung des Mündels durch die Anordnung des Vormundschaftsgerichts ersetzt.

Die Kosten der Sicherheitsleistung sowie der Aenderung oder der Aufhebung fallen dem Mündel zur Last.

1845 Will der zum Vormunde bestellte Vater oder die zum Vormunde bestellte eheliche Mutter des Mündels eine Ehe eingehen, so liegen ihnen die in 1669 bestimmten Verpflichtungen ob.

1846 Ist ein Vormund noch nicht bestellt oder ist der Vormund an der Erfüllung seiner Pflichten verhindert, so hat das Vormundschaftsgericht die im Interesse des Mündels erforderlichen Maßregeln zu treffen.

1847 Das Vormundschaftsgericht soll vor einer von ihm zu treffenden Entscheidung auf Antrag des Vormundes oder des Gegenvormundes Verwandte oder Verschwägerte des Mündels hören, wenn es ohne erhebliche Verzögerung und ohne unverhältnißmäßige Kosten geschehen kann. In wichtigen Angelegenheiten soll die Anhörung auch ohne Antrag erfolgen; wichtige Angelegenheiten sind insbesondere die Volljährigkeitserklärung, die Ersetzung der Einwilligung zur Eheschließung im Falle 1304, die Ersetzung der Genehmigung im Falle 1337, die Entlassung aus dem Staatsverband und die Todeserklärung.

Die Verwandten und Verschwägerten können von dem Mündel Ersatz ihrer Auslagen verlangen; der Betrag der Auslagen wird von dem Vormundschaftsgerichte festgesetzt.

1848 Verletzt der Vormundschaftsrichter vorsätzlich oder fahrlässig die ihm obliegenden Pflichten, so ist er dem Mündel nach 839 verantwortlich.

4. Mitwirkung des Gemeindewaisenraths.

1849 Der Gemeindewaisenrath hat dem Vormundschaftsgerichte die Personen vorzuschlagen, die sich im einzelnen Falle zum Vormunde, Gegenvormund oder Mitglied eines Familienraths eignen.

1850 Der Gemeindewaisenrath hat in Unterstützung des Vormundschaftsgerichts darüber zu wachen, daß die Vormünder der sich in seinem Bezirk aufhaltenden Mündel für die Person der Mündel, insbesondere für ihre Erziehung und ihre körperliche Pflege, pflichtmäßig Sorge tragen. Er hat dem Vormundschaftsgerichte Mängel und Pflichtwidrigkeiten, die er in dieser Hinsicht wahrnimmt, anzuzeigen und auf Erfordern über das persönliche Ergehen und das Verhalten eines Mündels Auskunft zu ertheilen.

Erlangt der Gemeindewaisenrath Kenntniß von einer Gefährdung des Vermögens eines Mündels, so hat er dem Vormundschaftsgericht Anzeige zu machen.

Das Vormundschaftsgericht hat dem Gemeindewaisenrathe die Anordnung der Vormundschaft über einen sich in dessen Bezirk aufhaltenden Mündel unter Bezeichnung des Vormundes und des Gegenvormundes sowie einen in der Person des Vormundes oder des Gegenvormundes eintretenden Wechsel mitzutheilen. **1851**

Wird der Aufenthalt eines Mündels in den Bezirk eines anderen Gemeindewaisenraths verlegt, so hat der Vormund dem Gemeindewaisenrathe des bisherigen Aufenthaltsorts und dieser dem Gemeindewaisenrathe des neuen Aufenthaltorts die Verlegung mitzutheilen.

5. Befreite Vormundschaft.

Der Vater kann, wenn er einen Vormund benennt, die Bestellung eines Gegenvormundes ausschließen. **1852**

Der Vater kann anordnen, daß der von ihm benannte Vormund bei der Anlegung von Geld den in 1809, 1810 bestimmten Beschränkungen nicht unterliegen und zu den in 1812 bezeichneten Rechtsgeschäften der Genehmigung des Gegenvormundes oder des Vormundschaftsgerichts nicht bedürfen soll. Diese Anordnungen sind als getroffen anzusehen, wenn der Vater die Bestellung eines Gegenvormundes ausgeschlossen hat.

Der Vater kann den von ihm benannten Vormund von der Verpflichtung entbinden, Inhaber- und Orderpapiere zu hinterlegen und den 1816 bezeichneten Vermerk in das Reichsschuldbuch oder das Staatsschuldbuch eintragen zu lassen. **1853**

Der Vater kann den von ihm benannten Vormund von der Verpflichtung entbinden, während der Dauer seines Amtes Rechnung zu legen. **1854**

Der Vormund hat in einem solchen Falle nach dem Ablaufe von je zwei Jahren eine Uebersicht über den Bestand des seiner Verwaltung unterliegenden Vermögens dem Vormundschaftsgericht einzureichen. Das Vormundschaftsgericht kann anordnen, daß die Uebersicht in längeren, höchstens fünfjährigen Zwischenräumen einzureichen ist.

Ist ein Gegenvormund vorhanden oder zu bestellen, so hat ihm der Vormund die Uebersicht unter Nachweisung des Vermögensbestandes vorzulegen. Der Gegenvormund hat die Uebersicht mit den Bemerkungen zu versehen, zu denen die Prüfung ihm Anlaß giebt.

Benennt die eheliche Mutter einen Vormund, so kann sie die gleichen Anordnungen treffen wie nach 1852—1854 der Vater. **1855**

Auf die nach 1852—1855 zulässigen Anordnungen finden die Vorschriften 1777 Anwendung. **1856**

Die Anordnungen des Vaters oder der Mutter können von dem Vormundschaftsgericht außer Kraft gesetzt werden, wenn ihre Befolgung das Interesse des Mündels gefährden würde. **1857**

6. Familienrath.

1858 Ein Familienrath soll von dem Vormundschaftsgericht eingesetzt werden, wenn der Vater oder die eheliche Mutter des Mündels dies angeordnet hat oder wenn ein Verwandter, Verschwägerter, Vormund oder Gegenvormund die Einsetzung im Interesse des Mündels beantragt.

1860 Der Familienrath besteht aus dem Vormundschaftsrichter als Vorsitzendem und aus mindestens zwei, höchstens sechs Mitgliedern.

1869 Niemand ist verpflichtet, das Amt eines Mitglieds des Familienraths zu übernehmen.

1872 Der Familienrath hat die Rechte und Pflichten des Vormundschaftsgerichts.

Besonderen Werth hat der Familienrath für solche Fälle, in denen es sich um die Verwaltung landwirthschaftlicher oder gewerblicher Betriebe von größerem Umfange handelt und Verwandte vorhanden sind, die sich nach ihren Verhältnissen und Kenntnissen zur Ueberwachung dieser Verwaltung eignen.

7. Beendigung der Vormundschaft.

1882 Die Vormundschaft endigt mit dem Wegfalle der in 1773 für die Anordnung der Vormundschaft bestimmten Voraussetzungen.

1883 Wird der Mündel durch nachfolgende Ehe legitimirt, so endigt die Vormundschaft erst dann, wenn die Vaterschaft des Ehemannes durch ein zwischen ihm und dem Mündel ergangenes Urtheil rechtskräftig festgestellt ist oder die Aufhebung der Vormundschaft von dem Vormundschaftsgericht angeordnet wird. Das Vormundschaftsgericht hat die Aufhebung anzuordnen, wenn es die Voraussetzungen der Legitimation für vorhanden erachtet. Solange der Ehemann lebt, soll die Aufhebung nur angeordnet werden, wenn er die Vaterschaft anerkannt hat oder wenn er an der Abgabe einer Erklärung dauernd verhindert oder sein Aufenthalt dauernd unbekannt ist.

1884 Ist der Mündel verschollen, so endigt die Vormundschaft erst mit der Aufhebung durch das Vormundschaftsgericht. Das Vormundschaftsgericht hat die Vormundschaft aufzuheben, wenn ihm der Tod des Mündels bekannt wird. Wird der Mündel für todt erklärt, so endigt die Vormundschaft mit der Erlassung des die Todeserklärung aussprechenden Urtheils.

1885 Das Amt des Vormundes endigt mit seiner Entmündigung.

Wird der Vormund für todt erklärt, so endigt sein Amt mit der Erlassung des die Todeserklärung aussprechenden Urtheils.

1886 Das Vormundschaftsgericht hat den Vormund zu entlassen, wenn die Fortführung des Amtes, insbesondere wegen pflichtwidrigen Verhaltens des Vormundes, das Interesse des Mündels gefährden würde oder wenn in der Person des Vormundes einer der in 1781 bestimmten Gründe vorliegt.

Das Vormundschaftsgericht kann eine Frau, die zum Vormunde be- 1887
stellt ist, entlassen, wenn sie sich verheirathet. Das Vormundschaftsgericht hat eine verheirathete Frau, die zum Vormunde bestellt ist, zu entlassen, wenn der Mnan seine Zustimmung zur Uebernahme oder zur Fortführung der Vormundschaft versagt oder die Zustimmung widerruft. Diese Vorschrift findet keine Anwendung, wenn der Mann der Vater des Mündels ist.

Ist ein Beamter oder ein Religionsdiener zum Vormunde bestellt, 1888
so hat ihn das Vormundschaftsgericht zu entlassen, wenn die Erlaubniß, die nach den Landesgesetzen zur Uebernahme der Vormundschaft oder zur Fortführung der vor dem Eintritt in das Amts- oder Dienstverhältniß übernommenen Vormundschaft erforderlich ist, versagt oder zurückgenommen wird oder wenn die nach den Landesgesetzen zulässige Untersagung der Fortführung der Vormundschaft erfolgt.

Das Vormundschaftsgericht hat den Vormund auf seinen Antrag zu 1889
entlassen, wenn ein wichtiger Grund vorliegt; ein wichtiger Grund ist insbesondere der Eintritt eines Umstandes, der den Vormund nach 1786 Absatz 1 Nr. 2—7 berechtigen würde, die Uebernahme der Vormundschaft abzulehnen.

Der Vormund hat nach der Beendigung seines Amtes dem Mündel 1890
das verwaltete Vermögen herauszugeben und über die Verwaltung Rechenschaft abzulegen. Soweit er dem Vormundschaftsgerichte Rechnung gelegt hat, genügt die Bezugnahme auf diese Rechnung.

Ist ein Gegenvormund vorhanden, so hat ihm der Vormund die 1891
Rechnung vorzulegen. Der Gegenvormund hat die Rechnung mit den Bemerkungen zu versehen, zu denen die Prüfung ihm Anlaß giebt.

Der Gegenvormund hat über die Führung der Gegenvormundschaft und, soweit er dazu im Stande ist, über das von dem Vormunde verwaltete Vermögen auf Verlangen Auskunft zu ertheilen.

Der Vormund hat die Rechnung, nachdem er sie dem Gegen- 1892
vormunde vorgelegt hat, dem Vormundschaftsgericht einzureichen.

Das Vormundschaftsgericht hat die Rechnung rechnungsmäßig und sachlich zu prüfen und deren Abnahme durch Verhandlung mit den Betheiligten unter Zuziehung des Gegenvormundes zu vermitteln. Soweit die Rechnung als richtig anerkannt wird, hat das Vormundschaftsgericht das Anerkenntniß zu beurkunden.

Im Falle der Beendigung der Vormundschaft oder des vormund- 1893
schaftlichen Amtes finden die Vorschriften 1682, 1683 entsprechende Anwendung.

Der Vormund hat nach der Beendigung seines Amtes die Bestallung dem Vormundschaftsgerichte zurückzugeben.

Den Tod des Vormundes hat dessen Erbe dem Vormundschafts- 1894
gerichte unverzüglich anzuzeigen.

12*

Den Tod des Gegenvormundes oder eines Mitvormundes hat der Vormund unverzüglich anzuzeigen.

1895 Die Vorschriften 1885 bis 1889, 1893, 1894 finden auf den Gegenvormund entsprechende Anwendung.

II. Titel. Vormundschaft über Volljährige.

1896 Ein Volljähriger erhält einen Vormund nur, wenn er entmündigt ist. Andere Vormundschaften über Volljährige kennt das Gesetz nicht.

1897 Auf die Vormundschaft über einen Volljährigen finden die für die Vormundschaft über einen Minderjährigen geltenden Vorschriften Anwendung, soweit sich nicht aus 1898 bis 1908 ein Anderes ergiebt.

1898 Der Vater und die Mutter des Mündels sind nicht berechtigt, einen Vormund zu benennen oder Jemand von der Vormundschaft auszuschließen.

1899 Vor den Großvätern ist der Vater und nach ihm die eheliche Mutter des Mündels als Vormund berufen.

Die Eltern sind nicht berufen, wenn der Mündel von einem Anderen als dem Ehegatten seines Vaters oder seiner Mutter an Kindesstatt angenommen ist.

1900 Eine Ehefrau darf zum Vormund ihres Mannes auch ohne dessen Zustimmung bestellt werden.

Der Ehegatte des Mündels darf vor den Eltern und den Großvätern, die eheliche Mutter darf im Falle 1702 vor den Großvätern zum Vormunde bestellt werden.

Die uneheliche Mutter darf vor dem Großvater zum Vormunde bestellt werden.

1901 Der Vormund hat für die Person des Mündels nur insoweit zu sorgen, als der Zweck der Vormundschaft es erfordert.

Steht eine Ehefrau unter Vormundschaft, so tritt die in 1633 bestimmte Beschränkung nicht ein.

1902 Der Vormund kann eine Ausstattung aus dem Vermögen des Mündels nur mit Genehmigung des Vormundschaftsgerichts versprechen oder gewähren.

Zu einem Mieth- oder Pachtvertrage sowie zu einem anderen Vertrage, durch den der Mündel zu wiederkehrenden Leistungen verpflichtet wird, bedarf der Vormund der Genehmigung des Vormundschaftsgerichts, wenn das Vertragsverhältniß länger als vier Jahre dauern soll. Die Vorschrift 1822 Nr. 4 bleibt unberührt.

1903 Wird der Vater des Mündels zum Vormunde bestellt, so unterbleibt die Bestellung eines Gegenvormundes. Dem Vater stehen die Befreiungen zu, die nach 1852 bis 1854 angeordnet werden können. Das Vormundschaftsgericht kann die Befreiungen außer Kraft setzen, wenn sie das Interesse des Mündels gefährden.

Diese Vorschriften finden keine Anwendung, wenn der Vater im

Falle der Minderjährigkeit des Mündels zur Vermögensverwaltung nicht berechtigt sein würde.

Ist die eheliche Mutter des Mündels zum Vormunde bestellt, so 1904
gilt für sie das Gleiche wie nach 1903 für den Vater. Der Mutter ist jedoch ein Gegenvormund zu bestellen, wenn sie die Bestellung beantragt oder wenn die Voraussetzungen vorliegen, unter denen ihr nach 1687 Nr. 3 ein Beistand zu bestellen sein würde. Wird ein Gegenvormund bestellt, so stehen der Mutter die in 1852 bezeichneten Befreiungen nicht zu.

Ein Volljähriger, dessen Entmündigung beantragt ist, kann unter 1906
vorläufige Vormundschaft gestellt werden, wenn das Vormundschaftsgericht es zur Abwendung einer erheblichen Gefährdung der Person oder des Vermögens des Volljährigen für erforderlich erachtet.

Die Vorschriften über die Berufung zur Vormundschaft gelten nicht 1907
für die vorläufige Vormundschaft.

Die vorläufige Vormundschaft endigt mit der Rücknahme oder der 1908
rechtskräftigen Abweisung des Antrags auf Entmündigung.

Erfolgt die Entmündigung, so endigt die vorläufige Vormundschaft, wenn auf Grund der Entmündigung ein Vormund bestellt wird. Die vorläufige Vormundschaft ist von dem Vormundschaftsgericht aufzuheben, wenn der Mündel des vorläufigen vormundschaftlichen Schutzes nicht mehr bedürftig ist.

III. Titel. Pflegschaft.

In Fällen, in denen nicht wie bei den Vormundschaften das Bedürfniß einer allgemeinen Fürsorge für die Person und das Vermögen des Mündels vorliegt, sondern ein vormundschaftlicher Schutz nur für besondere Angelegenheiten angezeigt ist, wird eine Special-Vormundschaft (**Pflegschaft**) eingeleitet.

Es erhält daher einen Pfleger:

a) wer unter elterlicher Gewalt oder unter Vormundschaft steht (also 1909
ein Minderjähriger oder ein Entmündigter), für Angelegenheiten, an deren Besorgung der Gewalthaber (Vater bezw. Mutter) oder der Vormund aus thatsächlichen oder rechtlichen Gründen (z. B. bei einem Widerstreit der Interessen) verhindert ist. Eine solche Person erhält insbesondere einen Pfleger zur Verwaltung des Vermögens, das sie von Todeswegen erwirbt oder das ihr unter Lebenden von einem Dritten unentgeltlich zugewendet wird, wenn der Erblasser durch letztwillige Verfügung, der Dritte bei der Zuwendung, bestimmt hat, daß dem Gewalthaber oder dem Vormunde die Verwaltung nicht zustehen soll.

   Tritt das Bedürfniß einer Pflegschaft ein, so hat der Gewalthaber oder der Vormund dem Vormundschaftsgericht unverzüglich Anzeige zu machen.

Die Pflegschaft ist auch dann anzuordnen, wenn die Voraussetzungen für die Anordnung einer Vormundschaft vorliegen, ein Vormund aber noch nicht bestellt ist.

1910 b) Ein Volljähriger, der nicht unter Vormundschaft steht, kann einen Pfleger für seine Person und sein Vermögen erhalten, wenn er in Folge körperlicher Gebrechen, insbesondere weil er taub, blind oder stumm ist, seine Angelegenheiten nicht zu besorgen vermag.

Vermag ein Volljähriger, der nicht unter Vormundschaft steht, in Folge geistiger oder körperlicher Gebrechen einzelne seiner Angelegenheiten oder einen bestimmten Kreis seiner Angelegenheiten, insbesondere seine Vermögensangelegenheiten, nicht zu besorgen, so kann er für diese Angelegenheiten einen Pfleger erhalten.

Die Pflegschaft darf nur mit Einwilligung des Gebrechlichen angeordnet werden, es sei denn, daß eine Verständigung mit ihm nicht möglich ist.

1911 c) Ein abwesender Volljähriger, dessen Aufenthalt unbekannt ist, erhält für seine Vermögensangelegenheiten, soweit sie der Fürsorge bedürfen, einen Abwesenheitspfleger. Ein solcher ist ihm insbesondere auch dann zu bestellen, wenn er durch Ertheilung eines Auftrags oder einer Vollmacht Fürsorge getroffen hat, aber Umstände eingetreten sind, die zum Widerrufe des Auftrags oder der Vollmacht Anlaß geben.

Das Gleiche gilt von einem Abwesenden, dessen Aufenthalt bekannt, der aber an der Rückkehr und der Besorgung seiner Vermögensangelegenheiten verhindert ist.

1912 d) Eine Leibesfrucht erhält zur Wahrung ihrer künftigen Rechte, soweit diese einer Fürsorge bedürfen, einen Pfleger. Die Fürsorge steht jedoch dem Vater oder der Mutter zu, wenn das Kind, falls es bereits geboren wäre, unter elterlicher Gewalt stehen würde.

1913 e) Ist unbekannt oder ungewiß, wer bei einer Angelegenheit der Betheiligte ist, so kann dem Betheiligten für diese Angelegenheit, soweit eine Fürsorge erforderlich ist, ein Pfleger bestellt werden. Insbesondere kann einem Nacherben, der noch nicht erzeugt ist oder dessen Persönlichkeit erst durch ein künftiges Ereigniß bestimmt wird, für die Zeit bis zum Eintritte der Nacherbfolge ein Pfleger bestellt werden.

1914 f) Ist durch öffentliche Sammlung Vermögen für einen vorübergehenden Zweck zusammengebracht worden, so kann zum Zwecke der Verwaltung und Verwendung des Vermögens ein Pfleger bestellt werden, wenn die zu der Verwaltung und Verwendung berufenen Personen weggefallen sind, (z. B. wenn die Mitglieder eines Hülfs-Comités, das für die durch Hochwasser bedrängte Bevölkerung Geldsammlungen veranstaltet hat, gestorben oder durch grobe Pflichtwidrigkeiten verdächtig geworden sind.

g) Ein Pfleger ist endlich zu bestellen für einen Nachlaß, wenn die Erben unbekannt oder ungewiß sind. **(Nachlaßpflegschaft.)** Siehe hierüber 1960 u. f.

Auf die Pflegschaft finden die für die Vormundschaft geltenden Vorschriften entsprechende Anwendung, soweit sich nicht aus dem Gesetz ein Anderes ergiebt. **1915**

Die Bestellung eines Gegenvormundes ist nicht erforderlich.

Für die nach 1909 anzuordnende Pflegschaft gelten die Vorschriften über die Berufung zur Vormundschaft nicht. **1916**

Wird die Anordnung einer Pflegschaft nach 1909 Abs. 1 Satz 2 erforderlich, so ist als Pfleger berufen, wer als solcher von dem Erblasser durch letztwillige Verfügung, von dem Dritten bei der Zuwendung benannt worden ist; die Vorschriften 1778 finden entsprechende Anwendung. Für den benannten Pfleger kann der Erblasser durch letztwillige Verfügung, der Dritte bei der Zuwendung die in 1852 bis 1854 bezeichneten Befreiungen anordnen. Das Vormundschaftsgericht kann die Anordnungen außer Kraft setzen, wenn sie das Interesse des Pflegebefohlenen gefährden. **1917**

Zu einer Abweichung von den Anordnungen des Dritten ist, solange er lebt, seine Zustimmung erforderlich und genügend. Die Zustimmung des Dritten kann durch das Vormundschaftsgericht ersetzt werden, wenn der Dritte zur Abgabe einer Erklärung dauernd außer Stande oder sein Aufenthalt dauernd unbekannt ist.

Die Pflegschaft für eine unter elterlicher Gewalt oder unter Vormundschaft stehende Person endigt mit der Beendigung der elterlichen Gewalt oder der Vormundschaft. Die Pflegschaft für eine Leibesfrucht endigt mit der Geburt des Kindes. **1918**

Die Pflegschaft zur Besorgung einer einzelnen Angelegenheit endigt mit deren Erledigung.

Die Pflegschaft ist von dem Vormundschaftsgericht aufzuheben, wenn der Grund für die Anordnung der Pflegschaft weggefallen ist. **1919**

Eine nach 1910 angeordnete Pflegschaft ist aufzuheben, wenn der Pflegebefohlene die Aufhebung beantragt. **1920**

Die Pflegschaft für einen Abwesenden ist aufzuheben, wenn der Abwesende an der Besorgung seiner Vermögensangelegenheiten nicht mehr verhindert ist. **1921**

Stirbt der Abwesende, so endigt die Pflegschaft erst mit der Aufhebung durch das Vormundschaftsgericht. Das Vormundschaftsgericht hat die Pflegschaft aufzuheben, wenn ihm der Tod des Abwesenden bekannt wird.

Wird der Abwesende für todt erklärt, so endigt die Pflegschaft mit der Erlassung des die Todeserklärung aussprechenden Urtheils.

Fünftes Buch. Erbrecht.

I. Abschnitt. Erbfolge.

1922 Mit dem Tode einer Person tritt ein Erbfall ein, denn deren Vermögen (Erbschaft) geht als Ganzes (als eine Vermögenseinheit) auf eine oder mehrere andere Personen (Erben) über. Die Erben werden Gesammtnachfolger des Erblassers sowohl hinsichtlich seiner Aktiven als auch aller seiner Schulden. Eine Erbschaft ist selbst da vorhanden, wo die Schulden die Aktiven übersteigen.

Von der Gesammtnachfolge zu unterscheiden ist die Nachfolge durch Verfügung von Todeswegen in einzelne Gegenstände (Vermächtniß). Siehe 1939, 2147 u. f.

1923 Erbe kann nur werden, wer zur Zeit des Erbfalls, d. i. zur Zeit des Todes des Erblassers lebt. Eine Ausnahme von dieser Regel besteht nur hinsichtlich einer Leibesfrucht, denn wer zur Zeit des Erbfalls noch nicht lebte, aber bereits erzeugt war, gilt als vor dem Erbfalle geboren. Erbe kann übrigens auch eine juristische Person werden.

Die Berufung als Erbe erfolgt:

a) durch eine vom Erblasser getroffene einseitige oder vertragsmäßige Verfügung von Todeswegen (Testament bezw. Erbvertrag);

b) wenn eine solche Verfügung nicht errichtet ist oder der eingesetzte Erbe in Folge Ausschlagung oder Erbunwürdigkeitserklärung wegfällt, durch das Gesetz. (Gesetzliche Erbfolge.)

Die gesetzliche Erbfolge kann jedoch in vereinzelten Fällen auch neben, vor oder nach der testamentarischen bezw. erbvertragsmäßigen eintreten. Siehe z. B. 2088.

Nach der **gesetzlichen Erbfolge** sind als Erben berufen:

a) die Verwandten des Erblassers in der unten bestimmten Reihenfolge;

b) neben diesen und unter Umständen vor diesen der überlebende Ehegatte;

c) falls keine anderen Erben vorhanden sind, der Fiskus.

Die Erbfolge der Verwandten beruht auf dem sog. Parentelsystem, d. h. auf dem Grundsatze, daß Verwandte, welche mit dem Erblasser die näheren Stammeseltern gemeinsam haben, solche Verwandte ausschließen, welche durch entferntere Stammeltern mit dem Erblasser verbunden sind. Die Parentel ist der Kreis der Verwandten, welche einen gemeinsamen Stammvater haben. Meine Kinder stehen zu mir, als deren Stammvater, in der ersten Parentel; zu meinem Vater, also ihrem Großvater, stehen meine Kinder in der zweiten Parentel, welche auch mich, meine Geschwister und deren Kinder umfaßt; zu meinem Großvater, also ihrem Urgroßvater, stehen meine Kinder in der dritten Parentel, welche wieder alle vorgenannten Personen, ferner meinen Vater, dessen Geschwister und deren Kinder und Enkel umfaßt; zu meinem Urgroßvater, also ihrem Ururgroßvater stehen meine Kinder in der vierten Parentel, welche außer allen vorgenannten Personen auch meinen Großvater, dessen Geschwister und deren Abkömmlinge umfaßt.

In diesem Sinne stellt das Gesetz fünf Ordnungen auf. So lange **1930**
ein Verwandter einer vorhergehenden Ordnung vorhanden ist, wird ein Verwandter, der einer folgenden Ordnung angehört, nicht zur Erbfolge berufen. Innerhalb der drei ersten Ordnungen treten an die Stelle der näheren, aber zur Zeit des Erbfalls nicht mehr lebenden Verwandten die entfernteren Verwandten derselben Ordnung ein. In der vierten und den ferneren Ordnungen entscheidet die Gradesnähe (1589).

Im Einzelnen ist über die verschiedenen Ordnungen Folgendes zu sagen:

Gesetzliche Erben der **ersten Ordnung** sind die Abkömmlinge des **1924**
Erblassers (unbeschadet des Erbrechts des überlebenden Ehegatten auf ein Viertel der Erbschaft, 1931).

Ein zur Zeit des Erbfalls lebender Abkömmling schließt die durch ihn mit dem Erblasser verwandten Abkömmlinge von der Erbfolge aus; (also der Sohn des Erblassers schließt seinen Sohn, den Enkel des Erblassers aus). An die Stelle eines zur Zeit des Erbfalls nicht mehr lebenden Abkömmlings treten die durch ihn mit dem Erblasser verwandten Abkömmlinge (also für ein verstorbenes Kind dessen Kinder) ein. — Erbfolge nach Stämmen. — Kinder erben zu gleichen Theilen. Treffen mit Kindern, Enkel oder Urenkel zusammen oder erben nur Enkel und Urenkel, so tritt Erbfolge nach Stämmen ein, d. h. die Abkömmlinge eines Abkömmlings erhalten zusammen denjenigen Erbtheil, welchen der Letztere erhalten hätte, falls er selbst zur Erbschaft gelangt wäre.

Die hier dargelegten Theilungsregeln der ersten Ordnung werden durch folgendes Beispiel veranschaulicht, bei welchem das Viertel des etwaigen überlebenden Ehegatten (1931) als vorher von der Erbmasse in Abzug gebracht vorauszusetzen ist.

Beträgt z. B. die Erbmasse	12000 M.
so erhält der überlebende Ehegatte $^1/_4$	3000 „
Bleiben	9000 M.
Sohn und Tochter erhalten hiervon je $^1/_3$ mit 3000 M. . .	6000 M.
die beiden Enkel je $^1/_9$ mit 1000 M. . .	2000 „
die beiden Urenkel je $^1/_{18}$ mit 500 M. .	1000 „

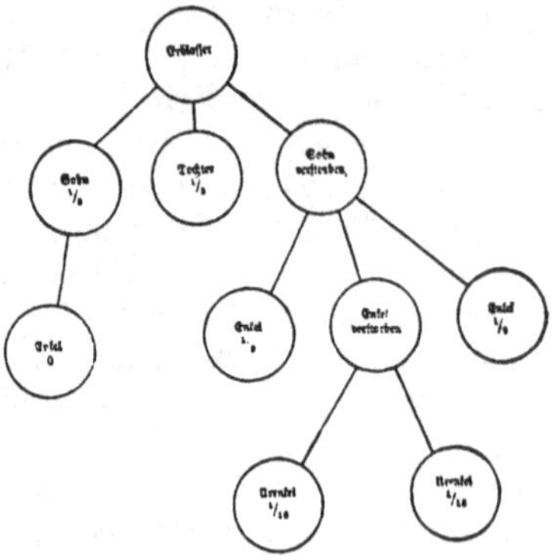

1925 Sind keine Erben der ersten Ordnung vorhanden, so sind in **zweiter Ordnung** berufen die Eltern des Erblassers und deren Abkömmlinge (unbeschadet des Anspruchs des überlebenden Ehegatten auf die Hälfte der Erbschaft 1931). Leben zur Zeit des Erbfalls die Eltern, so erben sie allein und zu gleichen Theilen. Lebt dagegen der Vater oder die Mutter nicht mehr, so fällt die eine Hälfte der Erbschaft dem überlebenden Theile, die andere den Abkömmlingen des Verstorbenen zu. Sind Abkömmlinge dieses Elterntheils nicht vorhanden, so erbt der überlebende Theil allein. Lebt weder Vater noch Mutter, so erhalten die Abkömmlinge des Vaters die eine, die Abkömmlinge der Mutter die andere Hälfte. Vollbürtige Geschwister des Erblassers nehmen mithin an der einen und der anderen Hälfte Theil, halbbürtige Geschwister immer nur an der einen oder der anderen Hälfte. Soweit Geschwister nebeneinander berufen sind, erben sie zu gleichen Theilen. An die Stelle verstorbener Geschwister treten deren Abkömmlinge nach Maßgabe der für die erste Ordnung geltenden Vorschriften.

Mangelt es auch an Erben zweiter Ordnung, so sind diejenigen der **dritten Ordnung** berufen (wiederum unbeschadet des Erbanspruchs des überlebenden Ehegatten nach 1931).

Gesetzliche Erben der dritten Ordnung sind die Großeltern des
1926 Erblassers und deren Abkömmlinge. Leben beide Großelternpaare, so fällt die eine Hälfte der Erbschaft den väterlichen, die andere den mütterlichen Großeltern zu gleichen Theilen (zusammen 4 Theile) allein zu.

Lebt von dem einen oder dem anderen Großelternpaare der Großvater oder die Großmutter nicht mehr, so treten an die Stelle des Verstorbenen dessen Abkömmlinge. Sind Abkömmlinge nicht vorhanden, so fällt der Antheil des Verstorbenen dem anderen Theile des Großelternpaares, und wenn dieser nicht mehr lebt, dessen Abkömmlingen zu.

Lebt zur Zeit des Erbanfalles ein Großelternpaar nicht mehr und sind auch Abkömmlinge desselben nicht vorhanden, so erben die anderen Großeltern oder ihre Abkömmlinge allein.

Soweit Abkömmlinge an die Stelle ihrer Eltern oder Voreltern treten, finden die für die Beerbung in der ersten Ordnung geltenden Vorschriften Anwendung.

Wer in der ersten, zweiten oder dritten Ordnung verschiedenen **1927**
Stämmen angehört (z. B. weil der Vater und ebenso die Mutter Abkömmlinge der Eltern oder Voreltern des Erblassers sind), erhält den in jedem dieser Stämme ihm zufallenden Antheil. Jeder Antheil gilt als besonderer Erbtheil.

Ist kein überlebender Ehegatte und kein Erbe der bisher genannten drei Ordnungen vorhanden, so treten als gesetzliche Erben der **vierten Ordnung** ein die Urgroßeltern des Erblassers und deren Ab- **1928**
kömmlinge. Leben noch Urgroßeltern, so erben sie allein; mehrere erben zu gleichen Theilen, ohne Unterschied, ob sie derselben Linie oder verschiedenen Linien angehören. Ist auch nur ein Urgroßelterntheil vorhanden, so sind mithin alle Abkömmlinge der Urgroßeltern gänzlich ausgeschlossen.

Lebt von den acht Urgroßeltern Niemand mehr, so erbt von ihren Abkömmlingen derjenige, welcher mit dem Erblasser dem Grade nach am nächsten verwandt ist; mehrere gleich nahe Verwandte erben zu gleichen Theilen. (Ueber die Gradberechnung siehe 1589.)

Gesetzliche Erben **der fünften und der ferneren Ordnung** sind die **1929**
entfernteren Voreltern des Erblassers und deren Abkömmlinge. Die Vorschriften 1928 Abs. 2, 3 finden entsprechende Anwendung.

Der überlebende Ehegatte des Erblassers ist als gesetzlicher **1931**
Erbe berufen:

a) neben Verwandten der ersten Ordnung zu einem Viertheile;
b) neben Verwandten der zweiten Ordnung oder neben Großeltern zur Hälfte. Treffen mit Großeltern noch Abkömmlinge von Großeltern zusammen, so erhält der Ehegatte auch von der anderen Hälfte den Antheil, der nach 1926 den Abkömmlingen zufallen würde.
c) Sind weder Verwandte der ersten oder zweiten Ordnung noch Großeltern vorhanden, so erhält der Ehegatte die ganze Erbschaft.

1932 Erbt der überlebende Ehegatte neben Verwandten der zweiten Ordnung oder neben Großeltern, so gebühren ihm außer dem Erbtheile die zum ehelichen Haushalte gehörenden Gegenstände (Haushaltsinventar), soweit sie nicht Zubehör eines Grundstücks sind und die Hochzeitsgeschenke als Voraus. Dieser Voraus wird wie ein Vermächtniß behandelt. 2147 u. f.

1934 Gehört der Ehegatte mit zu den erbberechtigten Verwandten, so erbt er zugleich den ihm als solcher anfallenden besonderen Erbtheil.

1936 Ist weder ein Verwandter noch ein Ehegatte des Erblassers vorhanden, so ist der Fiskus gesetzlicher Erbe. Dieser haftet aber für die Nachlaßschulden stets nur mit dem Nachlaß, da dem Fiskus eine Inventarfrist nicht bestimmt werden kann. Siehe 2011.

Landesgesetzliche Vorschriften, nach welchen an Stelle des Fiskus eine Körperschaft, Stiftung oder Anstalt des öffentlichen Rechtes gesetzlicher Erbe ist, bleiben unberührt; desgleichen Vorschriften, nach welchen dem Fiskus oder einer anderen juristischen Person in Ansehung des Nachlasses einer verpflegten oder unterstützten Person ein Erbrecht, ein Pflichttheilsanspruch oder ein Recht auf bestimmte Sachen zusteht. (Art. 138, 139 Einf. Ges.)

Die bisher besprochene gesetzliche Erbfolge kann ein geschäftsfähiger Mensch dadurch außer Kraft setzen, daß er für den Fall seines Todes über sein Vermögen verfügt.

Dies ist in folgender Weise denkbar.

Der Erblasser kann:

1937 a) durch einseitige Verfügung von Todeswegen (Testament, letztwillige Verfügung, 2064 u. f.) den Erben bestimmen;

1938 b) durch Testament einen Verwandten oder den Ehegatten von der gesetzlichen Erbfolge ausschließen, ohne einen Erben einzusetzen;

1939 c) durch Testament einem Anderen, ohne ihn als Erben einzusetzen, einen Vermögensvortheil zuwenden (Vermächtniß 2147 u. f.);

1940 d) durch Testament den Erben oder einen Vermächtnißnehmer zu einer Leistung verpflichten, ohne einem Anderen ein Recht auf die Leistung zuzuwenden (Auflage 2192 u. f.);

1941 e) durch Vertrag einen Erben einsetzen sowie Vermächtnisse und Auflagen anordnen (Erbvertrag). Es kann hiebei sowohl der andere Vertragschließende als ein Dritter als Erbe (Vertragserbe) oder als Vermächtnißnehmer bedacht werden (2274 u. f.).

II. Abschnitt. Rechtliche Stellung der Erben.

I. Titel. Annahme und Ausschlagung der Erbschaft. Fürsorge des Nachlaßgerichts.

Die Erbschaft geht auf den durch die gesetzliche Erbfolge bezw. durch Testament oder Erbvertrag berufenen Erben mit dem Tode des Erblassers kraft Gesetzes über, also ohne daß ein Erbschaftsantritt erforderlich wäre (Anfall der Erbschaft). 1942

Der Erbe kann, sobald der Erbfall eingetreten ist, die Erbschaft annehmen oder ausschlagen, doch darf dies nicht etwa nur theilweise oder unter Vorbehalt von Bedingungen oder einer Zeitbestimmung geschehen. Nur der Fiskus darf als gesetzlicher Erbe nicht ausschlagen (wohl aber als Testamentserbe). 1946

Das Recht zur Ausschlagung geht verloren, wenn der Erbe die Erbschaft einmal angenommen hat, (z. B. wenn er die Nachlaßgrundstücke hat im Grundbuche auf seinen Namen umschreiben lassen); ferner, wenn er die vorgeschriebene Frist zur Ausschlagung hat verstreichen lassen. Mit dem stillschweigenden Ablaufe der Ausschlagungsfrist gilt die Erbschaft als angenommen. 1943

Die Ausschlagung kann nur binnen 6 Wochen von erlangter Kenntniß des Erbanfalles bezw. von der Verkündung des Testaments an erfolgen. Die Frist beträgt sechs Monate, wenn der Erblasser seinen letzten Wohnsitz nur im Auslande gehabt hat, oder wenn er sich bei dem Beginn der Frist im Auslande aufhält. 1944

Die Ausschlagung muß durch eine in öffentlich beglaubigter Form (129) abzugebende Erklärung dem Nachlaßgerichte gegenüber erfolgen. Ein Bevollmächtigter hat auch öffentlich beglaubigte Vollmacht innerhalb der Ausschlagungsfrist vorzulegen. 1945

Wird die Erbschaft ausgeschlagen, so gilt der Anfall an den Ausschlagenden als nicht erfolgt. Hieraus ergiebt sich, daß der Erbe, so lange er noch ausschlagen kann, die Erbschaft nur vorläufig erworben hat, und erst nach Erledigung dieses Schwebezustandes die Erbschaft als angenommen gilt. 1953

Bis dahin bleibt daher der Erbe vor der gerichtlichen Geltend- 1958
machung von Nachlaßforderungen geschützt; dem Nachlaßgläubiger da- 1961
gegen bleibt überlassen, zur Geltendmachung seiner Ansprüche beim Nechlaßgericht die Bestellung eines Nachlaßpflegers als Vertreter der Erben zu beantragen. Vergleiche auch § 778 Civ.-Proz.-Ord. und 1960, 1981.

Der Erbe ist, während die Frist für die Ausschlagung läuft, nicht gehindert, erbschaftliche Geschäfte vorzunehmen, z. B. bei Gefahr im Verzuge. Eine stillschweigende Annahme der Erbschaft läßt sich hieraus 1959 keineswegs ohne Weiteres ableiten. Schlägt er demnächst die Erbschaft aus, so ist er aus solchen Geschäften demjenigen gegenüber, der nunmehr Erbe wird, wie ein Geschäftsführer ohne Auftrag berechtigt und verpflichtet. Dritte können Rechtsgeschäfte, die dem Erben gegenüber vorzunehmen sind, dem einstweiligen Erben gegenüber wirksam vornehmen.

1953 Eine ausgeschlagene Erbschaft fällt demjenigen an, welcher berufen sein würde, wenn der Ausschlagende zur Zeit des Erbfalls nicht gelebt hätte. Das Nachlaßgericht soll die Ausschlagung dem nun Berufenen mittheilen. Es hat die Einsicht der Ausschlagungserklärung Jedem zu gestatten, der ein rechtliches Interesse glaubhaft macht.

1954 Ist die Annahme oder die Ausschlagung anfechtbar (119, 120, 123, Seite 9), so kann die Anfechtung in denselben Formen und Fristen wie die Ausschlagung (an das Nachlaßgericht) erfolgen.

Für gewöhnlich, namentlich wenn der Nachlaß zahlungsfähig ist, ist die Verlassenschaftsbehandlung Sache der Betheiligten und findet ein amtliches Einschreiten nicht statt.

1960 Das Nachlaßgericht hat für die Sicherung des Nachlasses, soweit ein Bedürfniß besteht, nur dann von Amtswegen zu sorgen, wenn der Erbe die Erbschaft noch nicht angenommen hat oder wenn der Erbe unbekannt oder wenn ungewiß ist, ob er die Erbschaft angenommen hat. Das Nachlaßgericht kann in diesen Fällen insbesondere die Anlegung von Siegeln, die Hinterlegung von Geld, Werthpapieren und Kostbarkeiten sowie die Aufnahme eines Nachlaßverzeichnisses anordnen und für denjenigen, welcher Erbe wird, einen **Nachlaßpfleger** bestellen. Vergl. 1961 und 1981, auch §§ 74, 75, Ges. über Angel. freiw. G.

1962 Für die Nachlaßpflegschaft tritt an die Stelle des Vormundschaftsgerichts das Nachlaßgericht.

1963 Ist zur Zeit des Erbfalls die Geburt eines Erben zu erwarten, so kann die Mutter, falls sie außer Stande ist, sich selbst zu unterhalten, bis zur Entbindung standesmäßigen Unterhalt aus dem Nachlaß oder wenn noch andere Personen als Erben berufen sind, aus dem Erbtheile des Kindes verlangen.

1964 Wird der Erbe nicht innerhalb einer den Umständen entsprechenden Frist ermittelt, so hat das Nachlaßgericht festzustellen, daß ein anderer Erbe als der Fiskus nicht vorhanden ist. Vergl. § 78, Ges. über Angel. freiw. G.

Die Feststellung begründet die Vermuthung, daß der Fiskus gesetzlicher Erbe sei.

1965 Der Feststellung hat eine öffentliche Aufforderung zur Anmeldung der Erbrechte unter Bestimmung einer Anmeldungsfrist vorauszugehen;

die Art der Bekanntmachung und die Dauer der Anmeldungsfrist bestimmen sich nach den für das Aufgebotsverfahren geltenden Vorschriften.

Die Aufforderung darf unterbleiben, wenn die Kosten dem Bestande des Nachlasses gegenüber unverhältnißmäßig groß sind. (Aufgebotsverfahren §§ 946 — 1024 Civ.-Proz.-Ord.)

Ein Erbrecht bleibt unberücksichtigt, wenn nicht dem Nachlaßgerichte binnen drei Monaten nach dem Ablaufe der Anmeldungsfrist nachgewiesen wird, daß das Erbrecht besteht oder daß es gegen den Fiskus im Wege der Klage geltend gemacht ist. Ist eine öffentliche Aufforderung nicht ergangen, so beginnt die dreimonatige Frist mit der gerichtlichen Aufforderung, das Erbrecht oder die Erhebung der Klage nachzuweisen.

II. Titel. Haftung des Erben für die Nachlaßverbindlichkeiten.

Da der Nachlaß als ein mit den Nachlaßverbindlichkeiten belastetes, von dem übrigen Vermögen des Erben getrenntes Vermögen anzusehen ist, so haftet zwar der Erbe für die Nachlaßverbindlichkeiten; er kann sich aber gegen die Gefahr, mit seinem eigenen Vermögen für die Verbindlichkeiten eines überschuldeten Nachlasses, also unbeschränkt haften zu müssen, durch folgende Mittel schützen:

a) durch Antrag auf Anordnung einer Nachlaßpflegschaft (Nachlaßverwaltung), siehe 1981 u. f.;

b) durch Antrag auf Eröffnung des Nachlaßkonkurses, siehe 1988;

c) durch Herausgabe des Nachlasses zum Zwecke der Befriedigung der Gläubiger (in Fällen, in denen Nachlaßverwaltung oder Konkurs wegen Geringfügigkeit der Masse nicht thunlich ist), 1990;

d) durch geeignete Kürzung der Vermächtnisse und Auflagen, wenn die Ueberschuldung des Nachlasses lediglich auf Vermächtnissen und Auflagen beruht, 1992;

e) endlich durch Inventarerrichtung, sofern ein Nachlaßgläubiger bei dem Nachlaßgericht den Antrag stellt, dem Erben eine Frist zur Errichtung des Inventars zu bestimmen, 1993.

I. Nachlaßverbindlichkeiten.

Zu den Nachlaßverbindlichkeiten gehören außer den vom Erblasser **1967** herrührenden Schulden die den Erben als solchen treffenden Verbindlichkeiten, insbesondere die aus Pflichttheilsrechten, Vermächtnissen und Auflagen, ferner die Beerdigungskosten.

Der Erbe ist auch verpflichtet, sofern ein Testament nichts Anderes **1969** verfügt, Familienangehörigen des Erblassers, die zu dessen Hausstand gehört haben (das sind Verwandte, nicht Gesinde), in den ersten 30 Tagen nach dem Tode des Erblassers in bisheriger Weise Unterhalt und Wohnung zu gewähren.

II. Aufgebot der Nachlaßgläubiger.

Nachlaßverwaltung oder Nachlaßkonkurs wird der Erbe zur Sicherung gegen eine unbeschränkte Haftung regelmäßig nur dann beantragen, wenn er die Erbschaft für unzulänglich hält oder dieselbe besonders verwickelt erscheint. Damit ihm in dieser Richtung eine zuverlässige
1970 Ermittelung möglich wird, kann er beantragen, daß die Nachlaßgläubiger im Aufgebotsverfahren zur Anmeldung ihrer Forderungen unter Androhung der Rechtsnachtheile des § 995 Civ.-Proz.-Ord. aufgefordert werden. Das Verfahren regelt sich nach § 989 u. f. Civ.-Proz.-Ord.

1971 Pfandgläubiger oder solche, die diesen im Konkurse gleichstehen, Realgläubiger, durch eine Vormerkung gesicherte und aussonderungsberechtigte Gläubiger werden, soweit es sich um die Befriedigung aus den ihnen haftenden Gegenständen handelt, durch das Aufgebot nicht
1972 betroffen, ebenso nicht Pflichttheilsrechte, Vermächtnisse und Auflagen.

1973 Der Erbe kann die Befriedigung eines im Aufgebotsverfahren ausgeschlossenen Nachlaßgläubigers insoweit verweigern, als der Nachlaß durch die Befriedigung der nicht ausgeschlossenen Gläubiger erschöpft wird. Es geht jedoch ein ausgeschlossener Gläubiger den Verbindlichkeiten aus Pflichttheilsrechten, Vermächtnissen und Auflagen vor, es sei denn, daß letztere inzwischen schon berichtigt sind.

III. Beschränkung der Haftung des Erben.

1981 Die **Nachlaßverwaltung** (Nachlaßpflegschaft) hat den Zweck der Befriedigung der Nachlaßgläubiger. Dieselbe ist vom Nachlaßgericht anzuordnen:

a) auf gemeinschaftlichen Antrag der Erben, solange der Nachlaß noch nicht getheilt ist (2062);

b) auf Antrag eines Nachlaßgläubigers, wenn Grund zu der Annahme besteht, daß die Befriedigung der Nachlaßgläubiger durch das Verhalten oder die Vermögenslage des Erben gefährdet wird, und seit Annahme der Erbschaft noch keine zwei Jahre verstrichen sind.

1982 Der Antrag kann beim Mangel einer den Kosten entsprechenden Masse abgelehnt werden.

1983 Das Nachlaßgericht hat die Anordnung der Nachlaßverwaltung durch das für seine Bekanntmachungen bestimmte Blatt zu veröffentlichen.

1984 Mit der Anordnung der Nachlaßverwaltung verliert der Erbe die Befugniß der Verwaltung und Verfügung über den Nachlaß. Zwangsvollstreckungen und Arreste zu Gunsten eines Gläubigers, der nicht Nachlaßgläubiger ist, sind ausgeschlossen.

1985 Der Nachlaßverwalter hat den Nachlaß zu verwalten, soweit erforderlich in Geld umzusetzen und die Nachlaßverbindlichkeiten aus
1986 demselben zu berichtigen. Er darf den Nachlaß dem Erben erst ausantworten, wenn die bekannten Nachlaßverbindlichkeiten berichtigt sind.

Für seine Amtsführung kann der Nachlaßverwalter eine angemessene 1987
Vergütung verlangen.

Die Verwaltung kann beim Mangel einer den Kosten entsprechenden Masse wieder aufgehoben werden.

Ist der Nachlaß überschuldet, so erscheint nicht mehr Nachlaßverwaltung, sondern der Antrag auf Eröffnung des **Nachlaßkonkurses** als der gegebene Weg.

Beantragt der Erbe nicht unverzüglich, nachdem er von der Ueber- 1980
schuldung des Nachlasses Kenntniß erlangt hat, die Eröffnung des Nachlaßkonkurses, so ist er den Gläubigern für den daraus entstehenden Schaden verantwortlich. Der Kenntniß der Ueberschuldung steht die auf Fahrlässigkeit beruhende Unkenntniß gleich.

Mit dem Nachlaßkonkurse endigt die etwa schwebende Nachlaß- 1988
verwaltung. Ueber das Verfahren im Nachlaßkonkurs siehe § 214 u. f. Konk.-Ord.

Ist die Nachlaßverwaltung oder der Nachlaßkonkurs wegen Gering- 1990
fügigkeit der Masse unthunlich oder wieder aufgehoben, so kann der Erbe die Befriedigung eines Nachlaßgläubigers insoweit verweigern, als der Nachlaß nicht ausreicht; er muß jedoch den Nachlaß zum Zwecke der Befriedigung des Gläubigers im Wege der Zwangsvollstreckung herausgeben.

Beruht die Ueberschuldung auf Vermächtnissen und Auflagen, so ist 1992
der Erbe berechtigt, diese Verbindlichkeiten nach Maßgabe der Grundsätze 1990 zu kürzen. Er kann dabei die Herausgabe der Nachlaßgegenstände durch Zahlung des Werthes abwenden.

IV. Inventarerrichtung. Unbeschränkte Haftung des Erben.

Das Verzeichniß des Nachlasses (Inventar) hat den Zweck, den ursprünglichen Bestand des Nachlasses in zuverlässiger Weise festzu-
stellen. Dasselbe kann vom Erben aus freiem Willen dem Nach- 1993
laßgerichte eingereicht werden. Der Erbe hat jedoch die Pflicht zur 1994
Einreichung, wenn ein Nachlaßgläubiger dies beantragt. Durch das Inventar vermag der Erbe, wie der Gläubiger, zu übersehen, ob er Nachlaßverwaltung oder sogar den Nachlaßkonkurs zu beantragen habe. Das Nachlaßgericht hat dem Erben auf Antrag eines Nachlaßgläubigers, der seine Forderung glaubhaft macht, zur Errichtung des Inventars eine Frist (Inventarfrist) zu bestimmen. Reicht der Erbe innerhalb der Frist kein Inventar ein, so haftet er für die Nachlaß-
verbindlichkeiten unbeschränkt. Die Inventarfrist beträgt ein bis 1995
drei Monate von der Zustellung des Beschlusses an, kann aber auf Antrag des Erben nach richterlichem Ermessen verlängert werden. Die Frist kann nie vor Annahme der Erbschaft beginnen.

1996 Ist der Erbe durch höhere Gewalt an der rechtzeitigen Errichtung des Inventars oder an einem gerechtfertigten Antrage auf Verlängerung der Inventarfrist verhindert worden, so ist ihm auf Antrag eine neue Frist zu bestimmen. Das Gleiche gilt, wenn er von der Zustellung der Fristbestimmung unverschuldet keine Kenntniß erlangte. Der Antrag muß von ihm aber binnen zwei Wochen nach Beseitigung des Hindernisses und spätestens innerhalb eines Jahres nach Ablauf der ersten Frist gestellt werden. Der Nachlaßgläubiger, der das Inventar verlangt hat, soll, wenn thunlich, über das Verlängerungsgesuch gehört werden.

1999 Steht der Erbe unter elterlicher Gewalt oder unter Vormundschaft, so soll das Nachlaßgericht dem Vormundschaftsgerichte von der Inventarfrist Mittheilung machen.

2000 Die Bestimmung einer Inventarfrist verliert durch Einleitung einer Nachlaßverwaltung oder eines Nachlaßkonkurses ihre Wirksamkeit.

2001 In dem Inventar sollen die bei dem Eintritte des Erbfalls vorhandenen Nachlaßgegenstände und die Nachlaßverbindlichkeiten vollständig angegeben werden. Das Inventar soll außerdem eine Beschreibung der Nachlaßgegenstände, soweit eine solche zur Bestimmung des Werthes
2002 erforderlich ist, und die Angabe des Werthes enthalten. Der Erbe muß zu der Aufnahme des Inventars eine zuständige Behörde oder einen zuständigen Beamten oder Notar zuziehen.

Ein Privatinventar genügt somit nicht.

2003 Auf Antrag des Erben hat das Nachlaßgericht entweder das Inventar selbst aufzunehmen oder die Aufnahme einer zuständigen Behörde, Beamten oder Notar zu übertragen. Durch die Stellung eines solchen Antrags wird die Inventarfrist gewahrt. Der Erbe ist verpflichtet, die zur Aufnahme des Inventars erforderliche Auskunft zu ertheilen. Das Inventar ist sodann dem Nachlaßgericht einzureichen.

2004 Befindet sich bei dem Nachlaßgerichte schon ein den obigen Vorschriften entsprechendes Inventar, so genügt die innerhalb der Inventarfrist dem Nachlaßgerichte abzugebende Erklärung des Erben, daß das Inventar als von ihm eingereicht gelten soll.

2005 Hat der Erbe absichtlich eine erhebliche Unvollständigkeit des Inventars herbeigeführt oder, um die Nachlaßgläubiger zu benachtheiligen, eine nicht bestehende Schuld in dasselbe aufgenommen, so haftet er für die Nachlaßverbindlichkeiten unbeschränkt. Das Gleiche gilt, wenn der Erbe dem Gerichte oder Beamten die zur Aufnahme des Inventars erforderliche Auskunft verweigert oder absichtlich erheblich verzögert. Ist die Angabe der Nachlaßgegenstände ohne böswillige Absicht unvollständig ausgefallen, so kann dem Erben zur Ergänzung
2006 eine neue Inventarfrist bestimmt werden. Der Erbe hat auf Verlangen eines Nachlaßgläubigers den Offenbarungseid dahin zu leisten, „daß er nach bestem Wissen die Nachlaßgegenstände so vollständig an-

gegeben habe, als er dazu im Stande sei.“ Siehe auch § 79 Ges. über Angel. freiw. G.

Der Erbe kann vor der Leistung des Eides das Inventar noch vervollständigen. Verweigert der Erbe die Eidesleistung oder erscheint er weder in dem Termine noch in einem auf Antrag des Gläubigers bestimmten neuen Termine ohne genügende Entschuldigung, so haftet er dem Gläubiger, der den Antrag gestellt hat, unbeschränkt.

Eine wiederholte Leistung des Eides kann nur verlangt werden, wenn Grund zu der Annahme besteht, daß dem Erben nach der Eidesleistung weitere Nachlaßgegenstände bekannt geworden sind.

Ist eine Ehefrau die Erbin, und gehört die Erbschaft zum ein- **2008**
gebrachten Gute oder zum Gesammtgute, so ist die Bestimmung der Inventarfrist nur wirksam, wenn sie auch dem Manne gegenüber erfolgt. So lange nicht die Frist dem Manne gegenüber verstrichen ist, endigt sie auch nicht der Frau gegenüber. Die Errichtung des Inventars durch den Mann kommt auch der Frau zu statten. Gehört die Erbschaft zum Gesammtgute, so gelten diese Vorschriften auch nach der Beendigung der Gütergemeinschaft.

Das Nachlaßgericht hat die Einsicht des Inventars Jedem zu ge- **2010**
statten, der ein rechtliches Interesse glaubhaft macht. Dem Fiskus, **2011**
einem Nachlaßpfleger (1960, 1961) oder einem Nachlaßverwalter kann **2012**
eine Inventarfrist nicht bestimmt werden; diese sind aber verpflichtet, den Nachlaßgläubigern über den Bestand des Nachlasses Auskunft zu ertheilen.

V. Aufschiebende Einreden.

Der Erbe wird während der sechswöchigen Ausschlagungsfrist nicht immer im Stande sein, sich über die Lage des Nachlasses vollständig zu unterrichten. Er ist deshalb berechtigt, die Berichtigung einer Nach- **2014**
laßverbindlichkeit bis zum Ablaufe der ersten drei Monate nach der Annahme der Erbschaft, jedoch nicht über die Errichtung des Inventars hinaus, zu verweigern. Hat der Erbe aber noch vor Ablauf eines **2015**
Jahres seit der Annahme der Erbschaft den Antrag auf Erlassung des Aufgebots der Nachlaßgläubiger gestellt, und ist der Antrag zugelassen, so kann er die Berichtigung bis zur Beendigung des Aufgebotsverfahrens verweigern. Siehe auch §§ 782, 783 Civ.-Proz.-Ord.

Die Vorschriften 2014, 2015 finden keine Anwendung, wenn der **2016**
Erbe schon unbeschränkt für alle Nachlaßverbindlichkeiten haftet (weil er z. B. die Inventarfrist versäumt hat) oder einem schon zur Zeit des Erbfalls nach 1971 bevorrechteten und nur sein Vorrecht geltend machenden Gläubigern gegenüber.

III. Titel. Erbschaftsanspruch.

Der Erbe kann von Jedem, der auf Grund eines ihm in Wirklichkeit **2018**
nicht zustehenden Erbrechts etwas aus der Erbschaft erlangt hat (Erb-

schaftsbesitzer) die Herausgabe des Erlangten verlangen, also von Jedem, der sich ein Erbrecht für den Erbschaftsbesitz anmaßt. (Erbschaftsklage.)

Wegen anderer Eingriffe sind die gewöhnlichen Klagen gegeben, z. B. auf Herausgabe (1007) oder die Besitzklage (857).

2028 Wer sich zur Zeit des Erbfalls mit dem Erblasser in häuslicher Gemeinschaft befunden hat, ist verpflichtet, dem Erben auf Verlangen Auskunft darüber zu ertheilen, welche erbschaftliche Geschäfte er geführt hat und was ihm über den Verbleib der Erbschaftsgegenstände bekannt ist.

Besteht Grund zu der Annahme, daß die Auskunft nicht mit der erforderlichen Sorgfalt ertheilt worden ist, so hat der Verpflichtete auf Verlangen des Erben den Offenbarungseid dahin zu leisten: „daß er seine Angaben nach bestem Wissen so vollständig gemacht habe, als er dazu im Stande sei." In Angelegenheiten von geringer Bedeutung besteht keine Verpflichtung zum Offenbarungseide.

2031 Ueberlebt eine für todt erklärte Person den Zeitpunkt, der als Zeitpunkt ihres Todes gilt, so kann sie die Herausgabe ihres Vermögens nach den für den Erbschaftsanspruch geltenden Vorschriften verlangen. Das Gleiche gilt, wenn der Tod einer Person ohne Todeserklärung mit Unrecht angenommen worden ist.

IV. Titel. Mehrheit von Erben.

I. Rechtsverhältniß der Erben unter einander.

2032 Sind mehrere Erben vorhanden, so wird der Nachlaß bis zur Auseinandersetzung gemeinschaftliches Vermögen derselben und gelten
2040 bis zur Auseinandersetzung die folgenden Vorschriften. Die Erben können nur gemeinschaftlich über einen Nachlaßgegenstand verfügen und erfolgt
2038 auch die Verwaltung gemeinschaftlich.

2033 Wenn ein Miterbe somit auch nicht über seinen Antheil an den einzelnen Gegenständen verfügen kann, so kann er dies doch über seinen Antheil an der Erbmasse. Es bedarf jedoch ein derartiger Vertrag der gerichtlichen oder notariellen Beurkundung.

2034 Verkauft ein Miterbe seinen Antheil an einen Dritten, so sind die übrigen Miterben innerhalb zwei Monaten gemeinschaftlich (nicht einzeln) zum Vorkaufe berechtigt.

2038 Jeder Miterbe hat zu Maßregeln mitzuwirken, die zur ordnungsmäßigen Verwaltung erforderlich sind; zur Erhaltung nöthige Maßregeln kann jeder Miterbe ohne Mitwirkung der anderen treffen. Die Theilung der Früchte eines Grundstücks erfolgt erst nach der Auseinandersetzung. Ist die Auseinandersetzung auf länger als ein Jahr ausgeschlossen, so kann jeder Miterbe am Schlusse jedes Jahres die Theilung des Reinertrags verlangen.

Ein Nachlaßschuldner kann nur an alle Erben gemeinschaftlich leisten, und jeder Miterbe kann die Leistung nur an alle Erben fordern. 2039

Für gewöhnlich, namentlich wenn keine letztwillige Verfügung dies verbietet, kann ein Miterbe jederzeit die **Auseinandersetzung** verlangen. Diese erfolgt im Wesentlichen nach den für die Theilung bei einer Gemeinschaft geltenden Vorschriften (749 u. f.) sowie gemäß §§ 86—98 Ges. über Angel. freiw. Gerichtsbarkeit. 2042

Sind die Erbtheile wegen der zu erwartenden Geburt eines Miterben noch unbestimmt, so ist die Auseinandersetzung auf solange aufzuschieben. Einen Aufschub kann auch jeder Miterbe verlangen bis zur Beendigung eines Aufgebotsverfahrens (1970) oder bis zum Ablaufe der Anmeldefrist bei einer Aufforderung der Nachlaßgläubiger zur Anmeldung ihrer Forderungen (2061). 2043 2045

Aus dem Nachlaß sind zunächst die Nachlaßverbindlichkeiten zu berichtigen. Zu diesem Zwecke ist derselbe, soweit erforderlich, in Geld umzusetzen. Für noch nicht fällige oder noch streitige Schulden ist der erforderliche Betrag zurückzubehalten. 2046

Der verbleibende Ueberschuß gebührt den Erben nach dem Verhältniß ihrer Erbtheile; nur Schriftstücke über die persönlichen und Familienverhältnisse des Erblassers oder über den ganzen Nachlaß bleiben gemeinschaftlich. 2047

Der Erblasser kann durch letztwillige Verfügung Anordnungen für die Auseinandersetzung treffen, insbesondere dahin, daß diese nach dem billigen Ermessen eines Dritten erfolgen soll. 2048

Hat der Erblasser angeordnet, daß einer der Miterben das Recht haben soll, ein zum Nachlasse gehörendes Landgut zu übernehmen, so ist im Zweifel anzunehmen, daß das Landgut zu dem Ertragswerth angesetzt werden soll (vergl. 1515 u. Art. 137 Einf. Ges.). 2049

Abkömmlinge, die als gesetzliche Erben (nicht als Testamentserben) zur Erbfolge gelangen, sind verpflichtet, dasjenige, was sie von dem Erblasser bei dessen Lebzeiten als Ausstattung (1624) erhalten haben, bei der Auseinandersetzung unter einander zur Ausgleichung zu bringen (zu konferiren, einzuwerfen), soweit nicht der Erblasser seiner Zeit bei der Zuwendung ein Anderes angeordnet hat. Zuschüsse, die zu dem Zwecke gegeben worden sind, als Einkünfte verwendet zu werden, z. B. während des Dienstes als Einjährig-Freiwilliger, sowie Aufwendungen für die Vorbildung zu einem Berufe, z. B. Studienkosten, sind nur insoweit zur Ausgleichung zu bringen, als sie das den Vermögensverhältnissen des Erblassers entsprechende Maß überstiegen haben, wenn also z. B. einem Abkömmling eine wesentlich kostspieligere Ausbildung zu Theil geworden ist. 2050

Andere Zuwendungen unter Lebenden sind zur Ausgleichung zu bringen, wenn der Erblasser bei der Zuwendung die Ausgleichung angeordnet hat.

2051 Fällt ein Abkömmling, der zur Ausgleichung verpflichtet sein würde, vor oder nach dem Erbfalle weg, so ist wegen der ihm gemachten Zuwendungen der an seine Stelle tretende Abkömmling (z. B. an Stelle des Sohnes jetzt der Enkel) zur Ausgleichung verpflichtet.

2052 Hat der Erblasser die Abkömmlinge auf dasjenige eingesetzt, was sie als gesetzliche Erben erhalten würden, oder hat er ihre Erbtheile so bestimmt, daß sie zu einander in demselben Verhältnisse stehen, wie die gesetzlichen Erbtheile, so ist im Zweifel anzunehmen, daß die Abkömmlinge nach 2050, 2051 zur Ausgleichung verpflichtet sein sollen (obwohl sie Testamentserben und nicht gesetzliche Erben sind).

2053 Eine Zuwendung, die ein entfernterer Abkömmling vor dem Wegfalle des ihn von der Erbfolge ausschließenden näheren Abkömmlings (die also ein Enkel in der Zeit während dessen Vater noch lebte, vom Großvater) erhalten hat, ist nicht zur Ausgleichung zu bringen, es sei denn, daß der Erblasser bei der Zuwendung die Ausgleichung angeordnet hat.

2054 Eine Zuwendung, die aus dem Gesammtgute der allgemeinen Gütergemeinschaft oder fortgesetzten Gütergemeinschaft, der Errungenschaftsgemeinschaft oder der Fahrnißgemeinschaft erfolgt, gilt als von jedem der Ehegatten zur Hälfte gemacht. Die Zuwendung gilt jedoch, wenn sie an einen Abkömmling erfolgt, der nur von einem der Ehegatten abstammt, oder wenn einer der Ehegatten wegen der Zuwendung zu dem Gesammtgut Ersatz zu leisten hat, als von diesem Ehegatten gemacht.

2055 Bei der Auseinandersetzung wird jedem miterbenden Abkömmling der Werth des Vorausempfangenen, das er zur Ausgleichung zu bringen hat, auf seinen Erbtheil angerechnet und ebenso der Werth aller dieser Vorausempfänge dem Bestande des unter die Abkömmlinge zu vertheilenden Nachlasses hinzugerechnet. Die Hinzurechnung geschieht somit nicht ohne Weiteres auf die gesammte Nachlaßmasse, da ja auch ein überlebender Ehegatte oder sonstige Erbberechtigte bei der Auseinandersetzung betheiligt sein können. Der Werth des Vorausempfangenen bestimmt sich nach der Zeit der erfolgten Zuwendung.

2056 Hat jedoch ein Abkömmling durch die vorausempfangene Zuwendung mehr erhalten, als ihm bei der Auseinandersetzung zukommen würde, so ist er zur Herauszahlung des Mehrbetrages nicht verpflichtet; er kann aber natürlich bei der Auseinandersetzung nicht mehr mit in Betracht kommen.

2057 Jeder Miterbe ist verpflichtet, den übrigen Erben auf Verlangen Auskunft über die Zuwendungen zu ertheilen, die er zur Ausgleichung zu bringen hat. Die Vorschriften 260, 261 über die Verpflichtung zur Leistung des Offenbarungseides finden entsprechende Anwendung.

II. Rechtsverhältniß zwischen den Erben und den Nachlaßgläubigern.

Die Erben haften für die gemeinschaftlichen Nachlaßverbindlichkeiten als Gesammtschuldner (421), mithin kann jeder von ihnen auf Berichtigung der ganzen Schuld aus dem ungetheilten Nachlaß belangt werden. **2058**

Solange aber die Theilung nicht bewirkt ist, darf der einzelne Miterbe zum Schutze gegen die Gefahr, mit dem eigenen Vermögen einstehen zu müssen, die Berichtigung der Nachlaßverbindlichkeiten aus dem Vermögen, das er außer seinem Antheil an dem Nachlaß hat, verweigern, falls er nicht schon unbeschränkt haftet. Die Gläubiger werden daher vorziehen, von den sämmtlichen Miterben die Befriedigung aus dem ungetheilten Nachlasse zu verlangen. **2059**

Nach erfolgter Theilung haftet jeder Miterbe nur für den seinem Erbtheil entsprechenden Theil einer Nachlaßverbindlichkeit: **2060**

a) einem Gläubiger, der im Aufgebotsverfahren ausgeschlossen ist;
b) einem Gläubiger, der seine Forderung später als 5 Jahre nach dem Erbfalle geltend macht;
c) wenn der Nachlaßkonkurs eröffnet und durch Vertheilung der Masse oder durch Zwangsvergleich beendigt worden ist.

Als weiteres Sicherungsmittel gegen die unbeschränkte Haftung kann jeder Miterbe die Nachlaßgläubiger privatim im Deutschen Reichsanzeiger und dem Publikationsorgan des Nachlaßgerichts auffordern, ihre Forderungen binnen 6 Monaten bei ihm oder bei dem Nachlaßgericht anzumelden. Ist die Aufforderung erfolgt, so haftet nach der Theilung jeder Miterbe nur für den seinem Erbtheil entsprechenden Theil einer Forderung, falls nicht bis zum Ablaufe der Frist die Forderung angemeldet oder sonst bekannt geworden ist. **2061**

III. Abschnitt. Testament.

I. Titel. Allgemeine Vorschriften.

Der Erblasser kann ein Testament nur persönlich (nicht durch einen Vertreter) errichten. **2064**

Hat der Erblasser seine Verwandten oder seine nächsten Verwandten ohne nähere Bestimmung bedacht, so sind im Zweifel diejenigen Verwandten, welche zur Zeit des Erbfalls seine gesetzlichen Erben sein würden, als nach dem Verhältniß ihrer gesetzlichen Erbtheile bedacht anzusehen. **2067**

Sind die Kinder ohne nähere Bestimmung bedacht und ist ein Kind **2068**
mit Hinterlassung von Abkömmlingen vor oder nach Errichtung des **2069**
Testaments gestorben, so treten im Zweifelsfalle die Abkömmlinge an die Stelle des Verstorbenen.

2072 Hat der Erblasser die Armen ohne nähere Bestimmung bedacht, so ist im Zweifel anzunehmen, daß die öffentliche Armenkasse der Gemeinde, in deren Bezirk er seinen letzten Wohnsitz gehabt hat, unter der Auflage bedacht ist, das Zugewendete unter Arme zu vertheilen.

Eine letztwillige Verfügung kann **angefochten** werden (vergl. 119, 123):

2078 a) wegen Irrthums oder wegen Drohung durch denjenigen, welchem die Aufhebung der Verfügung unmittelbar zu Statten kommen würde;

2079 b) wegen Uebergehens eines zur Zeit des Erbfalls vorhandenen Pflichttheilsberechtigten (2303 u. f.), dessen Vorhandensein dem Erblasser bei der Errichtung der Verfügung nicht bekannt war oder auf dessen späteres Hinzukommen er nicht gerechnet hatte, durch den Pflichttheilsberechtigten.

2081 Die Anfechtung einer letztwilligen Verfügung, durch die ein Erbe eingesetzt, ein gesetzlicher Erbe ausgeschlossen, ein Testamentsvollstrecker ernannt oder eine Verfügung solcher Art aufgehoben oder endlich eine Auflage begründet wird, erfolgt durch Erklärung gegenüber dem Nachlaßgerichte, welches diese Erklärung dem begünstigten Gegner mitzutheilen und Jedem, der ein rechtliches Interesse glaubhaft macht, zur Einsicht vorzulegen hat.

Die Anfechtung aus anderen Gründen geschieht nach 143 (Seite 9). Klage folgt immer erst später.

2082 Die Anfechtung kann nur binnen Jahresfrist nach erlangter Kenntniß von dem Anfechtungsgrunde erfolgen, sie ist aber gänzlich ausgeschlossen nach Verlauf von 30 Jahren.

2085 Die Unwirksamkeit einer von mehreren in einem Testament enthaltenen Verfügungen hat die Unwirksamkeit der übrigen Verfügungen nur zur Folge, wenn anzunehmen ist, daß der Erblasser diese ohne die unwirksame Verfügung nicht getroffen haben würde.

II. Titel. Erbeinsetzung.

2087 Hat der Erblasser sein ganzes Vermögen oder einen Bruchtheil desselben dem Bedachten zugewendet, so ist die Verfügung als Erbeseinsetzung anzusehen, auch wenn der Bedachte nicht als Erbe bezeichnet, sondern ein anderer Ausdruck gewählt ist. Sind dagegen dem Bedachten nur einzelne Gegenstände zugewendet, so ist er im Zweifel nicht als Erbe, sondern nur als Vermächtnißnehmer anzusehen, selbst wenn er als Erbe bezeichnet sein sollte.

2088 Hat der Erblasser nur einen Erben eingesetzt und die Einsetzung auf einen Bruchtheil der Erbschaft beschränkt, so tritt in Ansehung des übrigen Theiles die gesetzliche Erbfolge ein. Das Gleiche gilt bei der Einsetzung mehrerer Erben je auf einen Bruchtheil, wenn die Bruchtheile zusammen das Ganze nicht erschöpfen.

Sind mehrere Erben eingesetzt, ohne daß die Erbtheile bestimmt 2091
sind, so sind sie für die Regel zu gleichen Theilen eingesetzt.

Sind von mehreren Erben die einen auf Bruchtheile, die anderen 2092
ohne Bruchtheile eingesetzt, so erhalten die letzteren den freigebliebenen Theil der Erbschaft. Erschöpfen die Bruchtheile die Erbschaft, so tritt eine verhältnißmäßige Minderung derselben in der Weise ein, daß jeder der ohne Bruchtheile eingesetzten Erben soviel erhält wie der mit dem geringsten Bruchtheile bedachte Erbe.

Sind mehrere Erben in der Weise eingesetzt, daß sie die gesetzliche Erbfolge ausschließen, und fällt einer derselben vor oder nach 2094
dem Erbfalle weg, so wächst dessen Erbtheil den übrigen Erben nach dem Verhältniß ihrer Erbtheile an, sofern der Erblasser die Anwachsung nicht ausgeschlossen, namentlich nicht für den weggefallenen 2096
Erben etwa einen Ersatzerben eingesetzt hat. (Der Erbtheil vererbt sich somit hier nicht auf die Abkömmlinge des durch Tod oder Ausschlagung Weggefallenen. — Vergl. dagegen 2068 u. 2069).

III. Titel. Einsetzung eines Nacherben.

Der Erblasser kann anordnen, daß die Erbschaft zunächst einem 2100
Vorerben zufallen und von diesem sodann auf einen **Nacherben** übergehen soll. Er will z. B. seine Kinder nicht ausschließen, die Vortheile der Erbschaft aber für eine bestimmte Zeit seinem Ehegatten zuwenden, ohne ihn den Beschränkungen eines Nießbrauchs zu unterwerfen, oder er besorgt, daß der zunächst berufene Erbe das Vermögen der Familie nicht erhalten werde.

Ist ein Nacherbe eingesetzt ohne Bestimmung des Zeitpunkts oder 2106
des Ereignisses, mit dem die Nacherbfolge eintreten soll, so fällt die Erbschaft dem Nacherben mit dem Tode des Vorerben an.

Stirbt der Nacherbe vor Eintritt des Falles der Nacherbfolge, aber 2108
nach Eintritt des Erbfalles, so geht sein Recht auf seine Erben über, sofern nicht ein anderer Wille des Erblassers anzunehmen ist.

Die Einsetzung eines Nacherben wird mit dem Ablaufe von 30 2109
Jahren nach dem (ursprünglichen) Erbfalle unwirksam, wenn nicht vorher die Nacherbfolge eingetreten ist. Einige Ausnahmen sind vorbehalten.

Der Vorerbe kann über die zur Erbschaft gehörenden Gegenstände 2112
zwar verfügen, aber doch nur so, daß das Recht des Nacherben in Bezug auf die wichtigeren Vermögensgegenstände, nämlich Grundstücke 2113
und Rechte an Grundstücken mit Einschluß von Hypothekenforderungen, Grundschulden oder Rentenschulden nicht vereitelt oder beeinträchtigt wird. Derselben Beschränkung unterliegen Schenkungen.

Die zur Erbschaft gehörenden Hypothekenforderungen, Grundschulden 2114
und Rentenschulden kann der Vorerbe zwar kündigen und einziehen,

aber er kann nur verlangen, daß das Kapital an ihn mit Zustimmung des Nacherben gezahlt oder daß es für ihn und den Nacherben hinterlegt werde.

2116 Inhaberpapiere (mit Ausnahme von Banknoten) sind auf Verlangen des Nacherben mit der Bestimmung zu hinterlegen, daß die Herausgabe nur mit Zustimmung des Nacherben verlangt werden kann.
2117 Statt der Hinterlegung können die Inhaberpapiere auf den Namen des Vorerben mit der Bestimmung umschrieben werden, daß dieser nur mit Zustimmung des Nacherben über sie verfügen kann.

2118 Ein gleicher beschränkender Vermerk ist auf Verlangen des Nacherben
bei Buchforderungen gegen das Reich oder einen Bundesstaat in das
2119 Schuldbuch eintragen zu lassen. Anlegbare Gelder sind wie Mündelgelder anzulegen.

2121 Der Vorerbe hat dem Nacherben auf Verlangen ein mit Datum und Unterschrift versehenes Verzeichniß der Erbstücke mitzutheilen.
2122 Vor- wie Nacherbe können den Zustand der zur Erbschaft gehörenden
2123 Sachen, sowie für Waldungen und Bergwerke einen Wirthschaftsplan feststellen lassen.

Der Vorerbe hat die Erbschaft ordnungsmäßig zu verwalten und
2131 dem Nacherben für diejenige Sorgfalt einzustehen, die er in eigenen Angelegenheiten anzuwenden pflegt.

2134 Verwendet er Erbschaftsgegenstände für sich, so hat er deren Werth zu ersetzen, abgesehen von etwaiger weiterer Haftung wegen eines Verschuldens. Für die Dauer der Vorerbschaft verbleiben die Früchte
2124 dem Vorerben, der aber auch die gewöhnlichen Erhaltungskosten zu tragen hat.

2127 Besteht die Besorgniß einer erheblichen Verletzung der Rechte des Nacherben, so kann dieser von dem Vorerben Auskunft über den Bestand der Erbschaft und weiter auch Sicherstellung und, wenn diese
2128 nicht geleistet wird, die Anordnung einer unter gerichtlicher Aufsicht stehenden Verwaltung verlangen.

2136 Der Erblasser kann übrigens von den Beschränkungen und Verpflichtungen dieses Absatzes (ausgenommen 2112, 2121, 2122 u. 2124) den Vorerben befreien.

IV. Titel. Vermächtniß.

Unter Vermächtniß (Legat) versteht man eine letztwillige vermögensrechtliche Zuwendung des Erblassers zu Lasten des Nachlasses an Jemanden, der aber dadurch nicht zum Erben gemacht wird. Es wird z. B. im Testament angeordnet, der eingesetzte Erbe habe 100 Mk. an die Armenkasse in N. zu zahlen, oder es wird eine bestimmte Geldsumme oder ein einzelner Gegenstand zugewendet, die Befreiung von einer Schuld ausgesprochen u. a.

Wer mit einem solchen Vermächtnisse bedacht wird, ist der **Vermächtnißnehmer** und derjenige Erbe, der ein Vermächtniß entrichten soll, der Beschwerte. Sind in einem Testamente keine Erben eingesetzt, sondern nur Vermächtnisse angeordnet, so gelten die gesetzlichen Erben als die Beschwerten. **2147**

Ein Vermächtniß ist unwirksam, wenn der Bedachte zur Zeit des **2160**
Erbfalles nicht mehr lebt; es bleibt aber wirksam — sofern nicht **2161**
ein anderer Wille des Erblassers anzunehmen ist — wenn der Beschwerte nicht Erbe wird (weil er z. B. die Erbschaft ausgeschlagen hat oder inzwischen verstorben ist).

Hat der Erblasser eine ihm zustehende Forderung vermacht, so gilt, wenn vor dem Erbfalle die Zahlung erfolgt, im Zweifel die entsprechende Geldsumme als vermacht. **2173**

Der Bedachte kann von dem beschwerten Erben die Leistung des vermachten Gegenstandes (nöthigenfalls im Klagewege) fordern, z. B. die Auflassung des vermachten Grundstücks. Das Vermächtniß begründet also nur einen Erfüllungsanspruch; das Recht geht nicht von selbst auf den Bedachten über. **2174**

Der Anspruch auf das Vermächtniß entsteht mit dem Erbfalle (Anfall des Vermächtnisses), natürlich unbeschadet des Rechtes, dasselbe auszuschlagen. **2176**

Die Annahme sowie die Ausschlagung des Vermächtnisses erfolgt nach Eintritt des Erbfalls durch einfache Erklärung gegenüber dem Beschwerten. Nach erfolgter Annahme ist Ausschlagung nicht mehr zulässig. **2180**

Ist die Zeit der Erfüllung eines Vermächtnisses dem freien Belieben des Beschwerten überlassen, so wird die Leistung im Zweifel mit dem Tode des Beschwerten fällig. **2181**

Ist eine nur der Gattung nach bestimmte Sache vermacht, so hat der Beschwerte eine mangelfreie Sache zu liefern. **2183**

Ist ein Vermächtnißnehmer (also nicht der Erbe) weiter mit einem Vermächtniß oder einer Auflage beschwert, so kann er die Erfüllung auch nach der seinerseitigen Annahme insoweit verweigern, als dasjenige, was er selbst aus dem Vermächtnisse erhält, zur Erfüllung nicht ausreicht, denn aus seinem eigenen Vermögen braucht er nichts zuzulegen. **2187**

V. Titel. Auflage.

Unter Auflage ist eine vom Erblasser letztwillig getroffene Anordnung zu verstehen, durch welche einem Erben oder einem Vermächtnißnehmer eine bestimmte Leistung aufgetragen wird, ohne daß ein Dritter ein Klagerecht auf diese Leistung erlangen soll. Es wird z. B. dem Erben im Testamente aufgetragen, dem Erblasser ein Grabdenkmal setzen zu lassen.

Der Unterschied zwischen Vermächtniß und Auflage liegt somit darin, daß durch das Vermächtniß dem Bedachten eine Zuwendung mit Forderungsrecht auf diese gemacht wird, während die Auflage nur eine Verpflichtung des Beschwerten zu einer Leistung darstellt, dem dadurch (indirekt) Begünstigten aber wird ein Gläubigerrecht nicht gewährt.

2194 Vollziehung der Auflage kann nur ein Erbe oder derjenige verlangen, welchem der Wegfall des mit der Auflage zunächst Beschwerten unmittelbar zu Statten kommen würde. Liegt die Vollziehung im öffentlichen Interesse (z. B. die Errichtung einer Wohlthätigkeitsanstalt) so kann auch die zuständige Behörde die Vollziehung verlangen.

Im Allgemeinen finden auf eine Auflage die für Vermächtnisse geltenden Vorschriften entsprechende Anwendung.

VI. Titel. Testamentsvollstrecker.

2197 Der Erblasser kann durch Testament einen oder mehrere Testamentsvollstrecker ernennen.

2198 Hat er die Bestimmung der Person des Testamentsvollstreckers einem Dritten überlassen, so erfolgt die Bestimmung durch diesen Dritten in öffentlich beglaubigter Erklärung gegenüber dem Nachlaßgericht.

2200 Die Ernennung kann außerdem vom Erblasser dem Nachlaßgerichte selbst überlassen werden.

2202 Die Annahme sowie die Ablehnung des Amtes erfolgt nach Eintritt des Erbfalls durch einfache Erklärung gegenüber dem Nachlaßgericht.

Der Testamentsvollstrecker hat, soweit nicht ein anderer Wille des Erblassers anzunehmen ist:

2203 a) die letztwilligen Verfügungen des Erblassers zur Ausführung zu bringen, z. B. die Vermächtnisse und Auflagen;

2204 b) die Auseinandersetzung unter den Erben gemäß 2042 bis 2056 zu bewirken und zu diesem Zwecke die Erben über den Auseindersetzungsplan zu hören;

2205
2216 c) den Nachlaß ordnungsmäßig und der letzwilligen Verfügung entsprechend zu verwalten, insbesondere denselben in Besitz zu nehmen und über die Nachlaßgegenstände zu verfügen.

Zu Schenkungen ist er, abgesehen von sog. Pflicht- oder Anstandsgeschenken nicht berechtigt.

2209 Der Erblasser kann aber einem Testamentsvollstrecker die Verwaltung des Nachlasses übertragen, ohne ihm andere Aufgaben als die Verwaltung zuzuweisen; auch anordnen, daß der Testamentsvollstrecker die Verwaltung nach der Erledigung der ihm sonst zugewiesenen Aufgaben fortzuführen hat.

2223 Ein Testamentsvollstrecker kann auch lediglich zu dem Zwecke ernannt werden, daß dieser für die Ausführung einer einem Vermächtnißnehmer auferlegten Beschwerung sorgt.

Ein der Verwaltung des Testamentsvollstreckers unterliegendes Recht **2212**
kann nur von dem Testamentsvollstrecker gerichtlich geltend gemacht werden.

Ein Anspruch, der sich gegen den Nachlaß richtet, kann sowohl gegen **2213**
den Erben als gegen den Testamentsvollstrecker gerichtlich geltend gemacht werden. Ein Pflichttheilsanspruch kann immer nur gegen den Erben geltend gemacht werden.

Der Testamentsvollstrecker hat dem Erben unverzüglich nach der **2215**
Annahme des Amtes ein Verzeichniß der seiner Verwaltung unterliegenden Nachlaßgegenstände und der bekannten Nachlaßverbindlichkeiten mitzutheilen und ihm die zur Aufnahme des Inventars sonst erforderliche Beihülfe zu leisten.

Das Verzeichniß ist mit der Angabe des Tages der Aufnahme zu versehen und von dem Testamentsvollstrecker zu unterzeichnen; der Testamentsvollstrecker hat auf Verlangen die Unterzeichnung öffentlich beglaubigen zu lassen.

Der Erbe kann verlangen, daß er bei der Aufnahme des Verzeichnisses zugezogen wird.

Der Testamentsvollstrecker ist berechtigt und auf Verlangen des Erben verpflichtet, das Verzeichniß durch die zuständige Behörde oder durch einen zuständigen Beamten oder Notar aufnehmen zu lassen.

Die Kosten der Aufnahme und der Beglaubigung fallen dem Nachlasse zur Last.

Der Testamentsvollstrecker kann für die Führung seines Amtes eine **2221**
angemessene Vergütung verlangen, sofern nicht der Erblasser ein Anderes bestimmt hat.

Eine Kündigung des Amtes kann jederzeit durch Erklärung an das **2226**
Nachlaßgericht erfolgen. Entlassung kann das Nachlaßgericht auf Antrag eines Betheiligten verfügen, wenn ein wichtiger Grund, wie grobe **2227**
Pflichtverletzung oder Unfähigkeit vorliegt, doch soll der Testamentsvollstrecker, wenn thunlich, vorher gehört werden.

VII. Titel. Errichtung und Aufhebung eines Testaments.

Ein Testament kann errichten: **2229**

a) wer geschäftsfähig ist (104 u. f.);
b) ein Minderjähriger, der das 16. Lebensjahr vollendet hat, und zwar ohne daß er der Zustimmung seines gesetzlichen Vertreters bedürfte.

Wer wegen Geistesschwäche, Verschwendung oder Trunksucht entmündigt ist, kann nicht testiren, und beginnt dessen Unfähigkeit in der Regel schon mit der Stellung des Entmündigungsantrages. Ebensowenig können Bewußtlose oder vorübergehend geistig Gestörte während der Dauer dieses Zustandes ein Testament errichten.

Hinsichtlich der Form eines Testaments wird die ordentliche und die außerordentliche Form unterschieden.

2231 In **ordentlicher Form** kann ein Testament errichtet werden vor einem Richter unter Zuziehung eines Gerichtsschreibers oder zweier Zeugen (vgl. auch Art. 149 Einf.=Ges.); oder ferner vor einem Notar unter Zuziehung eines zweiten Notars oder zweier Zeugen.

2234 Als Richter, Notar, Gerichtsschreiber oder Zeuge kann bei der Errichtung des Testaments nicht mitwirken:

1. der Ehegatte des Erblassers, auch wenn die Ehe nicht mehr besteht;
2. wer mit dem Erblasser in gerader Linie oder im zweiten Grade der Seitenlinie verwandt oder verschwägert ist;

2235 3. wer in dem Testamente bedacht wird oder wer zu einem Bedachten in einem Verhältnisse der in 1 oder 2 bezeichneten Art steht. Die Mitwirkung einer nach 3 ausgeschlossenen Person hat nur zur Folge, daß die Zuwendung an den Bedachten nichtig ist.

2236 Als Gerichtsschreiber, zweiter Notar oder Zeuge kann bei der Errichtung des Testaments nicht mitwirken, wer zu dem Richter oder dem beurkundenden Notar in einem Verhältnisse der vorstehend unter 1 oder 2 bezeichneten Art steht.

2237 Als Zeuge soll bei der Errichtung des Testaments nicht mitwirken:

1. ein Minderjähriger;
2. wer der bürgerlichen Ehrenrechte für verlustig erklärt ist, während der Zeit, für welche die Aberkennung der Ehrenrechte erfolgt ist;
3. wer nach den Vorschriften der Strafgesetze unfähig ist, als Zeuge eidlich vernommen zu werden;
4. wer als Gesinde oder Gehülfe im Dienste des Richters oder des beurkundenden Notars steht.

2238 Die Errichtung des Testaments erfolgt in der Weise, daß der Erblasser dem Richter oder dem Notar seinen letzten Willen mündlich erklärt oder eine Schrift mit der mündlichen Erklärung übergiebt, daß die Schrift seinen letzten Willen enthalte. Die Schrift kann offen oder verschlossen übergeben werden. Sie kann von dem Erblasser oder von einer anderen Person geschrieben sein.

Wer minderjährig ist oder Geschriebenes nicht zu lesen vermag, kann das Testament nur durch mündliche Erklärung errichten.

2239 Die bei der Errichtung des Testaments mitwirkenden Personen müssen während der ganzen Verhandlung zugegen sein.

2240 Ueber die Errichtung des Testaments muß ein Protokoll in deutscher Sprache aufgenommen werden.

2241 Das Protokoll muß enthalten:

1. Ort und Tag der Verhandlung;

2. die Bezeichnung des Erblassers und der bei der Verhandlung mitwirkenden Personen;
3. die nach 2238 erforderlichen Erklärungen des Erblassers und im Falle der Uebergabe einer Schrift die Feststellung der Uebergabe.

Das Protokoll muß vorgelesen, von dem Erblasser genehmigt und von ihm eigenhändig unterschrieben werden. Im Protokolle muß festgestellt werden, daß dies geschehen ist. Das Protokoll soll dem Erblasser auf Verlangen auch zur Durchsicht vorgelegt werden. **2242**

Erklärt der Erblasser, daß er nicht schreiben könne, so wird seine Unterschrift durch die Feststellung dieser Erklärung im Protokoll ersetzt.

Das Protokoll muß von den mitwirkenden Personen unterschrieben werden.

Wer nach der Ueberzeugung des Richters oder des Notars stumm oder sonst am Sprechen verhindert ist, kann das Testament nur durch Uebergabe einer Schrift errichten. Er muß die Erklärung, daß die Schrift seinen letzen Willen enthalte, bei der Verhandlung eigenhändig in das Protokoll oder auf ein besonderes Blatt schreiben, das dem Protokoll als Anlage beigefügt werden muß. **2243**

Das eigenhändige Niederschreiben der Erklärung sowie die Ueberzeugung des Richters oder des Notars, daß der Erblasser am Sprechen verhindert ist, muß im Protokoll festgestellt werden. Das Protokoll braucht von dem Erblasser nicht besonders genehmigt zu werden.

Erklärt der Erblasser, daß er der deutschen Sprache nicht mächtig sei, so muß bei der Errichtung des Testaments ein vereideter Dolmetscher zugezogen werden. Auf den Dolmetscher finden die nach 2234 bis 2237 für einen Zeugen geltenden Vorschriften entsprechende Anwendung. **2244**

Das Protokoll muß in die Sprache, in der sich der Erblasser erklärt, übersetzt werden. Die Uebersetzung muß von dem Dolmetscher angefertigt oder beglaubigt und vorgelesen werden; die Uebersetzung muß dem Protokoll als Anlage beigefügt werden. Das Protokoll muß die Erklärung des Erblassers, daß er der deutschen Sprache nicht mächtig sei, sowie den Namen des Dolmetschers und die Feststellung enthalten, daß der Dolmetscher die Uebersetzung angefertigt oder beglaubigt und sie vorgelesen hat. Der Dolmetscher muß das Protokoll unterschreiben.

Sind sämmtliche mitwirkende Personen ihrer Versicherung nach der Sprache, in der sich der Erblasser erklärt, mächtig, so ist die Zuziehung eines Dolmetschers nicht erforderlich. Unterbleibt die Zuziehung eines Dolmetschers, so muß das Protokoll in der fremden Sprache aufgenommen werden und die Erklärung des Erblassers, daß er der deutschen Sprache nicht mächtig sei, sowie die Versicherung der **2245** mitwirkenden Personen, daß sie der fremden Sprache mächtig seien, enthalten. Eine deutsche Uebersetzung soll als Anlage beigefügt werden.

Durch die Vorschriften 2234—2245 bleiben die landesgesetzlichen Vorschriften über die Errichtung gerichtlicher oder notarieller Urkunden unberührt. Art. 151, Einf.=Ges.

2246 Das über die Errichtung des Testaments aufgenommene Protokoll soll nebst Anlagen, insbesondere im Falle der Errichtung durch Uebergabe einer Schrift nebst dieser Schrift, von dem Richter oder dem Notar in Gegenwart aller übrigen mitwirkenden Personen und des Erblassers mit dem Amtssiegel verschlossen, mit einer das Testament näher bezeichnenden Aufschrift, die von dem Richter oder dem Notar zu unterschreiben ist, versehen und in besondere amtliche Verwahrung gebracht werden.

Dem Erblasser soll über das in amtliche Verwahrung genommene Testament ein Hinterlegungsschein ertheilt werden.

Eine andere ordentliche Form des Testaments bildet das **Privattestament,** das jedoch nur für einfachere Verhältnisse zu empfehlen
2231 sein wird. Es kann nämlich ein Testament auch errichtet werden durch eine von dem Erblasser unter Angabe des Ortes und Tages eigenhändig geschriebene und unterschriebene Erklärung. Niederschrift des Textes durch fremde Hand ist also nicht zulässig.

Ein solches Privat=Testament kann der Erblasser in seinem eigenen
2248 Gewahr behalten oder der besseren Sicherheit und Unanfechtbarkeit wegen gegen Hinterlegungsschein wie ein gerichtliches oder notarielles in amtliche Verwahrung geben.

2247 Minderjährige oder Personen, die Geschriebenes nicht zu lesen vermögen, können ein Privat=Testament nicht errichten.

Außerordentliche (erleichterte) **Formen** des Testaments läßt das Gesetz zu für gewisse Nothfälle, nämlich:

2249 A. das sog. Gemeindetestament.

Ist zu besorgen, daß der Erblasser früher sterben werde, als die Errichtung eines Testaments vor einem Richter oder einem Notar möglich ist, so kann er vor dem Gemeindevorsteher (Bürgermeister u. s. w.) ein Testament errichten. Der Vorsteher, welcher zwei Zeugen zuziehen muß, tritt hier an die Stelle des Richters oder des Notars. Die Vorschriften 2234—2246 kommen auch hier zur Anwendung, außerdem ist in dem Testamentsprotokolle die Besorgniß festzustellen, daß die Errichtung eines Testaments vor einem Richter oder Notar nicht mehr möglich sein werde.

B. Das Testament bei Verkehrssperrung. 2250

Wer sich an einem Orte (Ortschaft, Straße, Gebäude) aufhält, der in Folge einer Krankheit (einer Seuche) oder in Folge sonstiger außerordentlicher Umstände dergestalt abgesperrt ist, daß die Errichtung eines Testaments vor einem Richter oder Notar nicht möglich oder erheblich erschwert ist, kann das Testament

1. nach der vorerwähnten Form eines sog. Gemeindetestaments oder
2. mündlich vor drei Zeugen zu Protokoll errichten.

Im Falle 2 finden auf die Zeugen die Vorschriften 2234, 2235, 2237 Nr. 1—3 und auf das Protokoll die Vorschriften 2240 bis 2242, 2245 Anwendung.

C. Das sog. Seetestament. 2251

Wer sich während einer Seereise an Bord eines deutschen nicht zur Kaiserlichen Marine gehörenden Fahrzeugs außerhalb eines inländischen Hafens befindet, kann ein Testament durch mündliche Erklärung vor drei Zeugen nach 2250 Nr. 2 errichten.

Testamente, die in einer unter A—C erwähnten außerordentlichen Form errichtet sind, verlieren drei Monate nach der Errichtung ihre Wirksamkeit, wenn der Erblasser dann noch lebt. Beginn und Lauf der Frist sind gehemmt, solange der Erblasser außer Stande ist, ein Testament vor einem Richter oder Notar zu errichten. 2252

D. Das sog. Militärtestament.

Hierüber siehe § 44 Reichsgesetz vom 2. Mai 1874. Hierzu rechnet auch das Testament von Personen, die sich an Bord eines in Dienst gestellten Fahrzeugs der Kaiserlichen Marine außerhalb eines inländischen Hafens befinden. Art. 44. Einf.-Ges.

Ein Testament, sowie einzelne Testamentsbestimmungen können von dem Erblasser jederzeit widerrufen werden: 2253

a) durch ein neues Testament; 2254
b) durch Vernichtung oder durch eine dieser gleichzustellende Veränderung der Testamentsurkunde (wie Durchschneiden, Durchstreichen, Unleserlich machen u. a.); 2255
c) gerichtliche oder notarielle Testamente außerdem durch Rückgabe aus der amtlichen Verwahrung (verwahrte Privattestamente werden durch die Rückgabe allein noch nicht ungültig, sondern behalten auch im Privatgewahr ihre Wirksamkeit). 2256

Die Rückgabe kann jederzeit verlangt werden, sie darf jedoch nur an den Erblasser persönlich erfolgen.

2258 Durch die Errichtung eines Testaments wird ein früheres Testament insoweit aufgehoben, als das spätere Testament mit dem früheren in Widerspruch steht.

Wird das spätere Testament widerrufen, so ist das frühere Testament in gleicher Weise wirksam, wie wenn es nicht aufgehoben worden wäre.

2259 Wer ein Testament, das nicht in amtliche Verwahrung gebracht ist, im Besitze hat (das sind Privattestamente und Testamente außerordentlicher Form), ist verpflichtet, es unverzüglich, nachdem er von dem Tode des Erblassers Kenntniß erlangt hat, an das Nachlaßgericht abzuliefern. (Siehe § 83 Ges. über Angel. freiw. G.)

Befindet sich ein Testament bei einer anderen Behörde als einem Gericht oder bei einem Notar in amtlicher Verwahrung, so ist es nach dem Tode des Erblassers an das Nachlaßgericht abzuliefern. Das Nachlaßgericht hat, wenn es von dem Testamente Kenntniß erlangt, die Ablieferung zu veranlassen.

2260 Das Nachlaßgericht hat, sobald es von dem Tode des Erblassers Kenntniß erlangt, zur Eröffnung eines in seiner Verwahrung befindlichen Testaments einen Termin zu bestimmen. Zu dem Termine sollen die gesetzlichen Erben des Erblassers und die sonstigen Betheiligten soweit thunlich geladen werden. In dem Termin ist das Testament zu öffnen, den Betheiligten zu verkünden und ihnen auf Verlangen vorzulegen. Die Verkündung darf im Falle der Vorlegung unterbleiben.

Ueber die Eröffnung ist ein Protokoll aufzunehmen. War das Testament verschlossen, so ist in dem Protokolle festzustellen, ob der Verschluß unversehrt war.

2261 Hat ein anderes Gericht als das Nachlaßgericht das Testament in amtlicher Verwahrung, so liegt dem anderen Gerichte die Eröffnung des Testaments ob. Das Testament ist nebst einer beglaubigten Abschrift des über die Eröffnung aufgenommenen Protokolls dem Nachlaßgerichte zu übersenden; eine beglaubigte Abschrift des Testaments ist zurückzubehalten.

2262 Das Nachlaßgericht hat die Betheiligten, welche bei der Eröffnung des Testaments nicht zugegen gewesen sind, von dem sie betreffenden Inhalt des Testaments in Kenntniß zu setzen.

2264 Wer ein rechtliches Interesse glaubhaft macht, ist berechtigt, von einem eröffneten Testament Einsicht zu nehmen sowie eine Abschrift des Testaments oder einzelner Theile zu fordern; die Abschrift ist auf Verlangen zu beglaubigen.

VIII. Titel. Gemeinschaftliches Testament.

2265 Ein gemeinschaftliches Testament kann nur von Ehegatten,
2266 niemals von anderen Personen errichtet werden. Für ein solches ist

die außerordentliche Form eines Gemeindetestaments (2249) auch dann zulässig, wenn nur einer der Ehegatten dem Tode nahe scheint.

Zu einem gemeinschaftlichen Privattestament genügt es, wenn einer der Ehegatten das Testament in der für Privattestamente vorgeschriebenen Form (2231) errichtet und der andere Ehegatte die Erklärung beifügt „daß das Testament auch als sein Testament gelten solle". Auch diese Beitrittserklärung muß unter Angabe des Ortes und Tages eigenhändig geschrieben und unterschrieben werden. 2267

Wenn in einem gemeinschaftlichen Testamente die Ehegatten (wie gewöhnlich für den Fall der Kinderlosigkeit) sich gegenseitig zu Erben einsetzen, so wird ein solches auch gegenseitiges oder wechselseitiges Testament genannt. Selbstverständlich kann in einem solchen jeder Ehegatte immer nur über sein Vermögen verfügen.

Haben die Ehegatten in einem gemeinschaftlichen Testamente, durch das sie sich gegenseitig als Erben einsetzen, bestimmt, daß nach dem Tode des Ueberlebenden der beiderseitige Nachlaß an einen Dritten fallen soll, so ist im Zweifel anzunehmen, daß der Dritte für den gesammten Nachlaß als Erbe des zuletzt versterbenden Ehegatten eingesetzt ist. 2269

Die Bestimmungen 2100 u. f. über Vor- und Nacherben greifen mithin hier nicht Platz. Ist in einem gegenseitigen Testamente ein Vermächtniß angeordnet, das nach dem Tode des Ueberlebenden erfüllt werden soll, so ist im Zweifel anzunehmen, daß das Vermächtniß dem Bedachten erst mit dem Tode des Ueberlebenden anfallen soll (d. h. also, wenn er diesen Zeitpunkt erlebt).

Haben die Ehegatten in einem gemeinschaftlichen Testamente Verfügungen getroffen, von denen anzunehmen ist, daß die Verfügung des einen nicht ohne die Verfügung des anderen getroffen sein würde, so hat die Nichtigkeit oder der Widerruf der einen Verfügung die Unwirksamkeit der anderen zur Folge. 2270

Ein solches Verhältniß der Verfügungen zu einander ist im Zweifel anzunehmen:

a) wenn sich die Ehegatten gegenseitig bedenken (2269);
b) wenn dem einen Ehegatten von dem anderen eine Zuwendung gemacht und für den Fall des Ueberlebens des Bedachten eine Verfügung zu Gunsten einer Person getroffen wird, die mit dem anderen Ehegatten verwandt ist oder ihm sonst nahe steht.

Ein derartig in gegenseitigem Verhältnisse stehendes gemeinschaftliches Testament kann bei Lebzeiten beider Ehegatten noch durch gerichtlich oder notariell beurkundete Erklärung von jedem Theile dem anderen gegenüber widerrufen, dagegen nicht durch eine neue Verfügung von Todeswegen einseitig aufgehoben werden. Mit dem Tode des einen Ehegatten erlischt für den anderen das Recht zum 2271

Widerruf; der Ueberlebende kann jedoch seine Verfügung aufheben, wenn er das ihm von dem verstorbenen Ehegatten Zugewendete ausschlägt.

Nach Annahme des Zugewendeten ist eine Aufhebung der Verfügung nur noch möglich:

a) bei Verfehlungen des Bedachten nach Maßgabe 2294 und 2336;

b) wenn ein pflichttheilsberechtigter Abkömmling der Bedachte, dieser aber überschuldet oder ein Verschwender ist, nach Maßgabe 2289 Abs. 2 (mithin in guter Absicht).

2272 Ein gemeinschaftliches Testament kann nach 2256 nur von beiden Ehegatten zurückgenommen werden.

2273 Bei der Eröffnung eines gemeinschaftlichen Testaments sind die Verfügungen des überlebenden Ehegatten, soweit sie sich sondern lassen, weder zu verkünden noch sonst zur Kenntniß der Betheiligten zu bringen. Von den Verfügungen des verstorbenen Ehegatten ist eine beglaubigte Abschrift anzufertigen. Das Testament ist wieder zu verschließen und in die besondere amtliche Verwahrung zurückzubringen.

IV. Abschnitt. Erbvertrag.

Erbverträge (siehe 1941) kommen meistens zwischen Verlobten oder Ehegatten vor, doch werden solche nicht selten auch von anderen Personen namentlich in Verbindung mit Verpflegungsverträgen geschlossen.

Einen Erbvertrag kann der Erblasser (wie ein Testament) nur
2274 persönlich und nicht etwa durch einen Vertreter schließen, dagegen
2275 muß er (im Gegensatze zum Testamente) unbeschränkt geschäftsfähig sein. Doch ist zugelassen, daß ein in der Geschäftsfähigkeit beschränkter Ehegatte oder Verlobter (d. i. in der Regel eine noch minderjährige Frauensperson) einen Erbvertrag mit seinem Ehegatten bezw. Verlobten unter Zustimmung seines gesetzlichen Vertreters abschließe. Der Zustimmung eines Vormundes hat aber noch die vormundschaftsgerichtliche Genehmigung hinzuzutreten.

2276 Für den Erbvertrag gilt der Hauptsache nach dieselbe Form wie für das ordentliche Testament; derselbe kann nur vor einem Richter oder einem Notar bei gleichzeitiger Anwesenheit beider Theile geschlossen werden. Die Vorschriften 2233—2245 finden Anwendung. Eine Formerleichterung ist nur dahin zugelassen, daß, wenn ein Erbvertrag zwischen Ehegatten oder Verlobten mit einem Ehevertrag in derselben Urkunde verbunden wird, die Form des Ehevertrags genügt (1434), also es der Zuziehung eines Gerichtsschreibers oder von Zeugen nicht bedarf.

Die über einen Erbvertrag aufgenommene Urkunde soll nach Maß- 2277
gabe 2246 verschlossen, mit einer Aufschrift versehen und in besondere amtliche Verwahrung gebracht werden, sofern nicht die Parteien das Gegentheil verlangen. Das Gegentheil gilt im Zweifel als verlangt, wenn der Erbvertrag mit einem anderen Vertrag in derselben Urkunde verbunden wird.

Bei einem Ehe- und Erbvertrag erfolgt amtliche Verwahrung somit nur auf Antrag der Parteien.

Ueber einen in besondere amtliche Verwahrung genommenen Erbvertrag soll jedem der Vertragschließenden ein Hinterlegungsschein ertheilt werden.

In einem Erbvertrage kann jeder der Vertragschließenden vertrags- 2278
mäßige Verfügungen von Todeswegen treffen. Andere Verfügungen als Erbeinsetzungen, Vermächtnisse und Auflagen können dagegen vertragsmäßig, d. h. mit bindender Wirkung für den Verfügenden nicht getroffen werden, z. B. keine Ernennung eines Testamentsvollstreckers und keine familienrechtlichen Anordnungen.

Haben Ehegatten in einem Erbvertrage, durch den sie sich gegen- 2280
seitig als Erben einsetzen, bestimmt, daß nach dem Tode des Ueberlebenden der beiderseitige Nachlaß an einen Dritten fallen soll, oder ein Vermächtniß angeordnet, das nach dem Tode des Ueberlebenden zu erfüllen ist, so findet 2269 entsprechende Anwendung.

Ein Erbvertrag kann (wie ein Testament) binnen Jahresfrist auf Grund 2078, 2079 **angefochten** werden:

a) vom Erblasser selbst; 2281

b) von einem Nachlaßbetheiligten, sofern das Anfechtungsrecht des 2285
Erblassers zur Zeit des Erbfalls noch nicht erloschen ist.

Durch den Erbvertrag wird das Recht des Erblassers, über sein 2286
Vermögen durch Rechtsgeschäfte unter Lebenden zu verfügen, nicht beschränkt, doch darf er:

a) keine Schenkungen machen, in der Absicht, den Vertragserben 2287
dadurch zu beeinträchtigen;

b) einen vermachten Gegenstand, in der Absicht, den Bedachten zu 2288
beeinträchtigen, nicht zerstören, bei Seite schaffen, beschädigen, veräußern oder belasten.

Durch den Erbvertrag wird eine frühere letztwillige Verfügung 2289
des Erblassers aufgehoben, soweit sie das Recht des vertragsmäßig Bedachten beeinträchtigen würde. Im gleichen Umfange ist eine spätere Verfügung von Todeswegen unwirksam, unbeschadet der Vorschrift 2297.

Ist der Bedachte ein pflichttheilsberechtigter Abkömmling des Erblassers, so kann der Erblasser durch eine spätere letztwillige Verfügung die nach 2338 zulässigen Anordnungen treffen.

2290 Ein Erbvertrag sowie eine einzelne vertragsmäßige Verfügung kann durch einen neuen Vertrag von denjenigen Personen **aufgehoben** werden, die den Erbvertrag geschlossen haben. Nach dem Tode einer dieser Personen kann die Aufhebung nicht mehr erfolgen.

Der Aufhebungsvertrag bedarf derselben Form wie der Erbvertrag.

2291 Sodann kann ein in einem Erbvertrage angeordnetes Vermächtniß oder eine Auflage vom Erblasser durch Testament aufgehoben werden, wenn der andere Vertragschließende in gerichtlicher oder notarieller Urkunde zustimmt.

2292 Ein zwischen Ehegatten geschlossener Erbvertrag kann von diesen auch durch gemeinschaftliches Testament aufgehoben werden.

Der Erblasser kann von einer vertragsmäßigen Verfügung **zurücktreten:**

2293 a) wenn er sich den Rücktritt im Vertrage vorbehalten hat;

2294 b) wenn sich der Bedachte einer Verfehlung schuldig macht, die den Erblasser zur Entziehung des Pflichttheils berechtigt oder doch berechtigen würde, wenn der Bedachte ein Abkömmling wäre;

2295 c) wenn die Verfügung mit Rücksicht auf eine rechtsgeschäftliche Verpflichtung des Bedachten, dem Erblasser für dessen Lebenszeit wiederkehrende Leistungen, insbesondere Unterhalt zu gewähren, getroffen ist und die Verpflichtung vor dem Tode des Erblassers aufgehoben wird.

2296 Der Rücktritt kann nicht durch einen Vertreter, sondern nur persönlich erfolgen. Ein in der Geschäftsfähigkeit beschränkter Erblasser bedarf keiner Zustimmung seines gesetzlichen Vertreters.

Der Rücktritt erfolgt gegenüber dem anderen Vertragschließenden in gerichtlich oder notariell beurkundeter Erklärung.

2297 Nach dem Tode des anderen Vertragschließenden kann der Erblasser, soweit er zum Rücktritte berechtigt ist, die vertragsmäßige Verfügung durch Testament aufheben.

2298 Sind in einem Erbvertrage von beiden Theilen vertragsmäßige Verfügungen getroffen, so hat die Nichtigkeit auch nur einer dieser Verfügungen die Unwirksamkeit des ganzen Vertrags zur Folge.

2299 Jeder der Vertragsschließenden kann in dem Erbvertrag einseitig testamentarische Verfügungen treffen.

2300 Die für die Eröffnung eines Testaments geltenden Vorschriften 2259—2263, 2273 finden auf den Erbvertrag entsprechende Anwendung, die Vorschriften 2273 Satz 2, 3 jedoch nur dann, wenn sich der Erbvertrag in besonderer amtlicher Verwahrung befindet.

Ein Vertrag, durch den sich Jemand verpflichtet, eine Verfügung von Todeswegen zu errichten oder nicht zu errichten, aufzuheben oder nicht aufzuheben, ist nichtig. 2302

V. Abschnitt. Pflichttheil.

Die nächsten Angehörigen des Erblassers haben einen Anspruch darauf, daß ihnen aus dem Nachlasse desselben mindestens die Hälfte des Werthes (in der Regel in Geld) desjenigen Erbtheils gewährt wird, der ihnen nach der gesetzlichen Erbfolge zukommen würde. Dieser Anspruch, Pflichttheil genannt, kann den Angehörigen nicht anders entzogen werden, als wenn diese durch ihre Handlungen sich desselben verlustig gemacht haben und deshalb enterbt d. h. durch Verfügung von Todeswegen von der Erbfolge ausgeschlossen sind. Zu den Angehörigen, welche diesen Pflichttheil verlangen können, gehören nur die Abkömmlinge (Kinder event. Enkel, Urenkel) sowie die Eltern und der Ehegatte des Erblassers. 2303

Ist einem solchen Pflichttheilsberechtigten ein geringerer Erbtheil als der Pflichttheil hinterlassen, so kann er von den Miterben das am Pflichttheil Fehlende verlangen. Der Pflichtheil darf auch nicht beschränkt oder beschwert werden. 2305

Entferntere Abkömmlinge (Enkel, Urenkel) und die Eltern des Erblassers sind insoweit nicht pflichttheilsberechtigt, als ein Abkömmling, der sie im Falle der gesetzlichen Erbfolge ausschließen würde (ihnen also in der Erbfolge vorgeht), den Pflichttheil verlangen kann oder das ihm Hinterlassene annimmt. 2309

Der Berechnung des Pflichttheils wird der Bestand und der Werth des Nachlasses zur Zeit des Erbfalls zu Grunde gelegt. Bei der Berechnung des Pflichttheils der Eltern des Erblassers bleibt der dem überlebenden Ehegatten gebührende Voraus außer Ansatz. Der Werth ist, soweit erforderlich, durch Schätzung zu ermitteln. Eine vom Erblasser getroffene Werthbestimmung ist nicht maßgebend. 2311

Der Pflichttheilsberechtigte, der nicht Erbe ist, kann vom Erben Auskunft über den Bestand des Nachlasses (gemäß 260) und Zuziehung bei Aufnahme des Nachlaßverzeichnisses verlangen. 2314

Der Pflichttheilsberechtigte hat sich auf den Pflichttheil anrechnen zu lassen, alles, was ihm vom Erblasser durch Rechtsgeschäft unter Lebenden mit der Bestimmung zugewendet (geschenkt) worden ist, daß es auf den Pflichttheil angerechnet werden soll. Ist die Anrechnung nicht schon bei der Zuwendung bestimmt, so darf sie der Erblasser nicht etwa später noch anordnen. Der Werth der Zuwendung wird bei der Bestimmung des Pflichttheils dem Nachlasse hinzugerechnet. Er bestimmt sich nach der Zeit, zu welcher die 2315

Zuwendung erfolgt ist. Ist der Pflichttheilsberechtigte ein Abkömmling des Erblassers, so findet die Vorschrift 2051 Abs. 1 entsprechende Anwendung.

In 2050 ist bestimmt, was ein Abkömmling als gesetzlicher Erbe auf seinen Erbtheil zur Ausgleichung zu bringen hat; in 2315 dagegen, was ein pflichttheilsberechtigter Abkömmling sich auf seinen
2316 Pflichttheil anrechnen lassen muß. Wenn mehrere Abkömmlinge vorhanden sind, und unter ihnen im Falle der gesetzlichen Erbfolge eine Zuwendung des Erblassers zur Ausgleichung zu bringen sein würde, so bestimmt sich der Pflichttheil eines Abkömmlings nach demjenigen, was auf den gesetzlichen Erbtheil unter Berücksichtigung der Ausgleichungspflicht bei der Theilung entfallen würde.

Ist der Pflichttheilsberechtigte als Erbe eingesetzt, und beträgt der Pflichttheil nach Abs. 1 mehr als der Werth des hinterlassenen Erbtheils, so kann er von den Miterben den Mehrbetrag als Pflichttheil verlangen, auch wenn der hinterlassene Erbtheil die Hälfte des gesetzlichen Erbtheils erreicht oder übersteigt.

Eine Ausstattung nach 2050 kann vom Erblasser in keinem Falle von der Berücksichtigung bei Feststellung des Pflichttheils ausgeschlossen werden (wohl aber von der Anrechnung auf diesen).

Die gemäß 2303 zu bewirkende Feststellung des Pflichttheils hat somit nach der Regel zu erfolgen, daß unter Abkömmlingen der Berechnung des Pflichttheils der gesetzliche Erbtheil in der Gestaltung zu Grunde gelegt wird, die er im Falle der gesetzlichen Erbfolge unter Berücksichtigung der Einwerfungsposten nach den für die Ausgleichungspflicht geltenden Grundsätzen (2050 u. f.) erhält. Der Abzug der Vorausempfänge hat schon bei Berechnung des Erbtheils und nicht erst des Pflichttheils zu geschehen. Auf diese Weise werden dem Pflichttheilsberechtigten die Vorausempfänge dem Gesetze entsprechend nur zur Hälfte in Anrechnung gebracht. Hat nun aber der Erblasser bestimmt, daß ein Vorausempfang auf den Pflichttheil anzurechnen sei, so ist weiter noch die zweite Hälfte des Voraus von dem in obiger Weise berechneten Pflichttheil abzurechnen.

Z. B. I. Der Erblasser hat drei Söhne A, B, C. Er setzt A und B zu gleichen Theilen zu Erben ein und C auf den Pflichttheil. Der Werth des Nachlasses beträgt 14000 Mk. B und C haben je 2000 Mark zur Ausstattung mit der Bestimmung der Ausgleichung empfangen.

Es ist hier zu rechnen: Werth des Nachlasses 14000 + Ausstattung 2000 + 2000 = 4000, zusammen 18000. Der gesetzliche Erbtheil des C würde betragen $^1/_3$ mit 6000 — 2000 = 4000 und hiervon der Pflichttheil 2000. Die Nachlaßmasse mit 14000 beträgt nach Deckung des Pflichttheils noch 12000, hierzu die Ausstattung des B mit 2000, zusammen 14000. Hiervon erhält A $^1/_2$ mit 7000 und B ebenfalls 7000 — 2000 = 5000 Mk.

II. Im Beispiel I hat der Vater angeordnet, daß die Ausstattung des B nicht zur Ausgleichung zu bringen, dagegen die des C auch auf den Pflichttheil anzurechnen sei. Hier ist zu rechnen: Nachlaß 14000 + Ausstattung 2000 + 2000 = 4000, zusammen 18000. Der gesetzliche Erbtheil des C würde betragen $^1/_3$ mit 6000 — 2000 gleich 4000 und hiervon der Pflichttheil 2000. Auf diesen ist nun gemäß 2316 letzter Satz noch $^1/_2$ der Ausstattung mit 1000 anzurechnen. Es verbleibt somit Pflichttheil des C 1000 und kommt an die beiden Erben A und B der Rest des Nachlasses mit 13000 je zur Hälfte.

Der Anspruch auf den Pflichttheil entsteht mit dem Erbfalle; er ist **2317** vererblich und übertragbar.

Um den Pflichttheilsberechtigten gegen Beeinträchtigung seines Rechtes **2325** durch Schenkungen, die der Erblasser unter Lebenden vornimmt, zu sichern, ist bestimmt, daß in solchem Falle der Pflichttheilsberechtigte als Ergänzung des Pflichttheils denjenigen Betrag verlangen kann, um den sich der Pflichttheil erhöht, wenn der verschenkte Gegenstand dem Nachlaß hinzugerechnet wird.

Der Anspruch bezieht sich nur auf Schenkungen aus den letzten 10 Jahren und richtet sich für die Regel nicht gegen den Beschenkten, sondern gegen den zur Gewährung des Pflichttheils Verpflichteten.

Von einer Herausgabe des Geschenks zur Ergänzung des Pflicht- **2329** theils ist nur in Ausnahmefällen die Rede.

Eine Zuwendung, die aus dem Gesammtgute der allgemeinen Güter- **2331** gemeinschaft oder der fortgesetzten Gütergemeinschaft, der Errungenschaftsgemeinschaft oder der Fahrniß-Gemeinschaft erfolgt, gilt als von jedem der Ehegatten zur Hälfte gemacht. Die Zuwendung gilt jedoch, wenn sie an einen Abkömmling, der nur von einem der Ehegatten abstammt, oder an eine Person, von der nur einer der Ehegatten abstammt, erfolgt, oder wenn einer der Ehegatten wegen der Zuwendung zu dem Gesammtgut Ersatz zu leisten hat, als von diesem Ehegatten gemacht.

Der Pflichttheilsanspruch verjährt in drei Jahren von der erlangten **2332** Kenntniß des Erbfalls und der Beeinträchtigung des Pflichttheilsrechts, ist aber nach 30 Jahren überhaupt ausgeschlossen.

Der Erblasser kann einem pflichttheilsberechtigten Erben unter be- **2333** stimmten Voraussetzungen den Pflichttheil entziehen, denselben mithin (zur Strafe) **enterben** (siehe auch 1513), und zwar:

a) einen Abkömmling:

1. wenn derselbe der Person des Erblassers, dessen Ehegatten oder einem anderen Abkömmling desselben nach dem Leben trachtet;

2. wenn derselbe sich einer vorsätzlichen körperlichen Mißhandlung des Erblassers oder dessen Ehegatten schuldig macht; im Falle der Mißhandlung des Ehegatten jedoch nur, wenn der Abkömmling von diesem abstammt;
3. wenn derselbe sich eines Verbrechens oder eines schweren vorsätzlichen Vergehens gegen den Erblasser oder dessen Ehegatten schuldig macht;
4. wenn derselbe die ihm dem Erblasser gegenüber gesetzlich obliegende Unterhaltungspflicht böswillig verletzt;
5. wenn derselbe einen ehrlosen oder unsittlichen Lebenswandel wider den Willen des Erblassers führt und sich zur Zeit des Erbfalls von seinem schlechten Lebenswandel nicht dauernd abgewendet hat.

2334 b) den Vater oder auch die Mutter, wenn diese sich einer der vorstehend unter a 1, 3, 4 bezeichneten Verfehlungen schuldig machen;

2335 c) den Ehegatten, wenn dieser sich einer Verfehlung schuldig macht, die einen Grund zur Scheidungsklage (1565—1568) gebildet haben würde.

2336 Die Entziehung des Pflichttheils erfolgt nur durch letzwillige Verfügung. Der Grund der Entziehung muß zur Zeit der Errichtung der Verfügung bestehen und in dieser angegeben werden.

2337 Das Recht zur Entziehung des Pflichttheils erlischt in allen Fällen durch Verzeihung. Die Verzeihung macht jede derartige Verfügung unwirksam, und erhält der in derselben Ausgeschlossene den Pflichttheil (nicht den Erbtheil) trotz der Verfügung.

2338 Wenn auch nicht eine Entziehung, so doch eine gewisse Beschränkung des Pflichttheils kann im Interesse des Berechtigten oder seiner Familie selbst liegen **(Enterbung in guter Absicht).** Eine derartige Beschränkung ist jedoch nur gegenüber einem Abkömmlinge zuläßig, der in solchem Maße der Verschwendung ergeben oder verschuldet ist, daß sein späterer Erwerb erheblich gefährdet wird (siehe auch 1513). Die Beschränkung wird in der Weise geübt, daß für den zu beschränkenden Abkömmling dessen gesetzliche Erben als Nacherben (2112 u. f.) oder Nachvermächtnißnehmer bestellt werden; auch kann die Verwaltung des Pflichttheils für die Lebenszeit des Abkömmlings einem Testamentsvollstrecker (2197 u. f.) übertragen werden. Ist ein Testamentsvollstrecker bestellt, so hat der Abkömmling doch Anspruch auf den jährlichen Reinertrag. Auf Anordnungen dieser Art finden die Vorschriften 2336 entsprechende Anwendung.

Die Beschränkung wird unwirksam, wenn der Abkömmling zur Zeit des Erbfalls sich von dem verschwenderischen Leben dauernd abgewendet hat oder die Ueberschuldung nicht mehr besteht.

VI. Abschnitt. Erbunwürdigkeit.

Hat sich ein Erbe gegen seinen Erblasser derart vergangen, daß er der Erbschaft unwürdig erscheint, so kann der an dem Wegfall dieses Erben interessirte Nachlaßbetheiligte die Erbunwürdigkeit durch Anfechtung des Erbschaftserwerbes geltend machen. Es gilt alsdann der **2340**
Anfall an den Unwürdigen als nicht erfolgt.

Erbunwürdig ist: **2339**

1. wer den Erblasser vorsätzlich getödtet oder zu tödten versucht oder in einen Zustand der Unfähigkeit, von Todeswegen zu verfügen, versetzt hat;
2. wer den Erblasser an einer beabsichtigten letztwilligen Verfügung verhindert hat;
3. wer den Erblasser zu einer solchen Verfügung durch Täuschung oder Drohung bestimmt hat;
4. wer sich in Ansehung einer Verfügung des Erblassers von Todeswegen einer nach §§ 267—274 Straf.=Ges.=B. strafbaren Handlung schuldig gemacht hat, z. B. durch Fälschung, Vernichtung oder Unterdrückung eines Testaments oder Erbvertrages.

Die Anfechtung hat binnen Jahresfrist durch Anfechtungsklage zu **2342**
erfolgen. Diese ist darauf zu richten, daß der Erbe für erbunwürdig erklärt wird. Ist diesem Antrage gemäß rechtskräftig erkannt, so gilt **2344**
der Anfall an den Beklagten als nicht erfolgt. Die Erbschaft fällt sodann demjenigen an, welcher berufen sein würde, wenn der Unwürdige zur Zeit des Erbfalls nicht gelebt hätte.

Die Anfechtung ist ausgeschlossen, wenn der Erblasser dem Erb= **2343**
unwürdigen verziehen hat. Nach diesen Grundsätzen ist auch ein Ver= **2345**
mächtniß= oder ein Pflichttheilsanspruch durch Erklärung (nicht sofort durch Klage) anfechtbar (2081).

VII. Abschnitt. Erbverzicht.

Von der Ausschlagung der Erbschaft (1946 u. f.) durch den berufenen Erben ist zu unterscheiden der Erbverzicht.

Gesetzliche Erben, Testaments= oder Vertragserben und Vermächtniß= **2346**
nehmer können durch gerichtlich oder notariell beurkundeten Vertrag mit dem Erblasser auf ihr Erbrecht bezw. auf ihr Vermächtniß verzichten, der gesetzliche Erbe auch zu Gunsten eines Anderen. **2350**

VIII. Abschnitt. Erbschein.

Im Interesse des Verkehrs ist es erforderlich, dem Erben die Befugniß einzuräumen, in gewissen Fällen die Ausstellung einer Urkunde zu begehren, durch welche festgestellt wird, daß er sich als Erbe ausgewiesen habe, z. B. zur Legitimation vor der Grundbuch=

Behörde behufs Umschreibung der ererbten Grundstücke, vor der Hinterlegungsstelle, beim Staatsschuldbuch, beim Handelsregister, bei einer
2353 Lebensversicherungsanstalt u. A. Es kann daher der gesetzliche wie der durch Testament oder Erbvertrag eingesetzte Erbe beim Nachlaßgericht ein Zeugniß über sein Erbrecht, und, wenn er nur zu einem Theile der Erbschaft berufen ist, über die Größe des Erbtheils beantragen (Erbschein). Wer einen Erbschein beantragt, hat,

2354 A. falls er gesetzlicher Erbe ist, anzugeben:
1. die Zeit des Todes des Erblassers;
2. das Verhältniß, auf dem sein Erbrecht beruht (in der Regel Verwandtschaftsverhältniß);
3. ob und welche Personen vorhanden sind oder waren, durch die er von der Erbfolge ausgeschlossen oder sein Erbtheil gemindert werden würde;
4. wenn solche Personen weggefallen sind, in welcher Weise dies geschehen ist;
5. ob und welche Verfügungen des Erblassers von Todeswegen vorhanden sind;
6. ob ein Rechtsstreit über sein Erbrecht anhängig ist.

2355 B. Falls das Erbrecht auf Testament oder Erbvertrag beruht, hat er die betreffende Verfügung (namentlich z. B. das Privattestament) zu bezeichnen und vorzulegen; ferner anzugeben, ob und welche sonstigen Verfügungen des Erblassers von Todeswegen vorhanden sind, und die oben unter Nr. 1 u. 4 vorgeschriebenen Angaben zu machen.

2356 Die Angaben zu A. Nr. 1, 2, 4 sind durch öffentliche Urkunden als richtig nachzuweisen. Sind die Urkunden nicht oder nur mit unverhältnißmäßigen Schwierigkeiten zu beschaffen, so genügt die Angabe anderer Beweismittel.

In Ansehung der übrigen nach A. oder B. erforderlichen Angaben hat der Antragsteller vor Gericht oder Notar an Eidesstatt zu versichern, daß ihm nichts bekannt sei, was der Richtigkeit seiner Angaben entgegensteht. Das Nachlaßgericht kann die Versicherung erlassen, wenn es sie für nicht erforderlich erachtet. Die Vorschriften finden keine Anwendung, soweit die Thatsachen beim Nachlaßgericht offenkundig sind.

2357 Sind mehrere Erben vorhanden, so ist auf Antrag ein gemeinschaftlicher Erbschein zu ertheilen. Der Antrag kann von jedem der Erben gestellt werden.

In dem Antrage sind die Erben und ihre Erbtheile anzugeben.

Wird der Antrag nicht von allen Erben gestellt, so hat er die Angabe zu enthalten, daß die übrigen Erben die Erbschaft angenommen haben. Die Vorschriften 2356 gelten auch für die sich auf die übrigen Erben beziehenden Angaben des Antragstellers.

Die Versicherung an Eidesstatt ist von allen Erben abzugeben, sofern nicht das Nachlaßgericht die Versicherung eines oder einiger von ihnen für ausreichend erachtet. Das Nachlaßgericht hat unter Benutzung der von dem Antragsteller angegebenen Beweismittel von Amtswegen die zur Feststellung der Thatsachen erforderlichen Ermittelungen zu veranstalten und die geeignet erscheinenden Beweise aufzunehmen. Das Nachlaßgericht kann eine öffentliche Aufforderung zur Anmeldung der anderen Personen zustehenden Erbrechte erlassen; die Art der Bekanntmachung und die Dauer der Anmeldungsfrist bestimmen sich nach den für das Aufgebotsverfahren geltenden Vorschriften. **2358**

Der Erbschein ist nur zu ertheilen, wenn das Nachlaßgericht die zur Begründung des Antrags erforderlichen Thatsachen für festgestellt erachtet. **2359**

Ist ein Rechtsstreit über das Erbrecht anhängig, so soll vor der Ertheilung des Erbscheins der Gegner des Antragstellers gehört werden. Ist die Verfügung, auf der das Erbrecht beruht, nicht in einer dem Nachlaßgerichte vorliegenden öffentlichen Urkunde (z. B. Privattestament) enthalten, so soll vor der Ertheilung des Erbscheins derjenige über die Gültigkeit der Verfügung gehört werden, welcher im Falle der Unwirksamkeit der Verfügung Erbe sein würde. **2360**

Die Anhörung ist nicht erforderlich, wenn sie unthunlich ist.

Ergiebt sich, daß der ertheilte Erbschein unrichtig ist, so hat ihn das Nachlaßgericht einzuziehen. Mit der Einziehung wird der Erbschein kraftlos. **2361**

Kann der Erbschein nicht sofort erlangt werden, so hat ihn das Nachlaßgericht durch Beschluß für kraftlos zu erklären. Der Beschluß ist nach den für die öffentliche Zustellung einer Ladung geltenden Vorschriften der Civilprozeßordnung bekannt zu machen. Mit dem Ablauf eines Monats nach der letzten Einrückung des Beschlusses in die öffentlichen Blätter wird die Kraftloserklärung wirksam.

Das Nachlaßgericht kann von Amtswegen über die Richtigkeit eines ertheilten Erbscheins Ermittelungen veranstalten.

Hat der Erblasser einen Testamentsvollstrecker ernannt, so ist die Ernennung in dem Erbschein anzugeben. **2364**

Einem Testamentsvollstrecker hat das Nachlaßgericht auf Anttag ein Zeugniß über die Ernennung zu ertheilen. Ist der Testamentsvollstrecker in der Verwaltung des Nachlasses beschränkt, oder hat der Erblasser angeordnet, daß der Testamentsvollstrecker in der Eingehung von Verbindlichkeiten für den Nachlaß nicht beschränkt sein soll, so ist dies in dem Zeugniß anzugeben. Ist die Ernennung nicht in einer dem Nachlaßgerichte vorliegenden öffentlichen Urkunde (Privattestament) enthalten, so soll vor der Ertheilung des Zeugnisses der Erbe, wenn thunlich, über die Gültigkeit der Ernennung gehört werden. **2368**

Die Vorschriften über den Erbschein finden auf das Zeugniß entsprechende Anwendung; mit der Beendigung des Amtes des Testamentsvollstreckers wird das Zeugniß kraftlos.

IX. Abschnitt. Erbschaftskauf.

2371 Eine Erbe kann die ihm angefallene Erbschaft veräußern, insbesondere verkaufen. Ein derartiger Kaufvertrag bedarf stets der gerichtlichen
2382 oder notariellen Beurkundung. Vom Abschlusse des Kaufes an haftet der Käufer den Nachlaßgläubigern für die Nachlaßverbindlichkeiten, unbeschadet der Fortdauer der Haftung des Verkäufers. Die Haftung kann nicht durch Vertrag den Gläubigern gegenüber ausgeschlossen oder beschränkt werden, wohl aber darf auch der Käufer die Beschränkungen der Haftung des Erben geltend machen.

2384 Der Verkäufer ist den Nachlaßgläubigern gegenüber verpflichtet, den Verkauf der Erbschaft und den Namen des Käufers unverzüglich dem Nachlaßgericht anzuzeigen. Die Einsicht dieser Anzeige steht Jedem zu, der ein rechtliches Interesse glaubhaft macht.

2385 Die Vorschriften über den Erbschaftskauf finden entsprechende Anwendung auf jede andere Art der Veräußerung einer Erbschaft, auf Schenkung einer Erbschaft jedoch nur mit einigen Einschränkungen.

Wird nur der Antheil eines Miterben an einer noch nicht getheilten Erbschaft verkauft oder sonst veräußert, so finden die Bestimmungen 2032 u. f. Anwendung.

Für die erbrechtlichen Verhältnisse bleiben, wenn der Erblasser vor dem Inkrafttreten des B. G. B. gestorben ist, die bisherigen Gesetze maßgebend. Art. 213 Einf.-Ges. Die vor dem Inkrafttreten des B. G. B. erfolgte Errichtung oder Aufhebung einer Verfügung von Todeswegen wird nach den bisherigen Gesetzen beurtheilt, auch wenn der Erblasser nach dem Inkrafttreten des B. G. B. stirbt.

Das Gleiche gilt für die Bindung des Erblassers bei einem Erbvertrag oder einem gemeinschaftlichen Testamente, sofern der Erbvertrag oder das Testament vor dem Inkrafttreten des B. G. B. errichtet worden ist Art. 214 Einf.-Ges.

Alphabetisches Sachregister.

(Die Ziffern bezeichnen die Seiten des Buches.)

Anhaltische Buchdruckerei Gutenberg, e. G. m. b. H., Dessau.

FSC
www.fsc.org
MIX
Papier | Fördert
gute Waldnutzung
FSC® C083411

Kolibri 360 GmbH
Ferdinand-Jühlke-Straße 7
99095 Erfurt, Deutschland
produktsicherheit@kolibri360.de